2020年度宁波市社会科学学术著作出版资助项目

中国产城融合发展研究

丛海彬　著

中国财经出版传媒集团
中国财政经济出版社

图书在版编目（CIP）数据

中国产城融合发展研究 / 丛海彬著. --北京：中国财政经济出版社，2020.5
ISBN 978-7-5095-9745-3

Ⅰ.①中… Ⅱ.①丛… Ⅲ.①城市化-研究-中国 Ⅳ.①F299.21

中国版本图书馆 CIP 数据核字（2020）第 059135 号

组稿编辑：周桂元　　责任校对：徐艳丽
责任编辑：周桂元　　责任印制：张　健
封面设计：卜建辰

中国财政经济出版社出版
URL：http：//www.cfeph.cn
E-mail：cfeph @ cfeph.cn

社址：北京市海淀区阜成路甲 28 号　邮政编码：100142
营销中心电话：010-88191537
北京财经印刷厂印刷　各地新华书店经销
787×1092 毫米　16 开　18.25 印张　295 000 字
2020 年 6 月第 1 版　2020 年 6 月北京第 1 次印刷
定价：68.00 元
ISBN 978-7-5095-9745-3
（图书出现印装问题，本社负责调换）
本社质量投诉电话：010-88190744
打击盗版举报热线：010-88191661　QQ：2242791300

前　言

城镇化已经成为当今世界上重要的社会经济现象之一，2007 年世界城市人口首次超过农村人口进入城市社会。而中国的城镇化经过 30 多年的发展已经取得了巨大的成就，2011 年中国城镇化率首次突破 50% 迈入城市社会，城镇化率从 1978 年 17.92% 提升到 2014 年的 54.77%。经过数个阶段的发展，城镇化也逐渐成为中国经济新的增长点。党的十八大更是将“新型城镇化”建设问题上升为中国经济增长的核心问题。但是，新型城镇化的建设发展是一个复杂长期的过程，城市规模的快速扩张与产业配套、人口集聚等方面的矛盾和问题不断出现，特别是新城区产业空间与劳动力居住空间上的巨大跨越，导致了典型的产城脱节、职居分离等“产城分离”现象，甚至出现了“空城”“鬼城”“睡城”，城市“空心化”和“夜空心化”等问题亟待妥善解决。因此，化解产城分离、探索产城融合，已经成为社会关注的热点、政府决策的重点和理论研究的难点。因此，本书以产城融合为研究对象，结合产城融合的时间、空间、产业三个维度，聚焦产业集聚、劳动力流动、资本流动、基础设施、要素市场完善性、知识外溢效应及区域政策差异等因素对产城融合的作用，厘清不同空间尺度下产城融合实现机制，构建产城融合评价科学指标体系，量化产城融合程度，探索产城融合模式与政策支持体系，实现产城互融共生。

本书基于不同空间尺度视角，研究了中国产城融合发展机制、评价体系与政策设计，是对上述一系列问题进行系统性深入思考的成果。本书的观点和分析论述及其政策建议对于进一步推进中国新型城镇化建设、提高居民福利水平、促进区域协调发展与全面建成小康社会，具有十分重要的理论意义和实践价值。本书的特色与创新之处在于：一是利用新经济地理学和福利经济学理论框架，构建产城融合视角下的新经济地理学模型，构建生产要素、硬环境、软环境三方面融合的城市分析框架，引入衡量产城融合的城市内部一体化变量，考虑政府政策偏向对城镇化路径的影响，并基于地级市数据验证理论模型的推演结论；利用福利经济学理论框架，选取功利主义福利标准，对城镇化路径进行福利评价，比较分析哪一种城镇化路径更契合人的城镇化。这不仅使产城融合的研究建立在更加符合实际情况的基础上，而且使研究从数学层面上更加容易揭示中国产城融合发展问题及其成因的本质特征。这一思路完全不同于传统的产城融合研究，既兼顾城市间的经济关联，又强调城市内部的政策安排，因而具有创新性。二是构建产城融合评价指标体系，定量分析中国不同空间尺度下的产城融合发展水平。充分结合产业与城市发展的自身特点以及中国国情特色，构建产城融合评价指标体系，运用熵值法对指标进行权重的赋值，可以避免指标权重确定的主观性，利用物理学中的耦合协调度原理建立了产城融合评价模型，从省域、市域和县域不同空间尺度对产城融合发展水平进行综合测度，有利于提高人们对中国产城融合发展格局的科学认识，为地方政府制定切实可行的产城融合发展战略提供了实证支持。三是利用门限回归模型和地理加权回归模型，研究了产城融合对城市产业发展的门槛效应以及产城融合发展的影响因素，能够为产城融合发展研究提供方法借鉴。四是将产城融合发展研究纳入了规范的经济学分析框架内。尽管关于我国产城融合发展研究的文献不少，但将其纳入规范的经济学分析框架内的研究却不多。很多文献只是对产城融合发展存在的问题进行描述性分析，在研究上既缺少经济学的规范性，也缺乏数理分析的力度，政策建议更是因此而空洞无物，无法具体操作。因此，本书在规范的经济学研究框架内对中国产城融合发展的机制、评价体系、影响因素与政策设计进行研究，不仅具有方法上的创新，而且也是对上述问题的有益探索。

总之，本书从“产城融合发展”的基点出发，对中国产城融合发展的历程、机制、评价体系、影响因素、政策设计等进行了比较系统、全面和规范的数理与实证分析，从而能够对解决问题提供有益的政策思路。全书的内容和观点不仅具有重要的学术价值，而且对于化解产城分离、探索产城融合发展具有重要的指导意义。

作者

2020 年 3 月于宁波大学

目 录

第一章 总 论

第一节 研究问题的展示

一、研究背景

（一）传统产业低水平重复建设支撑的城镇化扩张难以为继

目前，我们最关注的是城镇化的发展质量，而不是和过去一样只注重量的增加。继续采用过去高投入、高消耗、高污染的发展方式不利于城镇化的健康有序推进。第一，资源产业、传统制造业出现产能过剩现象。国家统计局相关数据显示，2018 年上半年我国的工业产能利用率为 76.7%，采矿业产能利用率为 73.3%，制造业产能利用率为 77.2%，电力、热力以及水生产和供应业的产能利用率为 72.8%，食品制造业产能利用率为 75.9%。根据国际上普遍认可的通行标准，当产能利用率小于 79% 时归为产能过剩，小于 75% 则为严重产能过剩。可以看出 2018 年上半年，我国的工业整体是处于产能过剩阶段，以 2015 年的数据为例，我国的钢铁、水泥等都是处于严重的产能过剩状态。与此同时，我国一些新能源产业也面临产能过剩的局面，比如新能源汽车产业在2015—2017年6月底已经落地的整车项目达到了200多个，规划的产能超过2000万辆，是《节能与新能源汽车产业发展规划（2012—2020年）》中设定的目标的10倍。当前动力电池产业的出货量占全球市场的份额超过70%，在2016年动力电池领域的投资金额也超过1000亿元，如果这种产能能够全部释放出来并加以利用，会超过当前实际需求的7倍还多。根据相关数据显示，截至2018年的第一季度，在我国市场上可查的光伏产能就超过了140GW，而2018年一整年全球新增光伏装机量的估计量也只是在100—120GW，可以看出供需之间的差额是非常大的[①]。产能的过剩使我国的市场形势极为严峻，给企业的经营带来困难，为城市发展带来巨大压力和负担。

第二，把工业园区作为典型空间特征的扩张时代结束，产业用地大规模进行扩张的高峰期成为过去。我国最早的工业园区出现在深圳蛇口，工业园区是我国改革开放的一项重要创举，经过40年的发展，不仅在数量上得到增加，内涵上也得到了丰富。比如，保税区、国家经济技术开发区等，已经成为我国城镇化与工业化发展的重要支撑。目前我国的各级工业园区已超过7000家，全国超过一半的工业产值都是由工业园区贡献。不可否认，工业园区的发展为承接产业的转移发挥了巨大作用。过去我国建设了一批优质工业园区，但是随着我国开放力度的加大，一些工业园区发展速度过快，全国各地开始疯狂建设，泛滥成灾。但同时其表现出的精华部分实在太少，形成的问题颇多。一方面，园区的定位不准，缺乏科学规划，产业结构趋同，形象低端且没有特色可言。很多园区对生产需求高度重视，愿意投入大量的资金，而对居民的生活需求往往视而不见，也缺乏和周边城区之间的联系，造成极度缺乏相关的公共服务配套设施。另一方面，产业用地进行大规模盲目扩张，使大量土地闲置，土地的开发利用极度无序，降低了土地利用效率，一些重污染企业转入园区，园区污染问题十分严重。而产业园区和产业用地盲目扩张时代已经成为过去，现今我国在不断进行传统产业园区的转型优化升级，制定科学合理的规划，对其融入一些文化创意元素，借助产业融合，构筑产业园区产业的“微笑曲线”，在引入产业时对于高污染、高排放的企业进行严格把关。

---

① 相关数据来源于云能智库。

（二）房地产业作为支柱产业和城镇扩张主要动力的模式难以为继

房地产业被正式确定为支柱产业是在2003年8月31日国务院出台的《国务院关于促进房地产市场持续健康发展的通知》中。该《通知》明确指出，随着我国城镇化的推进和住房制度的改革以及政府出台的多项产业和信贷政策促使房地产业不断地飞速增长，在促进经济的增长、扩大内需和拉动近70多个关联产业的发展等方面曾一度起到了积极的作用。但在最近几年房地产业作为“支柱地位”的发展模式正在发生变化并处在告急边缘的局面。

第一，由于银行利率的普遍偏低，房地产业存在的暴利、虚幻的财富效应不断显现，产生巨大的“虹吸效应”将社会的很多空余资本都吸入房地产行业中，这在很大程度上充分反映了房地产业脱离了其基本生活必需品的本质属性，扮演了“隐形货币”和“投资品”的角色。此外，房地产开发投资占固定资产投资（城镇）的比重由2011年的20.44%下降到2017年的17.38%，下降了3.06个百分点，虽然这在一定程度表明其对经济的拉动作用正在逐步降低，但仍然表现出了很强的“投资品”作用。2016年的中央经济工作会议也明确提出要坚持“房子是用来住的，不是用来炒的”的定位。这说明中央下定决心要让房子回归其“生活必需品”的本质属性，而不是把其作为一个投机或者投资品。

第二，目前，我国的房地产业在大周期的层面上已经进入了成熟期，人口红利在快速爆发期之后，对新房的需求逐渐减少。从户均住房的套数来看，在2013年之后就已经超过了1套，可以看出供需整体已经趋于平衡。从2014年年初开始，房地产的投资热度不断降温，增速持续下滑，库存量不断增加，销售市场疲软，土地的出让带来的收入也降低，针对此现象政府部门出台了一些新政策。在这些政策的刺激下，一线城市房地产市场恢复到正常水平，但是二三线城市的房产市场却与预期相悖，出现十分严重的分化现象。到2016年9月，一线和二线城市的房产价格比达到3.5，同时一线和三线城市房产的价格比更是达到了5.51。因此出现了一线和部分热点的二线城市房价过快增长，楼面价高于房产的价格，即“面粉比面包贵”，其余的二三线城市却出现房产市场过于冷清、很多新建楼盘鲜有人购买的现象。针对于此，一些地区因地制宜出台一些调控政策。2016年9月30，北京在此轮调控中首先出台了限购政策，并对其他城市形成示范效应[①]。根据不完全统计，截至2017年5月，全国有40个城市先后出台了购房资质、土地供应和市场监管等各种房地产调控政策和措施。同时，2017年4月1日由城乡建设部和国土资源部颁布的《关于加强近期住房及用地供应管理和调控有关工作的通知》充分体现了合理安排住宅用地、科学把握住房建设和上市的节奏、加大住房的保障力度，“三管齐下”进而改善房地产供求的关系。2018年4月27日全国人大常委公布的2018年立法工作计划中，把制定房地产税法列入了预备审议项目，可以看出房地产税已经呼之欲出，这会有效缓解地方土地财政压力，同时也会控制房产用地的扩张速度。

（三）公共治理能力和水平长期滞后的状态难以为继

第一，长期以来我国城镇化的发展主要表现在量的增加上，不断追求速度上的增长，不断占用耕地面积，走的是外延式的扩张方式，没有充分体现在质的提升上。随着城镇化的不断推进，我国的经济得到了快速增长，但是城市中宜居宜业的城镇化水平并没有得到提升。比如，城市发展中出现的交通拥堵、住房困难、物价过高等问题不断凸显。一些地方盲目进行国际大都市、区域中心、新区大学城的规划建设。截至2016年5月全国县以上的新区增加到3500多个，同时规划可容纳的人口也达到了34亿人。此外，某些地方政府部门不顾实际情况，热衷于建设大马路、大场馆、市政中心等，使土地资源浪费、效率和效益低下，忽视对居民生活所需的民生工程。这种重量轻质的发展方式，与“以人为本”为核心的新型城镇化发展思路是完全相悖的。

第二，城市的管理服务水平低效、粗放，精细度不够。长期以来，在粗放式的管理思维模式下，政府部门会在城市的管理过程中习惯性地选择模糊、笼统的处理方式，进而就会出现“大差不差”问题，经常出现头痛医头、脚痛医脚，“一放就乱，一管就死”的现象。如城市的内涝问题，2019年很多城市都有被淹的现象，截至7月18日，在半年多时间内全国已经有27个省（区、市）遭受洪灾，使2053万人、175.9万公顷的农作物受灾，倒塌的房间数量达到2.3万间，造成的直接经济损失将近516亿元。根据住建部的相关资料显示，在2007—2015年全国就已经有

---

① http：//www.chinaidr.com/tradenews/2017-03/111250.html.

超过 360 个城市发生洪灾。国家为了治理洪涝和建设基础设施在 2011—2015 年已经投入了 4271 亿元，接着在“十三五”期间又再次增加了 5644 亿元，但是依然没有使问题得到有效解决。该问题的主要症结在于，城市的建设中没有进行合理和科学的规划设计，只做了一些表面功夫。除此之外，楼市的调控也是一个问题，据相关数据显示，截至 2018 年 5 月底，已经出台的房地产调控政策有 159 个，然而房价依然居高不下，依然是“调控—价格下降—放松—价格上涨”。调控政策主要关注点在一二线城市，当购房需求和投机效应转移到三四线城市时缺乏有效的应对策略，又急急忙忙出台一些调控政策，没有前瞻性，走的还是“头疼医头，脚疼医脚”的老路，没有从根本上解决问题。

第三，缺乏统筹和协调，政策冲突、九龙治水。改革开放以来，我国的城镇化以每年大约 1% 的速度快速推进，但是在快速推进中却缺乏统筹和协调，不仅出现产业同构、产能过剩的情况，地方保护主义以及恶性竞争等不良现象也十分严重。比如，没有统一的规划、政策、服务，区域的整体性治理、经济的一体化发展工作做得很不够，城市之间也没有得到协调发展，人流、物流、资金流、信息流等更不能充分自由流动，若要使不同城市之间各种生产要素实现自由流动，所需要的交易成本还比较高。在城镇规划建设政策上，至今也没有出台更具权威性和约束力的全国统一的空间规划体系文件，规划间相互冲突、交叉的现象比较严重。《全国主体功能区规划》也只是对国土的规划开发做了一些基础性限制，城镇规划和其他比较重要的规划相互之间往往缺乏协调。城乡分割的现象比较严重，形成“半城镇化”现象。近些年对户籍制度和社会保障制度虽然已经做出了一些改革，却依然没有完全打破城乡分割的政策壁垒。在城镇的规划建设中由于存在横向和纵向两个维度，各层级政府部门和横向系统的政府部门所需要实时的相关政策相互依存、相互制约，其利益主体、权力需求以及价值取向不一致经常会发生冲突和矛盾，这种现象极不利于城镇化的协调发展。同时，在医保管理、养老金管理、生态环境治理等方面过去长期存在“九龙治水”现象，形成多头和分散管理、职能之间相互重叠，使相关管理成本上升，相应的效率却下降。比如，“一块果皮在岸上时属于环卫部门管，一脚踢到水里就属于水务部门管理”。

（四）城市运行基本保障设施长期欠账的状态难以为继

第一，长期以来我国城市的扩张主要是以工业和房地产业为主要动力，使城市的发展过快，贪图冒进，人口不断地涌入城市。一方面造成基础设施、公共服务基础设施的需求不断增大，但总供给却不足。比如，交通拥堵显著增加了职工上下班的通勤时间，主要原因是历史规划问题，街道路面过窄，不断增加的机动车增加了交通设施的负担。城市的快速扩张，只注重表面工作，而不注重城市的“内脏”，使得近年频频发生洪涝，很多城市被淹，究其原因主要是城市的排水系统脆弱，地下管网建设严重滞后，历史欠账过多，排水管道的标准严重落后。另一方面表现在城市快速扩张过程中，城市的安全问题经常被忽视，公共安全设施缺乏，城市的脆弱性不断暴露出来，比如天津滨海新区的“8·12”大爆炸、深圳的山体滑坡以及一些地方出现的危楼等事件。在城市的快速扩张中，城市的水污染、空气污染、固体废弃物污染不断显现，进而使人居生活环境质量明显降低。

第二，城市运行基本保障设施的发展严重滞后于城乡居民生活水平提高的需要。随着城镇化的不断推进，城乡居民对生活水平的需求不再仅限于物质生活水平的提高，还包括在精神、社会、生态等各个层面的需求。城市基本保障设施供应不足的问题，严重阻碍城市的健康有序发展，是不可持续的。

（五）不计资源生态环境代价的经济增长方式难以为继

传统的城镇化发展模式在土地财政和片面追求 GDP 增长的叠加效应下，虽然取得了一定成效，却是以牺牲生态环境为代价，这使水资源、空气环境以及土地资源都受到了大面积的污染。城市的外延式扩张，使耕地和湿地面积逐渐缩减。大规模的规划圈地，一座座新区、新城拔地而起，谓之曰“国际大都市”，实际上成为毫无人气、没有产业支撑的“鬼城”“空城”。从 20 世纪 90 年代开始，我国的人均综合占地在很短的时间内就已经达到 110～140 平方米，某些小城镇甚至已经达到人均综合占地 200—300 平方米，远远大于某些发达国家的水平。粗放的经济发展模式，使很多城市出现供水严重紧张问题，超出水资源承载范围，供应出现不足。北方多年的年均水资源总量是 5259 亿立方米，占全国总水量的

18.6%，但是2011年总的用水量达到了2434亿立方米，已经占到了当年全国用水总量的40%。目前，全国已经有333个城市水资源短缺，其中严重缺水的城市约占三分之一，达到114个。

此外，高速的经济增长使我国的产业结构极为不合理。依靠高污染、高耗能、高投入的工业企业比比皆是，导致原材料和能源资源消耗巨大，对自然生态环境的透支非常严重，水污染和大气污染更是严重。南方的酸雨、北方的雾霾、沙尘暴最近这些年更是频频发生。忽略生态环境的经济增长方式，疯狂的城市扩张使城市内汽车保有量不断增加，结果汽车大量排放尾气，使城市的热岛效应突显，洪水内涝不断发生。不对自然山水进行保护，为了追求经济利益，持续填海、挖山等导致自然生态环境遭受严重破坏，某些地区的森林破坏严重、水土流失、土地沙化、草原退化等自然生态不断恶化。

（六）以土地财政支撑的城市建设投融资模式难以为继

在近20年的时间内，土地财政才慢慢形成。必须要承认，我国的土地财政对中国经济的高速发展和城镇化的推进发挥了极大作用。政府通过征地和经营土地进而获得大量资金，这不仅使市民的生活质量得到了提升，也促进了周围农村进行转型发展，同时还吸引了大量的农民进城务工。比如，深圳特区从最初的人均收入不到800元人民币、地方财政收入只有1700万人民币的小城成功发展为现今人口过千万的超级大城市，能有如此大的飞跃发展主要是归功于其走土地财政的道路。走土地财政道路获得可观效益的同时，累积的矛盾却是层出不穷。

第一，城镇卖地的速度快于实际开发速度，闲置、低效开发用地以及浪费现象极其严重。一次性卖地得到的资金是地方财政收入的最主要来源。根据相关报道，2018年上半年卖地收入与2017年地方一般公共预算收入相当（占比达到90%以上）的城市就已经达到14个，这些城市主要集中在浙江、四川、安徽等三四线城市。此外，由于地方官员升调制度一般实行的是有限任期制和相互轮调模式，这样形成的“届别主义”会使其为了自身荣誉和升官道路追求GDP的增长，从而大量卖地。某些商人为了储存土地资源将买来的土地搁置一旁，以谋取地价上涨赚取其中差价，或者也只是做做样子粗略地进行开发，导致很多土地并没有发挥原有的价值，闲置、低效的开发用地现象十分严重。2017年末我国的耕地面积保有量是20.23亿亩，相比上年又缩减0.01亿亩。2017年提供的全国国有建设用地总量是60万公顷，与前一年相比较又增多16.4%。[①] 根据相关调查显示，截至2017年11月底，在广东、上海、江苏、浙江、湖北、辽宁等地经认定的城镇低效用地面积已经达到了37.13万公顷。[②] 此外，2000—2016年我国城镇化率年均增长率为2.91%，城市建成区面积的年均增长率为5.68%，由此可以看出土地的城镇化速度比人口的城镇化速度要高2.77个百分点。这使得城镇土地增加很多，人口却没有相应增加那么多，人均占地面积随之也增多。

第二，过度依赖土地财政使得地方政府的债务风险增加。现今地方政府对土地财政的依赖越来越重，从全国范围来看，2015—2017年土地出让收入占地方本级一般预算收入分别为39%、42%、57%，平均值为46%，2018年前5个月地方政府的卖地收入达到2.2万亿元，同比增长45.9%，远远大于实体经济的15.8%，这种发展方式具有不可持续性。一方面，过度的依赖土地财政不利于产业的创新发展，阻碍产业的转型升级，影响其结构调整。一般地方政府依靠土地财政得到的收入主要是用于城市建设，这虽然会促进房地产业、建筑业和其他相关产业发展，但会占用大量的社会资源，致使其他产业得不到大力发展。另一方面，土地财政还会增大政府的财政收支缺口，从而使负债风险加大。2017年地方政府的平均财政缺口高达47.3%，超出2010年2.5个百分点。目前各地政府发债融资的主要偿还收入来源是土地出让的收入，相关数据显示，2010年我国的地方政府总负债10.7万亿元，其中大部分都是用土地作为抵押。当房地产市场遇冷，土地出让金收益就会减少，再加上传统产业的不景气，便会使财政收入大幅度降低，从而让地方政府的债务风险加大。

第三，过度依赖土地财政容易加大贫富差距。由于政府征收土地的价格都是政府一口定价，对于农民来说不存在还价的余地。所得城市土地的收入用于完善城市的基础设施，进而使市民的生活质量得到了提升，但是大多数被征地的农民并不能享受城市的相关文明和服务，加大了城乡发展差距。

此外，地方政府过度依赖土地财政还会推进房价的高涨，使开发商和一些

① 数据来源于《2017年中国土地矿产海洋资源统计公报》和《中华人民共和国2017年国民经济和社会发展统计公报》。

② 相关数据来源于国家城乡建设部土地利用管理司和土地整治中心的最新调研。

投机者从中谋取暴利，而使广大市民背负高房价的压力，进一步加大贫富差距。

第四，“土地财政”增加寻租机会，导致腐败现象滋生。由于目前长期缺乏土地出让的收支规范和监督机制，这就使得在拆迁征地中让某些官员有机可乘、大捞油水并且还会增加寻租机会，加剧腐败。北京市第一中级人民法院发布的《政府信息公开行政审判十年（2007—2017）》白皮书显示，和征地拆迁以及房屋建设有关的案件占案件总量的比重就高达36.7%。

（七）“大城市病”问题日趋严重和向更多城市蔓延的状态难以为继

目前我国已经进入工业化加速推进和城镇化快速发展的重要时期，城市作为集聚经济、社会、生态于一体的复杂综合体，在这“两化”发展中的地位是首屈一指的。然而，在城镇化与工业化的发展过程中过度看重和追求GDP的目标增长，唯“GDP论英雄”的现象依然层出不穷，没有把“以人为本”作为城市发展规划理念，在新城与新区的建设过程中以功能分区的思想作为指导，工业区与城市综合服务区独立分布，城镇化与工业化未能协调同步发展，产城发展脱节形成的矛盾越发严重。第一，职住分离的现象不断出现。由于老城的产业衰弱，新城又缺乏产业的支撑，产业园区没有建设完备的生活设施基础，从而出现白天“人迹寥寥”，夜晚“灯火通明”的“卧城”，或者白天“车水马龙”，夜晚“人去楼空”的“鬼城”现象，形成潮汐式的上下班方式，加重城市的交通承载负荷，增加上班族的交通成本。第二，由于某些新城新区是地处于中心城市的边缘，吸引很多外来务工人口，治安管理的薄弱，使得这些地区同时又成为犯罪的高发地带。第三，由于缺乏“以人为本”的规划发展理念，工业区与居住区的分离以及相关生活服务配套设施的欠缺，不能让外来务工人员享受与当地居民同等的社会基本保障。第四，产业和城市的错位发展，随着产业发展规模的发展壮大，城市在自身服务设施方面的欠缺，从而制约城市发展的因素不断显现，进而造成城市的后续发展动力不足。第五，在产城分离的长期发展模式下，新建城区的关注重点集中在投资项目的需求，规划建设的基础设施主要为工业生产服务，忽视生活设施的建设，形成的城市功能单一，生产区和生活区独立分布，进而使新城新区难以适应多样化以及混合经济的发展需求，影响其承担新增功能。

当前我国经济社会发展的最大问题就是“城市病”问题。我国的人口规模居世界第一，地大物不博，经济社会的转型需要很长时间才能实现。此外，在工业化和城镇化的快速推进过程中，资源环境对经济发展的影响和约束越来越大，越来越多的人口进入城市。据相关机构预测，到2020年我国在城市中生活的人口将会达到80%，使城市的交通、环境、水电等城市系统设施会受到空前的威胁，尤其是在北上广深这样人口众多的大城市所表现出来的人口膨胀、环境污染、交通拥堵、看病贵看病难、失业率高等问题日趋严重。第一，由于城市人口的膨胀，城市交通供小于求，交通拥堵已成为常态，交通事故发生的概率上升，汽车排放的尾气加重城市的空气污染。第二，资源枯竭，环境恶化。“人多地少，农民多市民少”是我国的一大现实国情，对能源消耗极度严重。联合国的报告指出，虽然我国的城市面积只占世界土地面积的2%，但是我国城市却消耗了世界75%的资源，并且资源浪费现象还普遍存在，使得能源的枯竭和短缺现象日益严重，水荒、煤荒、电荒等不断出现，严重违背可持续发展理念；在工业化和城镇化的快速推进中，人口与产业在城市中高度密集，生态环境问题不断凸显，尤其是空气污染，城市中工业废气的排放以及煤气的燃烧等造成经久不散的雾霾天气，最具代表性的当属我国的首都北京，“雾霾”已经成为其代名词。2013年“雾霾”曾一度作为年度关键词出现在公众视野中，北京这一年的1月份仅有5天没有出现“雾霾”。工业污水和生活污水也严重污染城市的水体，由此引发一系列疾病。第三，城市居民看病贵看病难等问题依然十分突出。在一些二三级医院挂号需要几个小时甚至几天时间才能排上一个专家号。某些医院还存在“以药养医”或者“高科技检查养医”等现象，这是对医疗资源的极大浪费。第四，“城中村”“棚户区”的城市贫困现象存在。城市的贫民和大部分外来务工人员及家属都集中在“城中村”和“棚户区”，而在这些地方治安薄弱，存在很大的安全问题，乱搭建现象随处可见，公共服务条件跟不上，卫生环境脏乱差，在此居住人员的素质和文化普遍偏低，与现代文明不能融合发展。

再者，如今“小城市病”也不断显现出来。小城市不仅有大城市的通病——人口集中、交通拥堵，还有小城市的特有病症——文化生活的缺乏，某些“小城市病”比“大城市病”更严重。在城市化的背景下，大城市不断吸引着高素质人才和优质资源，对小城市的各种资源存在“虹吸效应”，使小城市出现经济增长缺乏动力，人才逃离、文化荒芜、产业空心化等“小城市病”。由于空间城镇化的盲目冒进，使得房地产泡沫化，城市处于“浮躁式建设”的发展状态。根据最新的划分标准，小城市数量占我国县级以上规模城市数量的85%以上，所以小城市发展质量的高低直接关系着我国城镇化能否高质量推进。然而“小城市病”严重制约着我国的经济社会的健康有序发展，不利于工业化和城镇化的协同推进。

（八）产城融合是顺应城镇化治理模式变革的需求

改革开放以来，我国的城镇化率得到了快速提升，从 1978 年的 17.92% 增加到 2017 年的 58.52%，年均增长 1.04%。城镇人口从 1978 年的 17245 万人增加到 2017 年的 81347 万人，年均增长 1643.64 万人。全国在不断推进城镇化的过程中，建立起了不同层次的工业开发区、工业园区、高新区，形成了规模经济和范围经济，增加了就业，带动了工业发展，但是在发展过程中主要依靠在城镇外围建立起封闭的工业园区和在城市区外建立起大型的居住区新城区。一方面，造成产业与城市的错位发展，使城镇化滞后于工业化的发展，加大了城乡的收入差距。另一方面，也造成职住分离、长时间通勤的现象严重，土地未得到节约集约利用，工业园区的功能单一，缺乏“人气”，进而形成有“产”无“城”的“工业孤岛”，以及有“城”无“产”的“睡城”“鬼城”。

如果继续走以往粗放的城镇化发展道路，不仅使产业的升级变得缓慢，还会增加资源环境继续恶化的风险，进而可能会有坠入“中等收入陷阱”的风险。所以“产城融合”是新型城镇化不断推进的重要抓手，也是实现新型城镇化的重要发展路径，是顺应城镇化治理模式变革的需求。从党的十七届五中全会提出推进工业化、城镇化、农业现代化的“三化同步发展”，到党的十八届三中全会提出以人为本、推动三化协调共进，到《国家新型城镇化规划（2014—2020 年）》出台，再到党的十九大报告再次提出“推动新型工业化、信息化、城镇化、农业现代化同步发展”的理念，而落实这一理念最为重要的关键点，就在于在新型城镇化中如何实现产城融合。很显然，将“产”与“城”的互动与融合纳入考虑，不仅是连接新型城镇化研究中宏观与微观视角间沟壑的桥梁，还是实现城市产业空间与社会空间匹配的内在要求。这不但是解决“3 个 1 亿人”① 进城问题的需要，也是推进以人为本的新型城镇化的趋势使然。

① “3 个 1 亿人”问题，即城市功能提升，通过棚户区和“城中村”改造解决进城务工人员的市民化问题；城市外延扩张，通过对城市周边征地和拆迁让郊区农民市民化；土地集约增效，让偏远乡村分散的农户集中居住，提高土地的集约化效率。这三类人群估计各有 1 亿人，所以统称“3 个 1 亿人”。

因此，本书在当前党中央高度重视产城融合发展、致力于解决“产城分离”问题的现实背景下，基于不同空间尺度视角，深入揭示产城融合发展的实现机制，并有针对性地进行产城融合发展指标体系设计与测度，旨在为破解产城融合发展困境和推动产城全面协调、高效和可持续发展提供理论与实证支持。

二、研究意义

1. 破解“产城分离”问题，推进新型城镇化建设，有赖于建立产城融合发展的实现机制

经过几个阶段的发展，城镇化逐渐成为中国经济新的增长点。党的十八大更是将新型城镇化建设问题上升为中国经济增长的核心问题。然而，在中国新型城镇化快速推进过程中，仍面临着“有产无城”和“有城无产”等产城割裂的非均衡发展状态、产业能级不高、土地资源短缺等问题，严重制约了产城全面、协调、高效和可持续发展（何立春，2015）。中国的产城融合必须形成产业发展与城市功能优化互促的局面，既要形成产业发展为城市功能优化提供产业支撑，更要创造城市功能优化为产业发展提供优越的要素和市场环境（孔翔，2013），推进以人为核心的新型城镇化，创新体制机制，实现产业和城镇的统筹协调（李克强，2013）。

2. 我国经过多年城镇化建设已经取得了巨大的成就，但是产城脱节、职居分离等“产城不融合”问题也开始显露

近年来，国家层面出台了一些促进城镇化优化发展和产城融合发展的相关政策和发展规划，全国各地纷纷响应国家号召、共同努力，因此在产城融合发展方面已经取得了一定成效。从城镇化方面来看，我国的城镇人口从 1978 年的 17245 万人增加到 2015 年的 77116 万人，增加了 4 倍左右。城镇化率由 1978 年的 17.92% 上升到 2015 年的 56.10%，增加了 3 倍左右，比世界平均水平高出约 1.2 个百分点。2015 年在 4 个直辖市中，城镇化率最高的是上海为 87.6%。在 27 个省（区）中，最高的是广东省为 68.7%，但是西藏和贵州的城镇化还非常低，分别为 27.74% 和 42.04%。而 2015 年的户籍人口城镇化率只有 39.9%。由《国家新型城镇化报告 2015》可知，2014 年东部地区的城镇化率最高为 63.6%，其次是东北地区为 60.8%，再次为中部地区为 49.8%，最低是西部地区为 47.4%。此外，城镇固定资产投资从 1995 年的 15643.7 亿元增加到 2015

年的551590亿元，增加了35倍左右。通过中央和地方政府的指引，各地进行积极的配合，目前我国已经出现了一批在产城融合发展方面做得比较好和有影响力的地区和城镇。比如苏州工业园区和武汉光谷东湖高新区是我国产城融合发展实践比较成功的案例。但是，随着城市规模的快速扩张与产业配套、人口集聚等方面协调问题不断出现，出现了新城区产业空间与劳动力居住空间上的巨大跨越，导致了典型的产城脱节、职居分离等“产城不融合”现象，更甚至出现了“空城”“鬼城”等畸形的城市形态。

3. 我国产城融合发展水平与可持续发展能力提高，迫切需要得到基于应用模型和实证基础的科学评价体系与政策的有效支持

自党的十八大明确提出了产城融合发展的目标和要求以来，各地进行了一系列理论和实践探索。但在总体上，对产城融合的研究和认识，仍然停留在宏观分析的理论层面，还未涉及操作层面的机制与评价问题。产城融合发展是对产业与城市存在状态的抽象描述，由于产城融合发展具有丰富内涵，还将不断在实践中深化拓展，使得我国产城融合发展水平不易直接测度，尤其是对产城融合发展的程度更是难以定量描述。因此，化解产城分离、探索产城融合发展，关键在于从产城关系原理及其融合发展机制出发，尽快探索建立产城融合发展的指标体系和评价体系，找出导致产城分离的原因，借鉴国际经验，提出具有理论和实证支持的政策措施，更好地服务于推动产城融合发展。

第二节 国内外研究综述

一、国外研究综述

1. 国外关于产城互动发展的研究成果比较多

国外学者主要关注产城相互作用理论和产城关系，如Weber的工业区位论、Perroux的“极化”理论和Boudeville的“里昂锡夫乘数效应”论。产业发展与城镇化作为经济发展中的重要现象，其内在关系受到国外

学者的广泛关注。发展经济学家和地理学家认为，城镇化发展取决于工业化和经济增长水平（J. Vernon Henderson，2005），城镇化发展的主要动力来自于产业的区位选择与集聚过程（Edwin，2003）。Baldwin（2004）从内外部规模经济效应分析城镇规模，认为企业集聚会带来人口的集聚以及相关产业的集聚效应，由此扩大城市规模，推动城市群的形成。Button（1976）从效益角度对集聚经济进行分析，认为产业集聚和城镇化之间存在互促互进的发展态势。Lucio 等（2002）检验西班牙 1978—1992 年 26 个行业数据后发现，产业专业化有利于提高行业劳动生产率，集聚效应的技术溢出效果明显。Brulhart 等（2007）、Braunerhjelm 等（2006）和 Ottaviano 等（2006）分别采用不同国家数据，从增长极的扩散辐射效应讨论产业集聚带来的大都市产业经济集聚效应，研究结果表明产业集聚与城市生产率之间存在正相关关系。Mills 和 Hamilton（1994）把城市形成与城市化发展的动因归于产业的集聚过程与区位选择。Black 和 Hendersen（1999）研究指出，产业集聚会带动人力资本集聚和知识溢出效应的产生，从而导致城镇规模不断扩大，最终加快城镇化进程的步伐。城镇化是产业发展的空间载体，城镇化水平的提高能够加速产业集聚，在更大程度上加大创新要素的集聚水平，驱动传统产业转型升级。Keeble 和 Wilkinson（1999）认为城镇化化能够促进产业集群和企业生产效率的提升。欧洲经济发达国家的相关数据证实，城镇化程度较高或较低的地区，生产力指数变动较小；相反，生产力指数变动较大的地区，显现出较强的集聚效应，城镇化速度较快（Marian Rizov et al.，2012）。

2. 国外产城融合相关研究不断深化

国外对产城融合进行研究是缘于城市化过程中出现的交通拥挤、环境污染等城市病问题。城市化又跟随着工业化的发展，在早期研究中主要是注重构建宜居的人口规模较小的城市。在 20 世纪初英国城市经济学家 Ebenezer Howard 针对当时大批的农民进城以及城市膨胀而出现的城市病情况提出了“花园城市”观点，即是为了解决这一问题应该把城市生活和乡村生活环境相结合而修建花园城市。在这里把人这一重要主体加入，充分考虑到了人的生活居住环境和城市环境等各方面。但是也存在一定的局限性，即没有考虑到在城市人口规模的扩展过程中所产生的一些附带现象，比如产业的集聚和规模经济。1975 年美国经济学家钱纳里和塞尔奎在一份研究报告中认为城市化可能会在因果链上的最终结果中表现出来。

城市化不仅是生产结构的变动所产生的结果，而且还要受到其他很多因素的影响。这份研究是偏向于工业化的研究，而对城市化的研究则考虑甚少，但是在一定程度上揭示了城市化和工业化的内在关系。在二战之后美国开始大力发展郊区化，但是也因此造成了交通拥挤和环境污染等“城市病”问题，在这样的背景下就提出了“职住平衡”，也引起了学术界的热潮。Cervero（1989）认为实现职住平衡才能解决所造成的环境污染等问题，因为职住平衡使居民都能就近居住和就业。Mills（1996）从工业化和城镇化发展的视角分析了美国的两化发展情况，间接分析了产城融合，并且指明工业化的比重在美国的经济中不断降低。Timothy Beatley（2000）从产业发展与城市互动及生态环境等视角研究了欧洲一些国家的城镇化，从而根据这些国家发展的经验得出，在新型城市和产业的发展过程中，要发展多种类产业，从而才能使城市未来发展良好，有一定的保障。政府也要加快完善城市的基础设施建设。Miyao T（1987）从第三产业作为城镇化的主导产业的视角对产城融合进行了实证研究，表明服务业的重要活动区域就是城市，因此服务业的发展就会促进城市化以及经济增长。

二、国内研究综述

1. 产城融合内涵

产城融合是随着我国快速城镇化所带来的产业与城市分离问题而提出的，其相关理念已被国内学者提及多年，期间出现了许多研究成果。不少学者从产业和城市之间的关系对其进行定义。张道刚（2011）认为产城融合是产业与城市的“双向融合”，它不是单纯的两者相互促进，更表现为两者互为渗透复合发展，实现互融互通，创造更大的生产力，其实质就是要达到两者之间的平衡。林章悦（2015）认为产城融合分为“产”和“城”两个方面，二者的融合包括了产业业态的整合以及城市空间的拓展和形态的优化。二者在融合的过程中互动，由原本两个关系松散的对象变成一个紧密结合的、相互包容的有机体系。产融于城、城包容产，二者在交叉渗透的过程中相互影响，相互促进。欧阳东（2014）认为，产城融合的基本内涵是“以产促城，以城兴产，产城融合”。

梳理现有文献，产城融合内涵主要体现在时间、空间、人本三个主要方面：

从时间视角来看：李文彬、陈浩（2012）认为开发区的发展要经历三个阶段——成型期、成长期、成熟期，期间经历了发展导向从生产主导到消费主导，劳动力构成从以普通工人为主到以技术人才为核心的多层次劳动力，资本从规模扩张到注重效率转变的过程。王少杰（2017）认为产城融合是产业园区发展的高级阶段，其体现了区域产业空间与社会空间协调发展的要求。杜宝东（2014）认为产城融合是动态的过程，产与城一直处于不平衡的状态。同时，一个国家不同地区所处产城融合阶段也有所不同。因此需要建立过程认识和阶段认识，尊重经济发展趋势，把握城市经济发展阶段，避免机械套用。欧阳东（2014）通过分析产城分离的现象，提出产业园区的发展要经历产城分离、各自为政、边缘融合、产城融合四个阶段。曾振（2013）认为传统产业园区是经济发展达到一定阶段的产物，但其存在重产轻城、产业单一、政府主导等问题，产城融合是产业园区发展的必然趋势。刘畅（2012）认为，从产业区到城市新区的转变应该具有一定的实施路径，首先产业先行，其次为产业人员配套居住、社区级公共服务设施，最后随着产业区实力提升，在城市滨水地段、轨道交通站点等地区打造新区中心，分步骤有秩序推进产城融合。刘荣增（2013）认为在建设新区时，产城融合包含新区产业和城市的融合、新区产业选择以及新区与旧区的融合三层含义。向乔玉（2014）认为产业园区的发展历程应该划分为四个阶段——要素集聚阶段、产业主导阶段、创新突破阶段和产城一体阶段。并通过构建模块空间建设体系，提出产业结构的融合、就业结构的融合、空间结构的融合三大产城融合要素。

从空间视角来看：杜宝东（2014）认为需建立不同空间层级、不同结构属性以及不同区位特征的多维度的全局意识来重新审视融合的核心问题，并在此基础上，认清城市发展现实，因地制宜。王勇（2017）认为产城融合的核心是产业结构符合地区发展趋势以及产业布局与城市居民，主要是就业人群的生活区域的有机融合。林华（2011）认为产城融合核心问题是研究产业结构是否符合城市发展的定位。产业劳动分工是城市社会空间结构的基础。产业结构决定城市就业结构，就业结构和人口构成决定城市功能与空间结构、城市规模、居住模式、生活配套设施的供给等诸多关键问题。新城与工业园区的空间整合应包括功能整合、空间开发整合、设施整合和环境整合四个方面。李玉刚（2017）认为就业结构与居住供给、居住人群与就业需求的匹配是产城融合的关键。李学杰（2012）认为由于规划引导上缺乏衔接、产业园区过度经济导向、城镇化与工业化的不协调导致了产城分离。并认为生活区、产业区、商业区、居住区等功能区应是紧密联系的，他们可通过人口、智力、物质、资金、信息等各种资源的有序流动联系起来。孙红军（2014）认为目前开发区存在忽视生活空间、土地利用混乱、浪费土地资源的问题。赵民（2014）认为在空间层面上，产城融合已从原来的单一的产业园区拓展到城市层面。

从人本视角来看：王少杰（2017）认为城市发展不仅要以产业发展为导向，还应以人本主义为导向。谢呈阳（2016）认为产城融合是产、人、城的融合，人是实现产与城融合的纽带，产城融合的目的是在提高人的满意程度的基础上，实现产业升级和城市发展。彭兴莲认为（2017）产业与城市的融合发展离不开人，产城融合要达到一种产城互促、宜业和宜居相结合、产业发展与绿色生态共存的状态。李玉刚（2017）认为城市应当提供完善的公共服务设施，以满足居民文化、旅游、居住、教育等需求。杨晓锋（2017）认为收入增长是新型城镇化的物质基础，产城融合应当通过实施稳健的城市扩张策略，创造良好的市场、生活环境的方式，激发市场活力与居民创造力，实现产业的转型升级与居民收入的增长。李文彬认为（2014）城市的本质是人，城市的功能都应当满足人的需求，产城融合的内涵需包含人本主义。孔翔（2013）认为我国的开发区建设主要刺激了普通劳动力的聚集，未能实现城市功能的优化，难以吸引高素质人才，不利于产业转型升级。马孝先（2014）在城镇化影响机制理论的基础上，利用结构方程模型方法，得出人口素质对城镇化的发展具有显著影响的结论。李学杰（2012）认为产城融合应当实现功能协调，城市功能不仅包含以产业发展为导向的经济功能，还应包含以人的需求为导向的文化功能、居住功能、服务功能。赵民（2014）认为产城融合的目的在于真正“以人为本”，营造“职住平衡、功能复合、配套完善、绿色交通、布局融合”的安居乐业环境。

2. 产城融合的机制

发展经济学家和地理学家认为，城市发展取决于工业化和经济增长水平（Perrous，1997；J. Vernon Henderson，2005），产城融合的主要机制来源于产业集聚与扩散机制、政策导向机制、产业升级驱动机制、城市功能转型机制（沈永明，2013）。

从产业集聚与扩散机制来看：崔宇明（2013）认为产业集聚能够通过技术溢出的方式促进生产率的增长，并且效果随着城镇化水平的提高而增强。刘望辉（2015）认为一般情况下产业集聚与城镇化存在相互促进的关系，但当城镇化和产业集聚到达较高水平时，产业集聚就无法促进城镇化，应避免产业以及人口的过度集聚对城镇化造成不利影响。陆根尧（2012）认为产业集聚与城市化是互促互进的。马红旗、陈仲常（2012）认为省际人口流动以经济活动为主，集中于第二、第三产业，往往趋向经济发达的东部沿海地区。叶琪（2014）认为产业转移能够促进生产要素的流动，有利于推动承接区城镇化。要注重全国范围的产业转移。通过构建区域产业转移与城镇化互动的“推力—引力—扩散力”模型，利用面板数据计量检验了区域产业转移对城镇化的影响，研究得出区域产业转移对提高我国城镇化率和城镇居民收入水平有明显作用的结论。胡安俊（2014）认为当本地市场效应和价格指数效应构成的聚集力超过市场竞争效应构成的分散力时，产业将会集聚。并认为产业化是城镇化的基础。张可云（1997）认为发达地区会产生极化效应，吸引周边地区的生产要素向该地区集中；该地区经济的发展又导致地区间工资水平、社会福利等差距，会进一步吸引人口向发达地区集中。毛静（2016）认为由于产业生命周期的存在，产业转移会随着产业的不断发展而发生。产业转移会带动劳动力的转移，从而实现城市周边地区经济的发展。马孝先（2014）通过对我国城镇化的影响因素及其效应进行实证分析，认为空间聚集是促进城镇化发展的重要因素之一。人口密度较高地区，有限的耕地面积无法提供足够的生活资料，从而更有动力发展工业以及服务业。同时，较高收入吸引农村人口向城市转移，造成人口的集聚。

从政策导向机制方面来看：马孝先（2014）认为政府能够通过财政税收政策、对外开放政策、政府主导的产业结构调整、经济体制与机制等方式对城镇化进程进行调控。姚士谋（2014）认为目前部分政府决策人对城镇化理解不足，导致决策失误。决策者需要认识到城市发展的有限承载力与空间定向，城市空间与城市环境容量的有限性、舒适性与生态性以及按照全国主体功能规划的客观要求开发。陈小平（2009）认为我国产业集群往往是以廉价劳动力为基础的低层次集群为主，其可持续能力不强，为应对劳动成本提高、低层次产品市场趋于饱和等问题，应进行产业集群的转型升级。政府在产业集群转型升级过程中能够起到积极的作用，政府可通过政策引导、构建支持平台、促进信息交流提高创新力等形式促进产业转型升级，促进区域经济可持续发展。向晓梅（2011）认为政府是产业转移的主体，政府可通过补贴等方式，处理产业转移过程市场的负外部性导致的无法产业转移或转移的交易成本过高的问题。邵慰（2014）认为政府在作用上，应从全能型向有限型转变，让市场发挥作用。在发展观念上，从与民争利的经济发展型向公共利益的社会服务型转变。

从产业升级驱动机制来看：林华（2011）认为高新产业的发展和新城区的建设，能够带来高素质人口，高素质人口会进一步促进产业转型升级，形成产业与人口同时进步的情境。郭力（2013）认为非农产业发展及产业结构优化能够吸引要素流入，形成集聚效应，加快城市化进程。在城市化的进程中，工业在城市化的初期具有重要的推动作用，服务业在城市化的中后期起主要作用。汪冬梅（2003）认为工业和服务业对城镇化的作用各有不同，工业化促使城市规模扩张、城市数量增多，服务业促使配套设施完善、生活质量提高。毛静（2016）认为产业结构的变化一方面影响了劳动力的分布，使其在农村与城市间自由流动和转移，加速了城乡一体化进程；另一方面通过延长产业价值链引致了新的市场需求，为城镇化增添了新的动力。谢呈阳（2016）认为工业的繁荣发展，代表着产品产出和劳动力的增加，这导致了地区收入与服务需求的增加。一方面服务业在短期由于名义工资率的提高而吸引了更多劳动力，另一方面服务业随着规模扩大实现了规模效应，最终实现了城市功能的完善。同时，从房地产市场的角度，提出了产业结构升级的原因。产业的繁荣导致劳动力的流入，使得住房需求增加，房价上涨，但由于住宅价格对工业部门的挤出效应高于服务业部门、工业部门劳动力流出，服务业在产业中的比重上升。

从城市功能转型机制来看：毛静（2016）认为城市建设为产业发展提供要素支持、需求导向及空间支撑，影响产业结构的优化和升级。刘欣英（2016）认为城市化水平是产城融合的保障。城市化水平可由生活水平和公共服务两方面反应。生活水平可由消费需求体现，消费需求的变化可以促进产业转型升级。公共服务能为社会各类生活提供保障，有利于推进产业和城市的协调发展。向乔玉（2014）认为随着产业转型升级，人们的收入水平将不断提高，应建立完善城市功能，以满足人们越来越多样的需求。谢呈阳（2016）认为城市功能的完善，意味着从事服务业的劳动力的增加，同时服务业的发展带动了地区收入水平的提高，这两个方面都促使产品需求的上升。在短期内，工业的名义工资率提高，吸引了更多的劳动力。同时，厂商为满足扩大的产品需求，扩大规模，实现规模报酬，最终工业实现繁荣发展。

3. 产城融合的评价

近年来，随着产城融合的不断深入，学术界逐渐从不同的角度和层面开始尝试建立产城融合的评价指标体系，选取不同的研究方法，测度产城融合程度。综合来看，可以概括为以下两大方面：

一是从工业化发展与城镇化进程之间的协同发展关系方面展开产城融合度的评价研究。高纲彪（2011）从经济、空间、政策、环境四个层面，运用层次分析法和专家打分法对产城融合度使用量化评价，即用打分法两者结合对产城融合进行综合评价。苏林等（2013）用模糊综合评价方法，从产业园区角度，对上海张江高新园区建立产城融合的模型，进行测度分析，最后得出结论：安全、环境等各方面对于园区的产城融合发展有很大的促进作用。王霞等（2013）基于因子聚类分析法，利用工业化指标、城镇化指标和分离指标对全国主要城市的高新区进行产城融合度的研究测度。李光辉（2014）研究我国产城融合发展路径中，使用层次分析方法，构建了四个层次，从城市建设，服务水平，产业发展水平以及人的发展程度和收入，考虑人、产、城的互动程度等多项指标对中国 287 个城市进行了综合影响评价分析，以此作为参考依据，为我国产城融合发展提出相应的实现路径。张开华等（2014）评价新型城镇化与产业园区的协调度，采用 SPSS13.0 软件，使用主成分分析法和复合系统协调的发展模型，建立评价指标体系，对湖北省 12 个地市新型城镇化与产业园区的协调度进行相关测评，从而得出这 12 个地级市发展差距显著的结论。唐晓宏（2014）借助经济规模、发展速度和发展质量三个方面 32 个指标，建立了基于灰色关联的开发区的产城融合综合评价模型，对上海 5 个开发区进行实证分析，找出了开发区发展中的不足，并相应提出对策建议。陈敏（2016）使用因子分析法，根据产业、城市、城市居民三者发展水平以及产城互动程度四个层面一共 33 项指标建立综合评价模型体系，对江西省的 11 个地级市进行融合度实证分析，根据结果得出综合评价并对其进行排名。还有一种方法就是间接评价方法，是以工业化和城镇化的协调度来评价产城融合度。林高榜（2007）使用 Granger 因果关系检验和回归分析的方法，以建筑和机械工业产值作为指标，分析了城市化和工业化之间的关系，对产城融合度进行了一定的评价研究。刘涛等（2011）使用线性回归模型、Granger 因果检验以及误差修正模型、根据从新中国成立之后河南省的一些数据，计算河南省的工业化率、城镇化率和非农业化率，对河南省的工业化与城镇化两者的发展进行了实证分析，最后得出的结论是：两者在长期的发展中存在着均衡的关系，具体是工业化每提高一个百分点，相应的城镇化水平大约能提高 1.03 个百分点。在短期来看工业化对城镇化的带动则没有那么明显。洪名勇（2011）分析了中国与贵州省城镇化与工业化的实际发展情况，认为城镇化的发展速度滞后于工业化的发展速度，但是工业化进程的推进并没有带动城镇化的发展。马林靖等（2012）利用灰色系统模型确定了 25 个指标，分析了天津城镇化与工业化的协调度，从而间接表现了产城融合度。向鹏成等（2014）首先建立了工业化的测度评价体系和评价标准，在此基础上建立了工业化和城镇化协调测度模型，对重庆市的工业化与城镇化的协调发展状态进行了测度分析，得出重庆市的协调发展是可以分成四个阶段。谢福泉等（2015）采用变异系数建立了协调发展的模型，以 2011 年的相关数据作为分析指标，把长江三角洲城镇化和工业化两者的发展情况分为四类，即高级协调类、初级协调类、发展调和类、轻度失调类，从而反映产城融合度。并为此提出相应的对策建议。宋家山等（2016）使用城镇化发展的规律分析方法和国际通用衡量法，对我国城镇化和工业化的互动发展状况进行了分析，得出的结论是：我国城镇化处于中高速发展的状态，工业化处于中后期发展，两者的互动发展状况较好，但是城镇化的发展水平，要落后于工业化的发展水平，并对此提出了相应的对策建议。周作江等（2016）从产业发展、城市建设、人的发展三个方面，构建综合评价指标体系，对环长株潭 8 个城市的产城融合水平进行了定量测度。黄新建等人（2016）从产业融合系数、城镇化质量和产业发展水平三个方面，构建了 10 个定量化指标，对江西省 11 个城市的产城融合发展水平进行了测评。

二是从城市发展的新要求层面出发，展现了产城融合评价研究的新视角。如从创新效率层面（陈家祥，2006）、生态层面（王吉武，2007；李海龙，2011）、新型城镇化层面（鹿媛媛，2016；赵晓燕，2015；张开华，2014；吴福象、沈浩平，2013）、产业结构转型升级层面（杨立勋，2013；李军辉，2013）构建产城协调评价指标，并充分考虑了资源约束、环境支撑、经济社会和谐发展的基本要求。然而遗憾的是，这些评价指标体系的建立有的还停留在构建阶段，有的虽然将其应用在具体的产城协调发展评价的实证研究中，其指标体系的科学性、合理性等还有待进一步检验。

4. 产城融合实现路径与政策支持体系

目前，学者们从不同的角度提出了产城融合发展的实现路径与政策建议。研究角度包括：①从产业园区、城市新区等微观视角出发，认为产城融合发展的关键是通过城市功能建设，实现产业园区到城市特色功能区的嬗变，把产业园区打造成城镇社区，把城镇社区努力提升为产业发展服务区（Hui E. and M. Lam，2005；Cho，2010；唐晓宏，2014；王春萌，2014；欧阳东，2014；罗守贵，2014；徐代明，2013；李芳，2013；邵安兆，2012）；②从城市整体与城市产业体系中观视角研究产城融合发展，主要包括城市中长期规划中的产业变革、城市产业体系结构优化要求城市功能和城市文化建设的改革创新、城市产业核心竞争力与城市特色培育等（彼特．泰勒，2007；韦仁忠，2014；许德友，2013；潘锦云，2014；贺传皎，2012；兰天，2013；蓝菲，2012；林善良，2014）；③从城市与区域产业融合宏观视角研究产城融合，主要包括城市与近郊城市的产业互动及城市群互动、城市与乡村的产业互动发展、城市文明与乡村文明的相互辉映、城乡生态文明建设与发展等（Chen J，2007；何玉芹，2014；孙久文，2009；王元京，2009；李培祥，2008）。

综上，学者们对于产城融合内涵、机制、评价、路径选择、政策体系等问题进行了大量研究，并取得了丰硕成果，但已有的研究仍存在以下不足：①产业和城市是国民经济两大经济系统，空间区域不同，发展历史阶段不同，两大系统融合发展程度也不尽相同，以往研究主要集中在产业园区、开发区和城市新区等微观空间领域和全国、省际空间等宏观领域，而忽略了以市域或县域为研究对象，且很少触及城市整体、城市与区域等宏观领域，彼此之间缺乏理论关联性，无法形成较完整的研究体系；②在产城融合综合评价指标的衡量上，不同学者在采用国际惯用指标的基础上，从不同侧面来采集指标，运用不同计量方法来评价其发展水平，但仅停留在得出结果层面，没能进一步研究这些指标对结果的影响重要性以及所包含的政策含义；③忽视了讨论产城融合路径与对策的基本前提。充分把握不同空间尺度、不同成长阶段下产城融合所需条件和现实环境是提出路径与对策的前提，而现有文献缺少对不同空间尺度、不同成长阶段产城融合环境的评价，更没有从发展环境评价角度去理解产城融合促进政策；④现有文献大多将促进产城融合的责任主体局限于政府，忽视了市场力量和完善的区域环境对产城融合的巨大作用；⑤现有研究所提出的对策都是静态和一维的，没有考虑处于不同成长阶段、不同产业和不同空间环境下城市的不同需要，导致政策缺乏针对性和科学性。

第三节 研究目标与假设

一、研究目标

本书研究的总体目标是基于空间尺度差异视角，研究我国产城融合机制、评价体系及政策设计问题，旨在为破解产城分离、探索产城融合发展提供理论与实证支持。为实现这一总体目标，必须首先实现以下具体目标：①构建产城融合发展的理论分析框架，探寻产城融合实现机制。借鉴新经济地理模型，结合中国当前产城融合的实际影响因素，建立一个符合中国现实的理论框架，分析产城融合的实现机制，为我国产城融合发展提供全新的理论思路和决策指导。②构建产城融合评价指标体系与测度模型，并对不同空间尺度的产城融合度进行定量评估，以期明确各地区产城融合发展的差距和改进方向，增进中国产城融合发展格局的科学认识，为地方政府制定切实可行的产城融合发展战略提供实证支持。③从时间、空间和产业三个维度构造一个立体的产城融合政策支持体系，为各级决策提供新的思路和理论基础。

二、研究假设

本书研究的基本假设包括：①产业与城市是有条件的互动发展、互为因果关系。中国的产城融合是中国新型城镇化快速推进、经济发展进入新常态背景下，既与整体经济、产业、城市密不可分，又建立在自身微观基础之上的结构系统，两者互动发展，既可相互促进，又可相互制约；既可独立，又可共同地对整体经济社会构成影响。②产业与城市融合发展，是产业与城市关系的理想状态及其动态实现过程。融合发展是产业、城镇、人、土地、就业、居住等实体要素和制度、思想、观念、政策理念、社会环境等非实体要素相协调融合的过程，又是多样化实现手段相协调融合的过程。其基础在于市场经济体制条件下，政府、产业主体、城市主体功能的发挥，其核心在于制度的协调。③新型城镇化快速推进过程中产城发展失调。导致产城失调的原因复杂多样。直接原因在于产业发展滞后城市发展，抑或是城市发展滞后产业发展，造成“有产无城”和“有城无产”等产城割裂格局；根本原因是宏观制度环境约束。④产城关系失调，从根本上讲是制度抑制长期积累的结果。产城融合发展，关键在于实现机制、评价机制与政策设计，核心在于制度协调。本研究将以适用于中国的研究结论为起点，建立理论和分析框架，用新的视角、思路、理论和方法来论证这一假设。

第四节 研究思路与方法

一、研究思路

本书的研究在深入客观实际进行调研和进行系统的理论回顾与借鉴基础上，努力遵循的是“文献研究→理论分析框架构建和假设→模型建立和检验→数据收集整理和统计分析→政策研究”的逻辑思路，整个研究的具体技术路线如图 1－1 所示。

（1）文献研究阶段将定向搜索整理国内外重点学术期刊的相关文献，围绕融合发展，广泛挖掘和科学吸收、利用已有理论资源，进行广泛地国际比较和深度研读，为后续研究奠定坚实的文献基础。

（2）基于文献研究和理论研究，以适合于中国的研究结论为起点，在充分认识到中国产业与城市及其关系特殊性的基础上，将产业与城市置于中国整个宏观经济背景之中，结合中国产城融合面对的现实约束，构建适应中国特色的新经济地理分析框架，提出研究假设。

（3）借鉴新经济地理模型，构建适应中国特色的产城融合视角下的新经济地理学模型，将新的发展理念、空间理念和科学方法引入产城融合分析，揭示产城融合发展机制和内在要求。

（4）构建产城融合评价科学指标体系，收集整理数据，量化不同空间尺度下产城融合程度；在此基础上，运用计量分析方法，实证分析产城融合发展的影响因素，完善和检验理论框架。

（5）并进一步借鉴产城融合发展的国际经验，分析产城不协调的原因，探索产城融合政策支持体系，实现产、城互融共生。

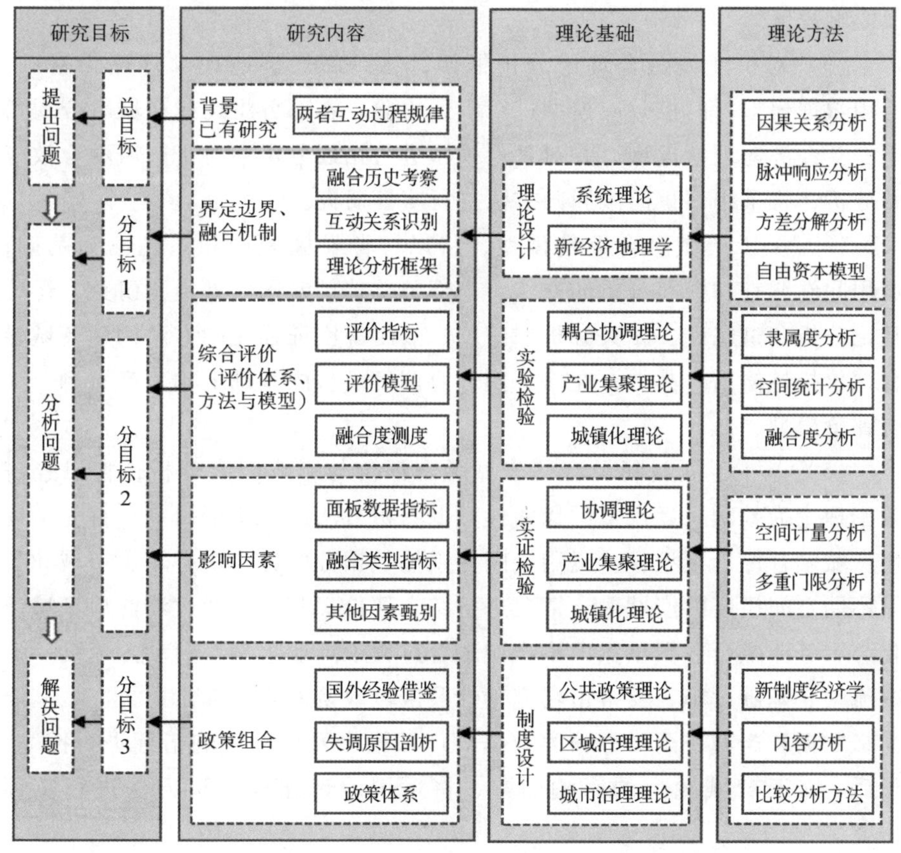

图1-1　研究的具体技术路线示意图

二、研究方法

本研究需要综合运用定性分析法、定量分析法和综合分析法。不同方法适用不同的研究内容。

（1）在进行产城融合的理论基础研究时，主要运用文献分析、系统分析和辩证分析等方法。本部分将在文献分析和理论回顾的基础上，以经济学的理论和分析范式为起点，从历史的、运动的、系统的和辩证的角度认识和把握其理论内涵，确定研究的逻辑起点，界定本研究的基本概念。

（2）在对我国产城融合历史考察与互动关系识别进行分析时，将以城镇化理论、产业集聚和产业关联理论为基础，运用历史分析、空间分析方法和计量经济分析的方法和手段。本部分将运用时间序列分析法考察产城融合的发展历程，并通过面板模型重点揭示产城相互之间的影响关系以及影响程度。

（3）对于产城融合理论分析框架，将以新经济地理学理论为基础，运用数据模拟与门槛效应模型进行实证检验。本部分将构建产城融合视角下的新经济地理学模型，并对理论模型进行拓展分析；对于产城融合效应的分析，将采用多重门限回归方法进行实证研究。

（4）关于产城融合评价模型，将以协调发展理论和系统论为基础，运用问卷调查和资料分析的方法。本部分首选借鉴国内外经验研究，运用理论分析和隶属度、相关分析、信度、效度等实证强化的方法构建产城融合评价指标体系。其次，在修正耦合协调度模型的基础上构建产城融合综合评价模型。

（5）基于不同空间尺度的产城融合评价与影响因素分析，将以经济效率理论为基础，运用空间探索性数据分析方法进行实证研究。首先，运用产城融合评价模型，将运用空间探索性数据分析方法对省域、市域和县域不同空间尺度的产城融合情况进行综合评价；其次，通过浙江典型城镇化与服务业融合数据重点考察产城融合过程中产业集聚、劳动力流动、资本流动、基础设施、要素市场完善性及区域政策差异等因素；再次，基于面板数据和产城协调类型分类数据对产城融合发展的影响指标进行探究；最后，对于产城融合的影响因素，将采用地理加权分析方法进行实证研究。

（6）对我国产城融合发展的制度创新与政策建议进行分析研究时，将以公共政策理论、区域治理理论、城市治理理论和制度创新理论为基础，运用新制度经济学的视角和分析工具，依据协调发展的原理和国际经验，提出政策建议。

第五节

研究内容与文献资料

一、研究内容

本书主要通过以下内容的分析实现研究目标：

（1）产城融合的理论基础。主要通过对新经济地理学理论、城镇化理论、系统论、产业集聚与产业关联理论的系统梳理，构建产城融合的理论分析框架。

（2）产城融合的历史考察与互动关系识别。首先，将对城镇化发展历程、工业化发展历程以及产城融合发展历程进行历史回顾。其次，考察产城相互之间的影响关系以及影响程度。

（3）产城融合实现机制理论分析框架的构建。首先，探讨新经济地理学与产城融合的可行性，并在新经济地理学修正的基础上尝试性地提出产城融合的理论分析框架，探索通过新型城镇化实现产城融合发展的有效路径。其次，构建产城融合视角下的新经济地理学模型，并对理论模型进行拓展分析。再次，在新经济地理学框架中，引入衡量产城融合的城市内部一体化变量，考虑政府政策偏向对产业布局的影响，以及不同城镇化路径下的福利水平。最后，利用中国 252 个地级市的面板数据对理论进行实证检验。

（4）产城融合评价模型构建与测度。首先，探索产城融合评价的内涵和分析框架。其次，致力于分析决定产城融合的相关指标、评价指标的理论方法和实证方法。再次，在前面框架的基础上，重点构建产城融合评价指标体系和评价模型。最后，从省域、市域和县域不同空间尺度对产城融合情况进行综合测度，并对其影响因素进行空间计量分析。

（5）我国产城融合发展的制度创新与政策建议。提出我国产城融合发展制度创新的基本方向和框架，从提高产业支撑、优化空间结构、提高环境承载力、促进人口集聚四个维度，结合国内外成功经验与本国具体国情提出推进产城融合发展的政策建议。

二、文献资料

本研究使用的文献资料包括四个部分：

（1）国家法定或权威数据资料。主要来自《中国统计年鉴》（1996—2017年）、《中国经济年鉴》（1996—2017年）、《中国城市统计年鉴》（2004—2015年）、《中国区域经济统计年鉴》（2004—2015年）、《中国国土资源年鉴》（2004—2015年）、《浙江统计年鉴》（2005—2015年），以及各年《国民经济和社会发展统计公报》和政府相关部门的公告数据。

（2）部分数据来自权威性学术期刊和研究报告，并加以引注。这些权威性学术期刊如《中国社会科学》《经济研究》《中国工业经济》《管理世界》等。研究报告如住房和城乡建设部课题组所编撰的《“十二五”中国城镇化发展战略研究报告》、国家发展和改革委员会产业经济与技术经济研究所编撰的《中国产业发展研究报告》、中国社会科学院工业经济研究所编撰的《中国工业发展报告》以及鉴定合格的国家和省部级课题报告与全国优秀博士研究生、硕士研究生学位论文。

（3）研究中还使用了一些实际调查数据。包括相关研究和本研究组织的调查，对其来源和取得方法都将给予说明。

（4）研究中必要的定性资料，主要是国家法律和政策公开的文件、权威性的报告、公告、专业研究报告、相关书籍和科学论文等。凡是引用的文献资料，均在本书中注明了出处。

第二章

理论借鉴与概念框架

第一节 新经济地理学

自从美国经济学家保罗·克鲁格曼在迪克希特和斯蒂格利茨所论述的垄断竞争与一般均衡分析中第一次引入空间概念，便在某种程度上，全面构建了新经济地理学。再后来，随着核心—边缘模型的提出，经济地理学与经济学研究领域互动日益频繁，一些主流经济学家逐渐开始将注意力转向空间经济研究上，其中尤以著名经济学家藤田、鲍德温等对理论的进一步研究和补充，引得更多西方经济学家将精力投入到经济地理学中来。最终，这些以克鲁格曼等为代表的主流派经济学家通过重新考量空间因素、启用全新的视角、统一区域经济学、城市经济学等传统经济学科，提出许多新见解和新观点，新经济地理学理论就此确立。

新经济地理学的兴起实际上与经济学理论的局限性有关，这是因为许多经济学理论的建立前提是要存在完全竞争和报酬稳定这两个条件。然而，在全球经济发展的现实情况下，特别是在当今新经济背景下，知识信息的共享、溢出和扩散报酬背后凸显而出的是报酬递增和不完全竞争这两个先决条件。根据新经济地理学的观点，报酬递增和不完全竞争对决定贸易、空间集聚和专业化的作用相比报酬稳定及完全竞争作用更大、更重要。

近些年来，主流派的经济学家对经济学上的“空间”问题兴趣日增，似乎在进行一场拨乱反正。在大多经济地理学理论里，现实的空间很大程度上被不予考虑，进一步理解，即认为生产要素在空间距离上的转移并不需要成本的投入，生产要素的运费问题对生产要素的转移不构成影响。或者，经济学们刻意为之。这种经济学家的默契，在 20 世纪 60 年代以后，特别是世界经济日渐趋于表现全球化和区域化，开始逐渐分崩离析。首要原因在于，生产要素在空间上自由转移、运费不予考虑在解释现实经济问题时受到各种质疑。尤其传统均衡论的经济学进行分析的前提便是规模报酬不变和完全竞争，但事实是，在生产要素空间自由转移的设定下，这一前提假设却是不能成立的。由此，新经济地理学研究不会以规模报酬不变和完全竞争为前提，而是以报酬递增和不完全竞争理论作为前提。

新经济地理学理论的研究主要围绕着经济活动的空间聚集和形成空间集聚这一现象背后的推动力展开。其中空间集聚又可细分成增加收益、空间集聚和路径依赖三个部分。在以往传统经济增长理论里，报酬递减、完全竞争被视为两个最基本的前提条件。但在此前提下，评价技术进步、原材料配比优化和管理改善等在经济发展中所起到的作用有很大的局限性，甚至有失偏颇。保罗·克鲁格曼首先注意到了这个问题，他试图对每个在经济发展中的经济要素扮演的角色给予相匹配的正名。他发现，报酬递增在实际经济发展中并不是一个全球性、普遍性的现象。相比报酬不变、完全竞争和规模经济，报酬递增与规模不经济和不完全竞争显得并不是那么重要。这一点在他构建的新经济地理学理论中可以得到印证。克鲁格曼定义报酬递增为：“报酬递增是经济上互相联系的产业及经济活动，或者由于在空间位置上的相互接近，而带来的成本节约；或者由于规模经济带来的产业成本节约。”克鲁格曼还指出，报酬递增程度的加剧会催生空间聚集现象。克鲁格曼说：“空间集聚是指产业或经济活动由于聚集所带来的成本节约使产业或经济活动区域集中的现象。”空间聚集在新经济地理学理论一直贯穿始终，它是推动城市扩张、区域产业、经济中心出现的主要动力。例如我国以上海、杭州、南京等地为核心的长三角地区，以广州、深圳、珠海为中心的珠江三角洲地区，是空间聚集这一现象的典型案例。

新经济地理学研究的第二个主要内容是形成空间集聚这一现象的推动力。空间集聚是新经济地理学的一大基础理论，是新经济地理学的枝干，空间集聚现象的推动力是新经济地理学的枝叶。在新古典主义增长模型里，提前假设，资本和劳动所带来的是收益递减。在这个前提下，对各个国家的集聚现象进行研究发现，一个国家资本储备率在影响着这种集聚现象。研究表明，资本储备率低的国家相比资本储备率高的国家有更高的资本边际生产率和资本利润率。因此，新古典增长模型得出结论：资本储备率低的国家通过更高的资本边际生产率和最终会达到一种高储备率状态。研究还表明，市场作用的范围、劳动力的流动性以及交通成本也会对空间集聚现象有一定的推动作用。市场有调节作用，调节作用的范围越大，在一定程度上，会使空间集聚现象加剧。劳动力流动性快和较小的交通成本可使生产要素最大化流向市场效率最高的地方，也将在一定程度上带来空间集聚范围的扩大。

新经济地理学指出的是经济集聚的一种形成机制，集聚本身就是集聚的动力，经济规模较大的地区通过前后向关联和溢出效应吸引更多的企业前来建厂，从而继续扩大自己的经济规模。2000 年之后的新经济地理文献的一大亮点是，将集聚和经济增长联系起来，纳入了统一的分析框架。这是一个非常可喜的理论进展。国内的学者采用新经济地理理论对中国经济进行了很多实证分析，但目前根据带有增长的新经济地理模型进行的实证研究还是非常少见。

第二节
城镇化理论

城镇化一般被认为是一个农业人口转变为非农业人口、农业地区转变为非农业地区、农业活动转变为非农业活动的过程。具体而言，城镇化是由于社会和经济发展带来的生产效率的提高。因此出现生产方式不受空间限制，包括手工业，特别是工业，分散在大面积地区的农业人口聚集在某一较小区域聚集而成为非农业人口，最后形成城镇。紧接着，随着城镇人口的不断增加，使得城镇消费需求不断增长甚至急剧上升，促使产业结构变化，经济发展加速，人们生活方式、价值观念转变等等一系列复杂过程。

城镇化现象起源于工业革命的兴起。工业革命带来了生产力的飞跃，促使劳动力迅速集中到城镇。城镇化最开始源于拉丁文 Urbanization 一词，由西班牙一位工程师在其所著《城镇化基本理论》一书中阐述而来。在书中，工程师用城镇化表达农村向城市演变的大致过程。在 20 世纪 70 年代左右，这一概念被引入到我国。

作为过去 20 年来最受社会期待的发展主题，城镇化始终受到理论阐述者、实际践行者、政府决策者及普通民众的持续关注。在此特别指出城市化和城镇化的区别，国内理论界所说的城市化和城镇化其实都是来自 Urbanization 一词，只不过城镇化是国内学者根据中国城镇发展道路情况提出的一个概念，国外理论用城市化表达相同的概念。由此可见，城镇化这一名词带有浓重的中国色彩，但其主要理论都起源于国外。

城镇化理论主要有四大基础，分别是：城乡结构转换理论、区位理论、区域增长极理论和非均衡理论。

1. 城乡结构转换理论

城乡结构转换理论主要围绕着城镇化的动力机制及寻求合适的乡村型社会向城镇型社会过渡的道路展开研究。在城镇化理论中，城乡被看作有紧密联系的二元结构，乡村部门拥有大量闲散、廉价的劳动力，可以为城镇部门提供劳动力。这是乡村向城镇转化最首要的推动力。城镇化发展至今，其主要理论代表人物刘易斯、费景汉等。

2. 区位理论

区位理论探讨的是人类活动的位置选择及在选择区域中进行最佳的经济活动的组合配置。主要代表学说有德国经济学家杜能的农业区位理论、德国经济学家韦伯的工业区位理论及德国地理学家克里斯塔勒的中心地理论。区位理论主要探讨农业区的选择、工业区的分布及中心地带位置的确定。区位理论认为，各地区生产所需要的各要素总是不完备的，即经济活动总会在生产要素如运输成本最低且生产所需租金最低的地方首先发生。

3. 区域增长极理论

1940年后的十几年里，欧美的经济学家们就国家经济运行发展理论（即经济平衡增长和不平衡增长）进行了持久论战，这就形成了包括“不平衡增长理论”在内的区域增长极理论。以“增长极”为标志的不平衡增长理论首先由法国经济学家佩鲁提出。佩鲁认为，为了提高效率，在一定范围内的人口、资本、生产、技术与贸易等伴随着城镇化的趋势会向着社会大生产化发展。佩鲁指出，经济的增长因产业或地域的不同，增长进度也不相同，创新能力较强的产业在某些区域聚集，为经济快速增长提供了更强大的条件，形成了增长中心或增长极。该行业发展极为迅速，城镇发展极为迅速，潜在的经济增长在狭义上是三种类型的经济增长。广泛的经济增长通常是指提高经济增长率的积极因素和发展点，其中包括制度改革出现进步性的核心工业部门和持续增长的工业综合体，具有扩散和回流效应。增长极体系分为三个层面：先导产业增长；产业综合体与增长；极的增长与国民经济的增长。推进城镇化发展，必须培养先导产业，培养原动力，培养新的创新点，以“一点”带动“一面”，促进其他产业的产生和发展，形成产业园区，促进农业、工业和服务业三大产业的相互合作和相互促进。

4. 非均衡理论

区域经济发展的差异问题一直伴随着各国经济活动过程，渐成一种普遍性后，非均衡发展理论随之兴起。一般在做区域规划时，非均衡发展理论显得尤其重要，起着战略基础理论的作用。比较著名的非均衡发展理论有法国经济学家佩鲁的增长极理论、美国经济学家弗里德曼的中心—外围理论及德国经济学家赫希曼的不平衡增长理论等。

第三节 系统理论

系统理论一般简称为系统论。系统论通常认为是由奥地利的生物学家贝塔朗菲创立的。早在1952年他便阐述过系统论的思想，1973年总结出了一般系统论原理，大体上构建了这门学科的理论框架。后从贝塔朗菲创立一般系统论开始，系统论的定义渐渐清晰，简言之，系统论是研究现实中存在或者理论假设系统的普遍规律和数学的一门科学。它首先专注于研究各个系统的一般共性，通过使用数学方法表达出功用。在系统论里，数学方法必不可少，可以说，是数学方法赋予系统论这门科学以严谨和逻辑。

系统论是把研究和处理的对象作为一个系统，分析系统的结构和功能，研究系统、元素和环境的相互关系和规律性，通过优化系统结构以便它能够达到整体的最优目标。

如果将可以执行某些功能的机构分开，并将它们作为一个整体进行研究和讨论，那么对掌握事物的属性会非常有帮助。同样，这对理解和利用事物是非常有益的。分离的整体我们称之为系统，在此基础上，有五个基本要素、一个框架和一个抽象理论。五要素是：元素，结构，核心，环境和功能。元素是系统的基本组成部分。元素可能由多个较小的系统组成，它们本身也是系统或其他系统的一部分。结构可以看作系统中元素的组织形式、相互关系或相互作用。至于环境，不仅指外部环境，还指内部环境。它可能是自然环境、人类环境、动态环境和敌对环境。从微观角度来看，系统可能会进一步分为更小的系统；从宏观角度来看，该系统可以是一个更大的系统作为元素。

系统论的出现深刻地改变了人们的思维方式。以往研究问题，通常将事物分成若干部分，抽象出最简单的因素，然后用部分的特征来解释复杂事物。这种解决问题的方式将会割裂事物之间的整体联系。事实上，问题的单边解决方案并不会带来整体收益，而是导致损失。系统论越来越成熟以后，人们在解析系统中要素和要素、系统和要素、系统与系统之间的关系时，开始从整体角度进行思考。整体性思维可以更好地把控系统内各要素之间的联系，强调的是最大化效益。

由于系统论反映了现代科学发展的趋势以及现代社会生活的复杂性，因而其理论和方法得以被广泛地应用。产城融合概念的提出表明，产业和城镇要素及其相互关系开始受到关注。在系统论分析框架内去看待产城融合，一方面有助于理解产城融合概念，另一方面，在系统论这个更大且更成熟的分析框架和理论体系，产城融合理论会有更进一步的发展。

第四节
产业集聚理论

产业集聚理论的研究对象是产业的空间组织形式。它是专门研究特定区域内具有竞争协作关系的企业、机构、政府等利益主体间互动的理论。20 世纪 30 年代初，产业集聚开始被部分学者研究，但是因为现实发展的需要，90 年代后产业集聚才成为学术界的热点，真正的产业集聚理论也出现了飞跃发展。国内外的学者从不同的角度进行研究，尝试对产业集聚理论提出一个准确的定义。因为研究背景、角度的多样性以及客观现实条件的约束，对产业集聚定义并没有达成统一的界定，但是仔细研读会发现产业集聚的定义基本从外部影响和内部要素即产业特性联系出发。结合各学者定义，总的来看，产业集聚是指在产业的发展过程中，处在某一特定领域内具有大量密切关系的企业或机构，因为彼此间在各生产资源同一性和协调互助性等特征的基础上在空间地理上集聚，形成有着相互联系、相互支撑的动态网络关系的产业群，并以此获得强劲、持续竞争优势的现象。产业集聚理论强调发挥各种资源的集成作用，主要依靠内部组织协调力或市场作用形成区域性的专业分工，发挥区域分工的外部性形成良好的外部效应、规模效应和集群经济效应。产业集聚最突出的特征是大量产业关系密切、地理位置集中。此外，产业集聚比特定的产业联盟等形式的组织更有自主性，更能发挥企业自身的主观能动性，防止出现集体决策失误。在这种组织结构下，产业集聚中的产业大多处于一条产业链中的各环上，彼此竞争、相互合作。集聚横向或纵向专业分工使得区域内的生产技艺、市场产品信息、人才等要素资源实现共享。外部性是产业集聚的前提条件，同时要注意一定时期内的区位稳定性。当外部性不受控制扩散开来，产业集聚无法形成。对产业集聚以特色产业为代表、形成企业分工专业化、产业结构优化提升、生产效率和产量提高，企业成本降低等竞争优势。企业可获得因成本下降带来的“内部经济效益”，以及各生产要素共享带来的“外部经济增益”，从而提高了整个产业集群的竞争力。对形成产业集聚理论较为重要、贡献较大的是韦伯的工业区位理论和波特的新竞争优势理论。

一、工业区位理论

工业区位理论由阿尔弗雷德·韦伯提出，为产业集聚理论提供了新的视角。韦伯认为企业出于收益的增加和成本的节省的考虑产生集聚的想法。在韦伯的工业区位理论中将影响工业区位的经济因素称为区位因子，区位因子决定生产场所，区位因子通过协调计算将企业集聚到生产销售成本最低的区域。其中确定运输成本，劳动者工资和分散、集聚因子（企业集聚在某一特定区域所带来的企业成本的上升或降低的要素）为主要因子。集聚因子有增加大规模经营生产利益及使一定量企业集聚在某一特定区域通过协作分工和基础设施的共同利用导致成本下降的作用。在工业区位理论中，韦伯在研究运费及劳动力成本的区位选择时也强调集聚经济并通过运输指向和劳动力指向分析最大的集聚规模。

韦伯区位理论另一大贡献就是提出四大产业集聚优势要素。一为技术设备专业化。技术设备专业化以及技术设备的互联关系，技术整体加强，促使工厂集聚化。二为劳动力组织的发展。一个充分发展、高度专业化、合理整体化的劳动力组织，推动产业集群化。三为市场化因素，在产业集群中因市场容量的扩展及市场信息有效公开共享，企业能最大可能地预知、扩大购买、供应的规模，极大可能地避免支付高额的信用成本。四为经常性支出成本，产业集聚区出于规模范围自发完善电、煤、水、交通等基础设备的建设，降低成本。

工业区位理论确定标准量化了集聚产生的规则，阐述了产业集聚优势的要素，现如今仍为区域科学、产业集聚规划的理论基础，但存在局限性。韦伯的产业区位理论是一种静态的、形象化的、孤立的因子分析区位理论。其脱离了现实因素，单纯地从资源、成本方向出发，仅从微观和静态角度对单个企业区位进行了分析，缺乏对区位的宏观和动态分析。

二、新竞争优势理论

波特在1998年发表的《企业集聚与新竞争经济学》一文中，将产业集聚纳入竞争优势理论的分析框架，系统阐述了新竞争经济学的产业集聚理论。波特把产业集聚定义为一个特定领域内的一系列紧密关联的产业，它通过相关的支持机构聚集在空间中，并经协调合作，形成一个强大的、可持续的竞争优势。产业集聚的发展倾向于地理集中。波特认为产业集聚最有意义的利益在于产生了集聚效应，实现了资源共享、成本控制、创新力提升，使企业保持持续优势和竞争力。

波特提出钻石模型，认为企业竞争力由企业战略、要素条件、需求状况和相关产业四要素构成。“菱形结构”系统是一个动态系统。产业集聚使得四要素关系密切、相互作用，有效参与企业发展，使“菱形结构”系统动态化。产业集聚的重要性在此后被广泛重视。波特的产业集聚理论主要从企业竞争力研究产业集聚，认为竞争导致产业集聚。波特的产业集聚理论的创新点是结合企业竞争力的优势要素与集聚要素，提出了新的产业集聚形成机制。但波特的研究实质上并没有解释产业集聚是怎么形成的，只是从竞争优势的角度研究产业集聚的价值，当存在产业集群时，首先要考虑集聚因素。因此，波特的理论仅是对产业集聚理论的丰富。同时被一些学者质疑，认为波特理论缺乏广泛应用性，且钻石模型过于简单保守。

产业集聚是产城融合的产业基础，产业集群为特定地区发展提供了大规模的商品生产和销售，激活区域市场。产业集聚理论指导产业集群的集聚分散，保持良好的市场环境，是产城融合的重要理论基础之一。

第五节

耦合协调理论

一、耦合理论

“耦合”一词最早是应用在物理学上的概念，耦合关系是两个事物之间存在的相互影响、相互作用的关系。物理学上常常会使用耦合性来反映耦合关系。由于耦合可以描述不同的系统之间相互影响相互作用的动态性、因果性和规律性，因此，耦合这一概念被大量应用到了社会科学领域。

在耦合理论中，耦合系统具有以下几个重要特点：自组织性、协同性、可度量性。从耦合理论的方式来看，耦合可以分成以下几种类型：内容耦合、公共耦合、外部耦合、控制耦合、标记耦合、数据耦合和非直接耦合，其中内容耦合程度最强，非直接耦合程度最弱。从耦合的结构机制来看，耦合又可以分为串联耦合和可选择并联耦合两种。串联耦合类似于物理中的串联电路，是将一个系统中的各个元素通过串联的方式形成单一的链条。由于该种耦合采用了串联的方式，该系统中信息能否进行有效的传递取决于每个元素是否都有效参与。换言之，只要有一个元素没有发挥作用，那么，整个耦合就是失败的。从这里可以看出，串联耦合是不稳定的，也是低效率的。可选择并联耦合则类似于物理中的并联电路，链条上结点有不同的元素可与其连接，有多重路径可以选择，整个系统由多个元素多层次并联构成，系统的运转、信息传递将通过并联关系来表现。在这样的耦合系统中，如果一个元素认为目前的某项分工协作效率低于另一种分工协作的时候，就可以采取另一种分工协作的方式。换言之，在可选择并联耦合的众多链条中，一定会选择最高效的一条。这也就意味着可选择并联耦合一直都是高效的稳定的而且具有良好的环境适应性。最为重要的是，即使可选择并联耦合中的某个元素出现了问题，它也不会因此受到影响，而不像串联耦合，只要有一个元素出现问题，整个耦合就会崩溃。

近年来，耦合理论已经被大量应用到了社会经济研究领域。1976 年，美国学者维克采用耦合理论解释了学校成员之间的关系，这是耦合理论首次在社会经济领域的应用。1990 年，国内学者吴大进等人发表了名为《协同学原理和应用》的论著，在国内的经济学领域首次应用了耦合理论。此后，大量的学者开始在经济学领域使用耦合理论。例如，郭峰（2006）认为产业集群和区域创新存在着耦合机制。JohnHagel（2007）运用了耦合理论对国际经济环境和跨国公司发展之间存在的共生耦合机制进行了研究。郭金喜（2007）以复杂开放系统中的路径依赖和蝴蝶效应的耦合为基础，构建了传统产业集群升级的模型。梅良勇、刘勇（2011）利用耦合理论提出了这样的观点：实现产业耦合的有效机制是产业集群和产业链之间的耦合。王燕（2012）利用耦合理论，以山东半岛蓝色经济区为例，探讨了该地区的金融系统和区域经济系统之间的耦合关系。

从国内外众多学者的各种文献上来看，耦合理论在经济学中主要用来分析两个系统之间协同、共生、互动的关系。

二、协调发展理论

协调发展可能会被简单地拆分为协调与发展二个词汇。协调为和谐一致，配合得当。在汉语中，发展是一个从旧到新的事物变化的过程，是事物不断更新完善变化的过程，数量和质量都有变化。但是大多数人可能会理解为增加，确实在较长的一段时间里，发展在各研究领域内被普遍视为增长，尤其是在经济领域内把其视为产出增加、利润增加。这么看来协调发展理论会被粗浅地解释为各个事物和谐一致，配合得当实现收益增加。但是协调发展不能简单地拆分为协调与发展两个词汇，并粗浅地从字面上去理解。协调可以看作一种状态和过程，从状态的角度看，是指相关的事物通过互助融合达到一种优化的状态，这样看协调发展好像是一个阶梯跳跃式的上升。协调发展是以求实现全面发展的系统优化，达到整体最优的理想状态。在研究、遵循客观规律的基础上，发挥主观能动性对各方面，各要素进行协调，使各部分的关系不断朝着和谐理想的状态变化，以求获得最大收益的过程。当然协调发展理论里的发展也不仅仅局限于产出的增加，更是一种全面的社会发展，包含产业、资本、科技、人、公共资源等多方面的综合内在发展，追求整体优化、结构完善、局部进步的理想状态。

协调发展这个概念很早就出现在人们的思想观念里，系统研究协调发展理论是从 18 世纪开始。

在自由资本主义阶段，资产阶级提倡自由主义，主张国家不干预经济发展，协调的最好工具是市场，经济活动都遵循市场机制，“自由放任”成为协调发展的最好政策。在亚当·斯密的古典经济学那里，协调发展意味着“经济人”出于利益最大化的角度进行资源随意选购买卖交换、协作，资本在各领域各经济个体中进行自由流通，个别部分的协调完全依靠市场。

以马歇尔为代表的新古典经济学家在前人的基础上，运用边际效用理论即以需求为核心分析解释市场参与者的各种行为表现，每一种资源的最佳配置等经济问题，均衡价值理论已经成为协调发展的主流理论。供求相等的情况下，协调发展阶段出现，达到边际投入与边际收益相等的资源配置最优状态。

自马歇尔以后的经济学家提出的各种协调理论仅在于根据协调的多方力量、决定要素等方面提出看法，从而体现在运用不同政策主张以解决社会问题。如根据新古典经济学，提出了“帕累托最优”协调标准。恩斯基于“合成谬误”，认为市场信息全部公开透明，提供可以完美协调所有交易者当前和未来活动所需的全部信息是不可能的，因为市场具有盲目性，因此，政府必须对经济进行干预，从而创立“干预主义”的宏观协调发展理论，使“协调发展”理论在微观和宏观层面得到贯彻。美国经济学家瓦西里·里昂惕夫于1933年提出了“投入产出分析法”，从一个全新的角度研究协调与协调发展理论，将其延伸到产业内部，将理论深化到方法论的高度。科斯创立的新制度经济学认为市场失灵是制度所致提出“制度主义”的协调与协调发展理论。还有博弈论的纳什均衡。

传统的协调与协调发展理论是一个没有明确的可持续发展概念，仅局限于经济发展。20世纪60年代学者们基于单纯普遍的经济发展，结合单纯实现经济增长的问题，开始探索丰富新的发展理论，实现社会—经济—人口的协调发展，成为一种经济、社会、环境的综合发展思想。1972年《增长的极限》就对传统的发展模式有了不同的看法，提出了“零增长”。而后，被越来越多的人所认同，并对社会和谐高速发展起到重要的推动作用。1987年挪威首相布伦特兰夫人在《我们共同的未来》中提出可持续发展，代表了当代“协调发展”的最高理念。该观念的内核就是协调发展理论，提出发展必须“以人为本”，尊重客观规律，实现社会大环境的和谐发展，发展既要顾及当代人，实现“代内协调发展”，又要想到后来人，实现“代际协调发展”。我国的科学发展观就是该观念的中国化。

在该协调发展模式下，各产业经过合理规划进入范围市场，产业间互相影响共同发展。产业合理化为经济增长提供基础，落实好社会基本福利及设施，积极发展文化，流动及常住人口自然增加，反向推动产业结构合理化，促进经济发展。因此用协调发展理论指引城市规划及管理，对于促进城市可持续发展、城市产业合理化具有重大的意义。

第六节
相关概念界定

一、产业的内涵与特征

（一）产业的内涵

在人类文明发展进程的影响下，社会经济的发展历史也呈现出不同的阶段性特征。最早关于社会经济发展阶段的划分出现在古希腊罗马时期，由于当时以及之前的人类进化过程中主要以原始文明主导下的游牧、狩猎等经济活动为主，并逐渐出现了早期的农耕作业，因此，社会的经济发展阶段被分成狩猎、游牧、农耕三个阶段，具有典型的人类文明发展特征。其后，亚当·斯密在其1776年出版的《国民财富的性质和原因的研究》（简称《国富论》）中沿用了这一关于人类经济发展历程的阶段划分。基于《国富论》在学术界的重要地位，对这一社会经济发展历程的阶段划分也得到了广泛的认可和传承。随着农耕社会特征越来越显著，早期的重农主义学派提出了“产业”的概念，并针对当时的情况将其特定为农业。随后，在经济漫漫的发展历史中，资本大生产时代逐渐来临，有组织的大规模生产开始逐渐成为经济发展的主要形式，即进入工业化社会阶段，此时的产业主要是指工业，并将产业定义为“物质性生产行业”。由于资本大生产时代最早出现在发达资本主义国家，从其关于产业与工业均采用industry一词来表示就可以看出工业在这一时期的重要地位。进入20世纪50年代以后，各类非生产性行业如雨后春笋般遍地开花，经济发展结构中出现了不容忽视的另一类具有普遍共性特征的产业，区别于早期工业“物质性生产行业”的特征，该类非生产性行业具有产品的即时性、无形性、异质性等特性，即服务业。至此，在随后的几十年中，农业、工业、服务业一直成为最为主要的三种产业形式。

而从产业具体概念层面而言，尽管提出的时间由来已久，而对于产业内涵的界定，却始终没有实现真正的统一。目前学术界较为普遍的认识可以归纳为两大类，一类是从广义层面而言，一类是从狭义层面而言。追溯相关研究文献，Porter（1980）在关于产业结构与竞争策略的研究中，从系统论的角度将产业定义为由企业和消费者所构成的产品生产与消费的循环系统。这一定义在Scherer（1990）关于产业市场结构与市场绩效的研究中得到了沿袭。而这一从系统论角度对产业内涵的界定也成了产业广义层面概念的代表，并为后来学者针对不同时期经济发展特征对产业进行界定提供了依据，充分体现了产业的系统特征。

而狭义层面的定义主要是从经济学角度展开的。马克思在其传世巨作《资本论》中，对资本的价值以及属性进行了说明，认为“资本价值在它的流通阶段所采取的两种形式，是货币资本的形式和商品资本的形式；它属于生产阶段的形式，是生产资本的形式。在总循环过程中采取而又抛弃这些形式并在每一个形式中执行相应职能的资本，就是产业资本。这里所说的产业，包括任何按资本主义方式经营的生产部门。”这里所说的货币资本、商品资本、生产资本，并不是指一些独立的资本，这些独立的资本的职能形成同样独立的、彼此分离的营业部门的内容。它们只是指产业资本的特殊的职能形式，产业资本是依次采取所有这三种形式的。马克思关于资本价值的描述充分体现了产业的特性，概括起来有三：第一，产业只限定在物质产品生产部门；第二，产业是商品经济条件下的物质生产部门；第三，产业是资本主义商品经济条件下的物质生产部门。此后，随着经济学的不断发展，对产业的定义更加具象化，同时突破马克思关于产业的界定中侧重强调生产的物质性、反对服务的生产性这一特征，并详细列明了不同产业包含的范畴。到目前为止，各国家普遍遵从的是三次产业分类法。事实上，三次产业分类法也经历了不同时期经济学家的不断论证与完善。其中最为突出的代表主要是英国经济与统计学家科林·克拉克和俄裔美国著名经济学家西蒙·史密斯·库兹涅茨。克拉克关于三次产业划分理论最大的贡献在于，其在前人三次产业划分研究成果的基础之上，归纳并提炼了产业结构随经济发展变化的基本规律，开创了应用经济研究的新领域——产业结构理论，并在其代表作《经济进展的条件》一书中，将产业结构明确为三个方面，第一，以农业为主的相关行业；第二，以制造业为主的相关行业，同时包括矿业；第三，服务产业，这一产业包含诸多不同的职能的行业，如建筑业、通信、金融等其他以提供生产生活服务为主要职责的行业，使得三次产业分类法得到真正普及和应用。而库兹涅茨的重要贡献则在于突破对三次产业的具体分类，在前人关于三次产业分类的基础上更进一步提出在长期的经济发展周期中，农业在经济结构中的主导地位会逐渐由制造业和服务业所替代。这一结论在后来的经济发展实践中得到了充分证实，即经济结构逐渐由“一二三”转变为“二一三”，进而转变为“三二一”。事实上，通过观察经济学层面对于产业的相关研究不难发现，狭义层面的产业研究主要是将广义内涵中从事各个行业的生产者与消费者看成是微观经济构成的重要元素，将整个国民经济系统作为宏观经济单元，从而将微观经济与宏观经济中具有相同属性的元素的集合称之为产业。彭福扬、刘红玉（2008）在关于产业概念及分类的研究中指出，必须从人与社会、人与自然、人与人自身的关系层面展开对产业内涵的探索，并将产业定义为“以满足人类合理需求、促进人的全面发展为目的，以自然物质产品、社会关系产品和人文精神产品的生产为内涵的社会组织的集合”。谢呈阳关于产城融合的内涵中认为，产城融合中的“产”主要指工业，中国的产城融合理念主要是针对以工业为绝对主体的产业园区、工业园区、工业县（镇）提出的。

基于以上关于产业概念发展历史的梳理，本书将产业定义为具有某种同类属性的经济活动的集合或系统。并且结合研究的时间期限、可操作性等因素，将本书“产城融合”中的“产”限定为统计年鉴中的工业。

（二）产业的系统特征

产业具有典型的系统性特征。系统性主要表现为整体性、相关性和有序性。所谓整体性，主要考察系统 1 +1 >2 的效用发挥，换句话说，产业系统由若干不同的子系统构成，这些子系统融合在一起必须实现系统整体功能的提升完善，而系统整体功能的提升反过来作用于各个子系统，促进各个子系统的进一步发展。相关性主要是指系统内的各个子系统、各要素之间存在联系，彼此依赖，自身的发展一定会对系统内其他子系统产生或正向、负向的影响，其自身的存在与发展同样受到其他子系统的制约。有序性则主要强调系统内部各子系统之间的彼此作用存在一定的逻辑性，并不是杂乱无章的，而且从时间与空间层面具有规律的可查性。随着社会产品种类的极大丰富以及社会分工的不断深化，产业系统中的分支不断细化，形成了产业链发展过程中不同的层级结构（如图 2 -1 所示）。

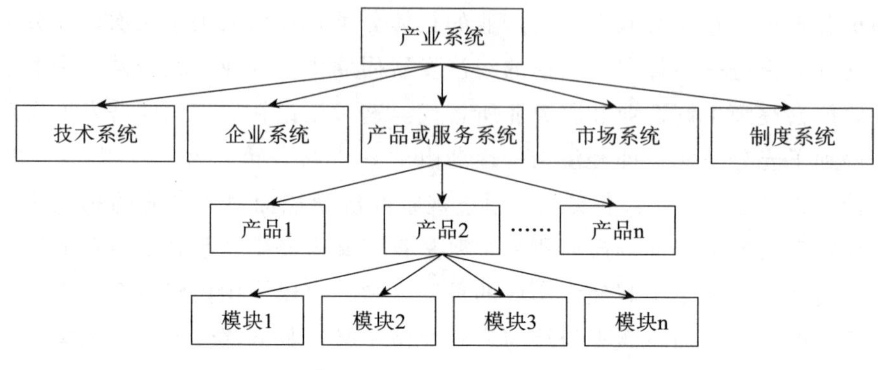

图 2－1 产业系统的层次性

资料来源：胡金星．产业融合的内在机制研究［D］．复旦大学，2007：48.

产业系统的整体形成发展是不同子系统之间相互作用、互相制约的结果，新的产业系统的出现或者旧的产业结构的升级往往是由于某些子系统或子系统的某些结点。在新旧产业结构交替的临界点，某些重要的少数变量的出现最终导致了新的产业格局的出现。某些子系统的巨大创新、改革、进步往往会对整个产业系统带来革命性的变革与影响，如果其他子系统能够很好、很快地匹配创新子系统的发展，有效承接创新技术，快速开发新产品、服务，则会推动整个产业系统的巨大进步以及促进产业竞争力的快速提升。但如果创新子系统的发展无法得到其他子系统的有效响应，则一方面创新子系统中的创新企业会由于创新的巨大投入以及市场有效承接较弱的巨大压力而出现负增长，甚至破产倒闭，打破产业系统中的原有产业链，影响原有产业链的平衡发展，从而使整个产业系统的发展产生波动，但新的平衡会逐渐建立，从而构建新的产业系统。非常明显，随着互联网技术的出现以及其在经济发展中的广泛引用，全球经济都面临着一次全面的产业结构调整和产业升级。在这次变革中，如果企业能够积极响应，主动尽快适应新技术，则对于企业的转型升级以及可持续竞争优势的构建极有作用。另一方面，在产业系统构建以及发展的过程中，相当多的因素影响其稳定发展以及竞争力的提升，不管是从时间层面看，还是从空间角度看，产业的发展都是一个动态的不可逆过程。在社会发展的不同阶段，不同国家、不同城市对产业发展具有不同的规划，这也是影响产业系统发展动态特征的一个重要因素。产业的系统性特征还体现在其自身的自我调节功能。亚当·斯密曾经在《国富论》一书中提出“看不见的手”，其被认为是古典经济学思想的核心所在。在产业、经济、市场发展的过程中，始终存在着这样一双“看不见的手”，其静静地操纵着产业市场的各个方面，并使之彼此匹配，相互协作，保证市场的正常运转，从而形成有序的产业结构。

二、城市的内涵与特征

（一）城市的内涵

城市起源于人类定居的需要。人类早期逐水草而生，居无定所。进入农业文明时代之后，以耕种土地为生，从而定居。而定居人群较为集中的地方就是城市。目前考古发现人类最早的城市是两河流域中下游公元前3500年时代的苏美尔文化时期，有尼普尔城、巴比伦城。

城市与村庄都是人类的定居点，但是城市与村庄不同的是，居住在村庄的大部分人口从事农业生产，而居住在城市的大部分人口则从事非农业生产，如工业、商业、政治管理以及其他服务行业。从古到今，城市越来越多，可以说人类文明发展的历史，也是一部人类城市化的历史，研究城市发展进程的规律，有助于理解人类文明发展的历史，同时也有利于现代城市的建设。

城市化现象始于工业革命的兴起。工业革命带来了生产力的飞跃，促使劳动力迅速集中到城市。城镇化最开始源于拉丁文 Urbanization 一词，由西班牙一位工程师在其所著著作《城镇化基本理论》阐述而来。在书中，工程师用城镇化表达农村向城市演变的大致过程。在20世纪70年代左右，这一概念被引入到我国。

城市化的概念一般被认为是一个农业人口转变为非农业人口，农业地区转变为非农业地区，农业活动转变为非农业活动的过程。具体而言，城市化是由于社会和经济发展带来的生产效率的提高。因此出现生产方式不受空间限制，包括手工业，特别是工业，分散在大面积地区的农业人口聚集在某一较小区域聚集而成非农业人口，最后形成城镇。紧接着，随着城市人口的不断增加，使得城市消费需求不断增长甚至急剧上升，导致产业结构变化，经济发展加速，人们生活方式、价值观念转变等等一系列复杂过程。

作为过去20年来最受社会期待的发展主题，城市化始终受到理论阐述者、实际践行者、政府决策者及普通民众的持续关注。在此特别指出城镇化和城市化的区别，国内理论界所说的城市化和城镇化其实都是来自

Urbanization 一词，只不过城镇化是国内学者根据中国城镇发展道路情况提出的一个概念，国外理论界用城市化表达相同的概念。由此可见，城镇化这一名词带有浓重的中国色彩，但其主要理论部分起源于国外。

“城镇化”是一个地地道道的“中国创造”，它与“城市化”的理论纷争，主要源于两条道路之争，即以大中城市发展为主的城市化道路和以中小城镇建设为主的城镇化道路。关键是要正确理解其内涵，既不能把“城市化”仅仅理解为发展大中城市，也不能把“城镇化”理解为只发展中小城镇。基于上述分析，“城”就不能仅仅理解为“城市”“城镇”或者是“园区”这类的地域概念，我们更倾向于认为其是借助服务业所实现的“城市功能”。

（二）城市的系统特征

城市作为一个复杂的运行单元，是在人类发展进步过程中逐渐形成的，具有一定的生命体特征。学术界认为城市的生命体特征主要表现在其具有类似的新陈代谢系统、经历了从无到有的过程、对外界变化感知的应激性、自我调节性、历史传承性与创新性（生命体的遗传变异）五大方面。并且城市作为一个具有生命体特征的运行系统，具有五个方面的运行规律：第一，管网建设越科学完善，城市生命力越强。城市管网就像有机生命体的血管和经络，科学的规划有助于城市系统维持生命体“通则不痛”的良好发展状态，有学者归纳现代城市发展的关键问题就在于“不通”，道路不通（堵塞）、气流不通（PM2.5 超标）、雨水不通（下雨成海）、信息不通（孤岛）、感情不通（关系紧张）、医疗不通（生病）、教育不通（择校热）、物流不通（高物价），等等。第二，历史文化越丰厚，城市内涵越丰富。通常而言，城市的宏观有型结构是可以通过后天建设快速实现的，但城市发展的历史内涵如若不经过沧桑变幻是很难获得的。由此，应该充分挖掘城市发展的历史内涵，并发扬光大，构建城市底蕴。第三，经济越发达，城市影响力越大。这在经济快速发展的今天显得尤为重要，繁荣的经济所创造的大量财富极大地推动了城市规模的扩大，吸引外来人口集聚，尤其是高级人力资本，极大地提高了城市创新能力。第四，生态平衡成为城市发展关注的焦点。随着绿色经济发展战略的提出以及经济社会可持续发展要求的深化，城市生态建设逐渐成为各大城市在经济快速发展的过程中关注的另一焦点，这也是中国粗放型经济增长向集约化经济增长转型的重要体现。第五，城市管理越来越精细。作者认为，城市管理的精细化主要是从微观企业的精细化管理引申过来的。事实证明，精细化管理有助于提高城市发展效率与效用，在促进城市和谐进步方面作用突出。

城市的系统特征还体现在其主要由诸多子系统构成上。侯汉坡、刘春成将城市子系统归纳为动力系统、智慧系统、支撑系统以及调节系统四个方面。其中，动力系统主要指城市的产业建设。最早的城市发展就是建立在特定的商品交易市场基础之上的，有些城市因为某些具有代表性的优质产业而中外闻明，这一点体现最为明显的就是中国江浙一带的中小型城市，如义乌（小商品批发城）、西施故里诸暨（大唐袜业），等等。有些产业甚至庞大到成为整个城市的支柱。如美国底特律，其一直以来都有汽车城的美誉，被称为“世界汽车之都”。产业的发展为城市建设注入了无限的动力，使其成为有血有肉有活力的生命体。智慧系统主要指的是城市的科学规划，这主要是因为城市规划是一项知识密集型的活动，在规划过程中，基于长时间的发展积累，立足当下城市经济、文化、生态、技术等的发展水平，科学规划未来一定时期城市的发展方向、发展战略、目标定位，制定科学可行的发展路径，并同时出台完善的政策、制度，协调城市发展涉及的不同主体关系，对有限资源进行科学配置，从而实现城市快速、健康发展。支撑系统主要指的是城市基础设施的建设，如果产业是动力系统成为城市发展的血和肉，那么基础设施就是城市发展的骨骼，没有骨骼支撑的城市发展可以说是寸步难行。“要致富先修路”的传统思想在中国城市、乡村的发展中根深蒂固，而现实中有限的基础设施供给往往无法满足城市发展的需求，由此基础设施不完善便成为当地经济建设、城市发展的瓶颈。高质量的基础设施建设必须具有一定的“乘数效应”，即其能够创造数倍于投资额的社会总需求和国民收入，具有基础性的同时还具有先行性。除此之外，为了维持城市的正常运转，公共服务系统也是必不可缺的，称之为调节系统。产业、基础设施、城市规划均离不开人的活动，一方面人作为各个系统的建设者，同时也作为各个系统的消费者，在扮演消费者的角色时，离不开为其提供服务的劳动者的生产活动。公共服务系统的完善程度高度依赖城市经济的发展水平，城市经济的发展水平越高，管理越精细，服务系统的分支越精细，服务功能就越完善，服务水平就越高。从产城融合的层面看，公共服务系统的有效配置促进产与城之间实现“化学反应”，起到重要的酶化剂的作用。城市发展状态之下，公共服务的迅速跟进能够有效提升新城对产业、人口的吸引力，加快产业向新城转移、人口向新城集聚的步伐，促进新城系统的快速形成。何继新、李原乐（2016）在关于产城融合下公共服务配置有效性的研究中将产业转移集聚与公共服务系统建设形象地比喻成战争中的“大军”与“粮草的关系”，而兵法有言，行军打仗，兵马未动，粮草先行，这也充分说明了在城市扩张、产业转移、实现产城融合发展的过程中，公共服务系统所起的重要作用。另一方面，公共服务系统往往关系到民生，对于提高城市公共服务满意度以及民众幸福指数具有重要意义，而生活舒适度的提升以及对公共服务满意度的提升有利于人才的集聚，这种智力资本的集聚反过来又会促进产业向新区转移，有效促进产城融合中人的“业”“居”融合。

在城市系统的运作过程中，四个子系统是缺一不可的，彼此之间相互作用、相互支撑、相互制约，离开任何一个子系统，城市这个大系统都无法实现快速有效运转，自然也不可能快速发展。可以说，城市系统中的支撑系统（基础设施）与公共服务系统就像城市运行的硬件和软件，产业发展为整个系统输入动力后，再结合人的智力活动，才真正构成了城市运作的大系统。

三、产城融合的内涵与内容

（一）产城融合的内涵

中国学术界对于“产城融合”的相关研究文献最早出现在2009年，且只有以报纸报道形式存在的5篇。最早的报道出现在2009年6月12日的河南省《周口日报》上，其着重提出要“坚持走产城融合发展之路，统筹城乡发展，不断推进工业化和城市化进程”。随后的6个月时间内，该媒体以及其他四家报纸先后对产城融合进行了后续报道。其后，随着产城融合促进经济社会和谐发展呼声的不断提高以及经济增长方式的转变，学术界对其研究也不断深化，其中，2013年成为研究成果数量激增的转折点。理论研究的落脚点还在于经济发展的实践活动，这一理论研究成果的不断增长态势，也充分反映了中国产城融合研究与实践的不断深化。2014年初，《国家新型城镇化规划（2014—2020年）》的出台，进一步明确了培育新的经济增长点、推动产业与城镇融合发展的基本要求。此后，国家相关部门和地区又相继发出了一系列关于产城融合示范区建设的通知，先后建立了60个产城融合示范区，并设定到2020年实现产城深度融合的基本目标。理论界及相关部门和地区不断开展各类活动，集思广益，对产城融合发展路径、发展模式进行深入探讨。

从时间起点上来看，中国关于产城融合的研究时间并不长，这主要是由于其是伴随着中国城市化的发展进程逐渐提出来的，具有一定的经济社会发展特征。在中国城市化建设的进程中，城市规模快速扩张，而城市功能却没能够实现同步的进步与匹配，导致城市中心城区与郊区、开发新区等不同区块之间的功能错位，即产城分离的现象。产城融合的概念就是针对产城分离提出来的。随着城市中心区企业发展成本的不断提高以及空间限制，中心区产业逐渐向郊区、新区转移，就业人口随之由城区集聚向外围分散过度，而不变的则是城市中心区的繁荣商贸业，这就出现了明显的工商业产业发展空间与工业就业人口之间空间上的显著分离。而对于工业原有的就业劳动力，其居住环境往往还是处于城市中心区，由此，工业与城市空间脱节、劳动力职业与居所之间的空间脱节等产城分离现象逐渐凸显。而在城市化进程快速发展过程中，房地产的开发成为其重要的先行军。由于城区土地的有限性以及开发成本的考虑，房地产业的目光逐渐放在城市新区，甚至是距离城市较远的地区，由于对市场预测不够准确或后期营销手段欠缺以及城市生活功能匹配等原因，使得大批居住住房的供给没有转化成实际的消费，从而沦为空城。

尽管国内关于产城融合研究的时间不长，但基于国外早期的研究基础，许多学者还是对产城融合进行了非常有益的探讨。美国学者 Jane M. Jacobs 曾经出版了一系列以城市为研究主题的专著，其中《美国大城市的生与死》（The death and life of great American cities）、《城市经济》（The economy of cities）以及《城市与国家财富》（Cities and the Wealth of Nations）都系统论述了城市扩张过程中产业发展的重要作用，认为城市发展就是在原有空间基础上不断扩张、在原有产业基础上不断新增的过程，这一过程运动的最终结果必将是城区的不断扩大，甚至是新城市的最终出现。张道刚（2011）认为产业能够激发城市发展的活力，具有活力的城市能够为产业发展提供更为优良的条件和发展环境，而产城融合的本质即在于城市与产业实现双向均衡。高纲彪（2011）在关于产城融合的研究中将“产”界定为产业集聚区空间，将“城”界定为城市其他功能区空间，并从空间层面分析了城区空间与产业集聚区空间的融合问题。他认为产城融合涵盖的范畴应该包括社会、经济、文化以及产业、空间等各个方面。姚南（2012）则从民生的层面提出产城融合是在满足居民生产、生活需要的前提下，统筹安排产业与城市在空间、功能上的整体布局，形成产业、城市、人口之间的共生共荣发展。刘瑾（2012）则以现代经济发展的绿色要求层面作为切入点，认为产城融合状态下的城市应该是以和谐的生态环境为依托、以现代产业体系为主要驱动、生产性和生活性服务融合的新型城区。在这一定义中，虽然最终的落脚点是新型城市，但其目标是建立在生态与产业协调发展基础之上的城市，也就是最终实现了生态、产业与城市三者之间的融合发展。李学杰（2012）、苏林（2013）的研究中则把产业与城市的融合过程看成是一个彼此互相制约、互相影响、互相促进的博弈过程，以期实现良性互动发展的有机整体。杜宝东（2014）提出从产城融合发展的四个维度对其进行重新认识，即：时间维度，从简单的静态的等待结果到建立动态的观测思维；空间维度，兼顾城市功能的整体布局并明晰空间尺度的概念；类型维度，即明确城市与产业的类型，进而明确产城融合发展的差异化路径；人本维度，基于人的真实需求实现以人为价值导向的真正的产城融合。这一维度的划分实现了对产城融合的全面认识。在谢呈阳（2015）关于产城融合概念的分析中，其引入了马斯洛的需求层次理论对其进行了说明，并将“城”理解为借助服务业对“人”这一活动主体实现的“城市功能”。本书同意这一观点，但更进一步认为，从马斯洛的需求层次理论角度解释产城融合主要涉及其高级需求阶段，即尊重的需要以及自我实现的需要，职居分离使人们大量的时间浪费在空间的奔波上，极大影响了尊重需要的实现，疲于奔命往往会使人们对自我价值产生怀疑。还有一些学者将产城融合定位为功能融合、空间融合、居住与就业融合、产业区与城镇区融合等方面，是包含产、城、人三个要素的产城融合。

但是，无论中外学者从什么样的视角展开对产城融合研究，其均在某些方面达成了基本统一的认识。第一，产城互相制约，相互依赖。其中，产业是城市发展的关键基础，而城市则是产业发展的重要载体。城市发展如果没有产业为支撑，就只能是一座空城；产业发展如果没有城市为载体，就只能是空转。产城分离也是日前空城大量存在的重要原因。第二，产城融合发展的终极目标应该是“产”“城”“人”的融合发展。不管产业与城市之间是何种发展关系，如果没有最终实现人的广泛深入参与，就等于在做无用功，不会创造任何的社会效益、经济效益。产城融合概念的发展经历了产城协调到产城融合的漫长过程，到最终融合要素从产、城到产、城、人的扩展更是一个本质上的跨越与进步。

事实上，产城融合是一个相对而生的概念，其主要是为解决产城不协调的发展问题而提出来的，且由于城市与产业的发展均是一个动态的过程，产城融合所考察的产业与城市二者之间的发展状态也是一个动态的过程，宏观背景的不断变化使得产城不协调的主要表现存在差异，这也使得产城融合的核心任务以及走向存在差异，最终实现产城融合的路径也会与时俱进。因此，我们应以发展的眼光看待产城融合问题。

基于上述分析，本书对产城融合做出如下定义："产城融合"主要是以人本主义为导向，以城市为发展平台，承载产业与人口发展空间需求，以产业为主要动力，驱动城市更新与完善配套设施建设，努力实现城市空间布局与产业布局相协调、城市功能结构与产业功能结构相匹配，促进实现人的生产活动与生活活动相适应，实现产、城、人三者之间彼此促进的良性循环发展状态。

（二）系统论视角下产城融合的内容

杨雪锋、孙震（2016）在关于共享理念下产城融合作用机理的研究中将产城融合的内容细分成六个要素，分别为产、城、人、地、业、居，并认为产城融合即是这六大要素所要实现的空间上的有机结合。在该文中，作者认为人是核心，地是载体；"业"和"居"是支撑，"产"是关键，"城"是基础。换言之，六个要素之间彼此制约，"业"和"居"构成了"人"的全部社会内涵，"产"与"城"为"人"的"业"和"居"提供了重要的载体，使"人"的"业"和"居"成为可能，而"人"的发展为"产"与"城"提供了动力来源，只有使"人"得到更好发展，"产"与"城"的发展才会有持久的生命力。"地"则为其余五个要素的发展提供了平台，成为城市、产业、人发展的基础。实际上，产城融合是一个涉及面广且复杂的系统工程。产城融合分为"产"和"城"两个方面，"产"主要是指一切生产物质产品和提供劳务活动的集合体，包括农业、工业、服务业等部门，结合《国家新型城镇化规划（2014—2020年）》中多次指出的要"工业化和城镇化良性互动"，本书将"产"理解为以工业为主体的产业。"城"主要是指产业发展所依托的城市空间载体，是拥有发展要素的城镇或正在建设中的不同级别的城市——区域系统，“产”融于“城”与“城”包容“产”，二者的融合既包含了产业业态的融合，又包含了城市空间的拓展和形态的优化。产城融合是由产业、城镇、人、土地、就业、居住等实体要素和思想、观念、政策理念、制度、社会环境等非实体要素构成。二者在融合的过程中相互影响，相互促进，两个系统通过实体要素和非实体要素之间的交叉渗透形成了多个子系统，通过子系统之间的相互作用、产业组织结构和制度安排，在发展过程中形成其变体以及更高层次的复合系统。在政府推动力、市场需求的拉动力、技术的驱动力、资源环境的约束力等综合作用下，使人口、土地、资金、信息、技术、物质等资源要素双向循环流动，在动态反馈过程中，推动产业与城市在功能效用层面和结构匹配层面上实现融合协调发展（见图2－2）。

从产城融合的字面上来看，产城融合的内容主要涉及产业与城市两方面，事实上，产城融合主要是产业系统与城市系统的融合，涉及两大系统的方方面面，并且两大系统的融合发展是围绕着人这一核心要素展开的。并且二者的融合发展也是一个漫长复杂的过程，是一个在城市与产业发展过程中慢慢磨合的过程。而在两大系统融合协调发展的过程中，更为核心的主体是人。

从三者之间的关系看，产业作为产城融合发展的一个重要主体，直接支撑着城市发展的速度，并成为城市竞争优势的重要来源。产城融合的主要内容包括三个方面：

第一，产城融合是时间维度、空间维度、融合类型差异维度和人本导向维度等为体系的各要素之间的融合关系。时间维度的融合主要是指产业发展和城市发展在时间维度上的动态协调性，即产业发展和城市发展在不同发展阶段各有侧重点，这种产业发展和城市发展的动态性会造成产城融合在不同产业的不同成长周期中呈现融合步伐不一致的现象，使得两者之间呈现一种由非平衡状态向平衡状态演化的趋势；空间维度的融合是产业区和住宅区等其他功能区在空间布局上的相互融合，实现在功能上的相互协调，主要体现在产业发展和城市发展的空间耦合以及产业功能和城市功能之间的契合，以此建立有机单元之间的联系，建立与城市发展相匹配的产业体系；融合类型差异主要是产业和城市都存在诸多的发展类型，由此二者相互作用的结果与方式是复杂多变的，因此这也就决定了产城融合的方法与路径的多元化；人本导向维度的融合主要是指从过去的“功能导

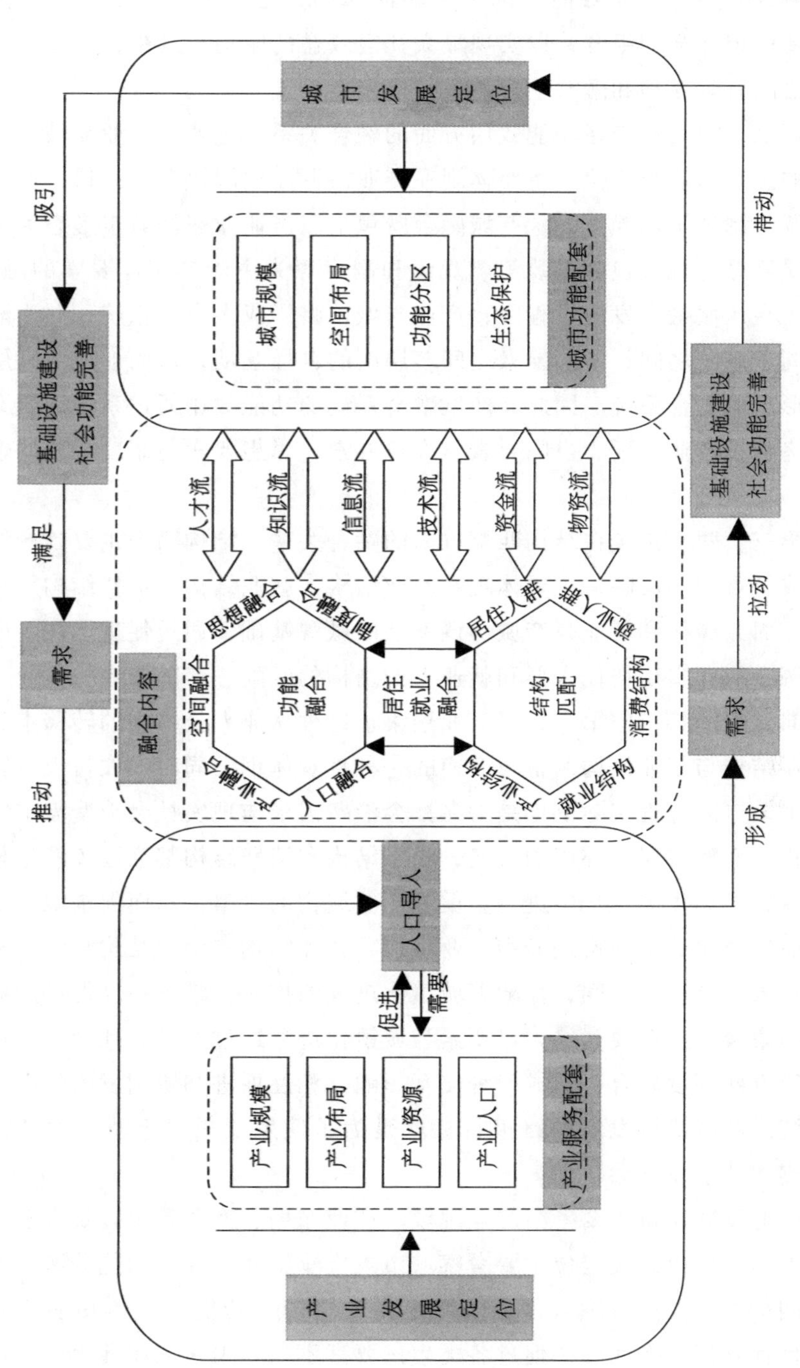

图 2－2　产城融合系统构成模型示意图

向”到现在的“人本导向”的一种转向回归，是对人、环境和社会关系的重新认识和合理组合，以实现最大社会效益的驱动，其中，人是产业和城市之间有效互动和融合上升的关键连接点。

第二，两大系统在功能效用方面的融合关系。主要是产业与城市融合发展的主导功能与定位，主要体现在产业协调、空间协调、人口协调、思想协调与制度协调等方面。产城融合既包括以产业业态和城市形态为主的实体要素融合，又包含以政策、观念和制度等为主的非实体要素的融合。因此，在产城融合发展过程中，产业与城市将形成多个子系统，并逐渐实现不同子系统之间、不同要素之间多层次的良性互动，从而形成更高层次及新形态的复合系统。因此，产城融合系统的功能效用通过系统内要素互动最终实现产业要素、空间要素、人口要素、思想要素与制度要素的融合发展。

第三，两大系统在结构匹配方面的融合关系。结构匹配主要是产城要素组成及重构的反映，主要体现在产业结构、就业结构、消费结构等相互匹配方面，居住和就业是产城协调发展的微观基础，通过促进居住与就业的协调，从而实现居住人群和就业人群结构的匹配。伴随着农村农业人口不断向城镇转移，向第二、三产业聚集，这种从业人员结构的转移本身就是产业结构与就业结构调整与变换的一种直观体现。同时，农村人口转变为城镇人口的过程实际上也是潜在社会消费需求向现实社会消费需求转变的过程。而随着居住环境的改变，收入结构和消费结构都会逐步发生相应的改变，长期发展过程中进一步促进产业结构的调整，从而促进城镇化进程。而城镇化的不断推进又为产业结构、就业结构、消费结构、就业人群与居住人群创造了空间，伴随着城镇化进程的推进，将进一步促进产业与人口的集聚，产业要素、人口要素与城镇化进程通过经济、社会、文化和环境等方面深度融合，形成一种交互影响、相互促进和协调发展的动态协调系统。产城协调发展的终极目标就是为了使发展成果惠及广大城镇居民，实现共享发展。

产业发展定位主要考察产业规模、产业布局、产业资源以及产业人口四个方面，城市发展定位主要考察城市规模、空间布局、功能分区、生态保护四个方面。产城融合发展实际上是希望产业功能与城市功能协同共进，良性互促，产业发展促进各类生产要素不断积聚，从而催生对于城市功能的广泛需求，促进企业外部专业化服务供给单位与相应配套设施的构建，逐渐形成新的城市功能区，促进城市规模的进一步扩大。而城市规模的扩大以及城市功能的不断强化完善反过来促进人口集聚，产业投资环境不断提高，促进产业与人口入驻新城，城市作为重要的发展平台和载体，具有了发展的动力和活力。可以说，产业与城市的融合发展不管是从产业本身，还是从城市本身都是至关重要的，二者缺一不可，相辅相成。

在产城融合发展的过程中，最为核心的本质内容还是人的发展。可以说，人的发展促进了产城融合各主体以及各要素之间的协调，如果只有城市规模的扩张，而没有人的城市化，城只能是空城。如果在城市扩张的同时，人口随之进入城市，但没有产业的支撑，就不能实现劳动力最终成为就业人口，那么，此时的城也只能是只有肉体没有灵魂的空架子。因此，人口作为城市与产业发展重要的中间介质实现二者在发展中的协调融合，而城市与产业功能、结构匹配方面融合发展的最终目标也是要实现人们居住与就业之间的融合。

本书所理解的产城融合，不是单纯解决城市扩张时空间和产业如何支撑的问题，而是要构筑一个由核心价值观引领，以人为本，产业、空间和社会相互支撑的新型城镇。城镇化发展不是单个目标的物理过程，而是多维度相互促进的结果。推动产城融合，就是要建立产业、空间、社会三个维度相互支撑的有机联系，促进城市的可持续发展。

四、产城融合的特征与模式

（一）产城融合的特征

任何经济活动的出发点以及最终目标都是满足人的基本需求。不管是宏观层面的国家发展需求，还是微观层面的个体发展需求，在不同的社会、经济发展阶段，其对自身以及社会提出的要求是不同的。但是，产业与城市在不同的发展阶段，虽然对彼此之间的协调、融合提出不同的要求，但无一改变的是，其一直以来都围绕着实现人的目标来开展活动的。围绕着实现人的最终目标。追求产业与城市的协调促进，在此过程中，不断促进城市发展与产业发展的匹配，这种匹配体现在城市功能与产业功能的配套，实现城市与产业更大效应的发挥；体现在城市化进程加快的过程中产业步伐的跟随；体现在产业结构升级的过程中如何通过科学的城市规划，实现二者在空间上的协调。通过对相关学者研究文献的梳理总结，本书归纳出产城融合具有以下基本特征：

1. 人本导向

从产城融合的六个相关要素中可以看出，建立在土地要素基础上的产业与城市的融合发展最终是为实现人这一要素的“业”“居”融合，在实现城市与产业空间、功能融合匹配的过程中，实现劳动者就近就业、就近居住。关于产城融合实现职居融合的思想在19世纪末期英国埃比尼泽·霍华德爵士的著作《明日·通往改革的和平之路》中已见雏形，其在书中提出一种将人类社会构建于田地、花园之中，从而实现住宅、工业及农业区域最佳比例的城市规划理念。其后建设的实验性城市——列曲沃斯花园城市和威尔温花园城市至今仍是产城融合发展的典范。花园城市的理念对西方城市发展产生了很大影响，美国、加拿大、澳大利亚、阿根廷、德国都先后建设了一大批花园城市，二战之后英国新城镇法案的出台更是拉开了花园城市建设的新篇章。这主要是因为，一方面，实现“业”“居”的空间融合，能够有效减少汽车等交通工具的使用频率，实现绿色出行，有效减少空气污染与交通堵塞的问题，促进生态经济的发展，这十分符合经济可持续发展的基本原则——人与自然和谐共进。另一方面，由于实现以人为本的产城融合有效减少了通勤成本，大大减少了劳动者路途奔波的辛劳，有助于提高劳动者的幸福指数以及对工作的积极性、对企业的忠诚度与满意度，从而有助于创新行为的发生，对企业长期竞争力提升方面大有裨益。由此，产城融合的最终目标是通过实现产业与城市功能的发展为载体，以满足人的现实需求为根本出发点和最终目标，力争为劳动者创造宜居、宜业的最佳生存环境，实现人的生产活动与生活活动的融合，本书认为这也是衡量产城融合实现程度的重要指标。

2. 两面协调

产城融合虽然以人为出发点和最终落脚点，但在实施的过程中，却要以产业与城市的融合发展为抓手，这是产城融合发展的“两个基本面”。一方面，城市为产业的空间集聚提供重要的载体，促进创新要素向优质完善城市资源区集聚，提高产业创新活力，促进产业转型升级。城市这一载体平台的发展水平以及能够提供的资源决定了其对外辐射吸引产业集聚的能力，城市发展水平越高，功能越完善，其促进产业集聚的能力越强，优质企业总部的数量也会越多，这同时意味着其能够提供更多的就业以及创造更高的收益，进而促进人力资本的集聚。反过来，产业是城市发展最为重要的引擎。在产业与城市的发展历史上，通常是先形成通商的市场，随着规模的逐渐扩大，一些经营者逐渐在市场周边安顿下来，逐渐形成了小规模的以商品交易为核心的村镇，随着产业规模的不断扩大以及知名度的不断提升，其相伴随的城镇规模也不断扩大，从而形成了一定规模的城市。可以说，产业就像城市的血液，流到哪里，城市就会跟进到哪里。血液流的速度越快，城市的规模扩张速度也就越快，城市也就越发达，越能够为产业发展提供基础保障与平台，产业发展又会得到进一步促进。产业与城市二者互相促进，彼此制约，在共进的过程中，实现产、城、人的融合发展。

3. 复杂持久

产城融合是一个相对较新的概念，但是对产业与城市发展关系的关注却由来已久。产城融合的背面就是产城分离。中国的产城分离具有独特的历史背景。首先，中国的城市化发展过程中，尤其是新中国成立初期，百业待兴，物资匮乏，有限资源在不同领域、不同主体之间的配置主要由政府主导，实行的是高度集中的计划经济，市场经济这双“看不见的手”无法发挥切实的自我调节功能，这就使得能够获得政府分配的资源决定着各个地方城市的未来发展方向以及城市发展规划。同时，随着城市规模的扩张以及农村土地包产到户，大量农村剩余劳动力开始涌入城市，而中国城乡二元体制下的户籍制度创造了中国经济特有的劳动力群体——农民工。虽然常年工作在城市，但由于户籍所在地仍是农村，使得这一大规模的特殊群体无法享受到城市居民所享受的社会、医疗、保险等各项福利，无法真正融入城市生活。而由于生活条件所限，多数农民工只身一人在外生活，无法享受到正常的家庭生活，往往只能在春节期间返家数日，可即便是这难得的与家人团圆的机会，仅仅是出于多存些钱的简单愿望，有些农民工也放弃了。可以说，这些人同时经受着打工辛苦与思念亲人的双重痛苦。即便有些人想要在城市最终安定下来，但越来越高的房价就像一座难以逾越的高墙，挡在他们面前。一边是无法享受的各项福利，一边是在城市安家乐业的愿望遥不可及，这是农民工在城市捂紧钱袋过日子的真实写照，这背后隐藏着无数农民工的生产劳动，却无法满足其对生活需求的基本要求。再者，新中国成立以后，百废待兴，为了加快经济复苏，在经济发展方式上选择了粗放型的经济增长战略，并且优先发展重工业，看重资源积累。在实施改革开放政策以来，中国经济无论是从产业结构的不断优化还是产业规模的不断扩大以及产值的增加方面，都取得了长足的进步。随着中心城区空间越来越拥挤以及产业集聚效应的凸显，城市周边开始大批量出现保税区、产业园等各类园区，但是在产业大肆扩张的同时，为产业发展提供基础设施等配套功能的城市建设却处于滞后状态，最明显的体现就是新建设的产业园区周边生活设施配套建设跟不上，交通不够方便，劳动者生活、生产空间差距较大，在这一时期，中国城市与产业的发展进程严重不匹配，城市化的发展严重滞后于工业化的发展，出现了典型的产业与城市分离的状态。事实上，由于产业与城市的发展都是一个动态的过程，又涉及政府宏观政策、制度、产业创新等多元因素的影响，使得产城融合一直以来都是长期复杂的发展过程。

（二）产城融合的模式

随着产城融合发展的不断深化，对产城融合发展模式的探索也取得了一定的进展。城市规模的大小、经济发展水平的高低、资源禀赋、特色优势、区位特征等因素对各地区各城市产城融合的发展提出了不同的要求。各地区各城市主要结合自身特色及实际要求，有针对性地实施产城融合推进，形成了以下模式（相关城市的产城融合发展也可以参考以下几种模式展开）：

1. 旧城改造、实现功能提升模式

中国是典型的土地资源稀缺、人口密度较大的国家，在资源有限约束条件下，如何实现稀缺资源的有效利用，成为经济、社会发展的基本出发点。城市的发展是一个漫长的过程，随着城市规模的不断扩大以及城市功能的不断完善，老城区由于年代久远、基础设施薄弱、功能单一等原因逐渐成为城市快速发展过程中的“一块补丁”，逐渐褪去昔日的辉煌，成为交通拥挤、空间狭小、各项功能设施不完善、环境较差的问题城区，从而导致区域内企业逐渐外移、企业裁员、空间限制企业无法扩展规模等问题不断涌现，最终导致区域成为居民失业、甚至企业倒闭等问题的集中区，成为产城分离的典型代表，同时也成为各城市推进产城融合发展的切入点。当然，旧城区的改造并不等同于拆除重建，很多城市的旧城区往往同时也是城市文化、城市特色资源的集聚区，其在城市发展中通常具有不可替代的积极作用，同时又具有不可复制性，一旦拆除就不可还原。因此，本书中旧城改造主要指的是旧城区的再开发、保护和修护，把对市政基础设施的改善和人们生活环境的提升作为旧城改造的核心，针对天然景观有限的实际情况，加大人工湖、人工景观的建设，提高区域内居民生活舒适度，为产城融合发展中人的集聚创造条件。另外非常重要的一方面，充分结合利用旧城区现有文化、建筑特色，实现对历史文化遗产的重点保护，促进城市软实力建设。在对文化遗产的保护上，世界各国也是具有共识的（1972 年联合国通过了《保护世界文化与天然遗产公约》，并成立了世界遗产委员会，致力于对人类优秀遗产的保护）。在旧城改造的过程中，在实现居民安置、重新就业、收入提升的同时，应大力支持企业转型，积极引入都市型工业，大力发展区位选择性较强的城市服务业，促进区域内居民就近就业，努力实现职居融合。旧城改造是绝大多数城市发展过程中不可避免的共性问题，其具体的改造措施也具有一定的共性特征，因此其作为促进城市功能升级以及推进产城融合发展的重要突破口具有普适性。

2. 产业园区转型升级模式

如果说旧城改造是通过城市功能的改善与提升来实现产业与人口的再集聚，那么工业园区的转型升级则是在产业园区城市功能附加的基础上，促进人口集聚，最终实现产城融合。这种产城融合的发展方式，主要是建立在较为成熟的产业园区的基础之上，根据这类园区的产业特性和空间容量以及园区内的人口分布，有针对性地完善生活配套设施，促进城市功能建设，使产业园区同时具有产业发展功能和城市功能，实现生产与生活相结合，形成新的具有自身系统性的发展空间。工业园区转型升级，是产城融合发展战略背景下对工业园区发展提出的新要求，是工业园区传统据点式发展方式向城市功能组团式发展方式的转变。也是其向产城融合方向推进的必然要求，符合新型城镇化建设的基本要求。据统计，到 2015 年底，中国国家级产业园区已经达到 520 家，当年新增国家级产业园区 32 家，其余各个级别产业园区数不胜数。这些园区已经成为中国经济发展的重要载体，在新型城镇化建设战略的指导下，在“空城”“睡城”等产城分离现象不断涌现的情况下，依托现有成熟的产业园区，加大生活设施配套建设力度，有计划地进行空间布局规划建设，成为促进产城融合发展的又一重要抓手。

3. 科技新城模式

科技新城是近几年才提出的一种新型的城市新区建设概念，但其实际上主要是建立在原有的某些科技园区的基础上，并借原有的产业基础打造产城科教融合的创新综合体。传统科技园区建设与发展的出发点与落脚点均是为科技创新成果的诞生与应用提供支持，其产业化特征相当明显。由于土地资源稀缺导致园区经营成本高涨，为了取得更高的回报，往往重生产、轻生活，在进行园区规划的过程中，没有很好地兼顾生产空间与生活空间的协调，导致园区最大的生产力——创新人才没有得到很好的生活支持。现在越来越多的企业意识到企业所拥有的最大的资本是智力资本，力争提供更为舒适、轻松的工作环境，使其成为具有生活、生产、消费、娱乐等各项功能的综合体。科技新城的建设有助于区域内形成创新网络，促进创新知识在不同主体之间的流动，促进创新的发生以及产业化的最终实现。科技新城所实现的劳动力职居结合能够有效促进科技人员创造力的发挥，促进创新效率以及创新效益的提高与增加。较为完善的科技新城应该具有诸多方面的特征与能力，一方面能够有效促进高素质人才的区域内集聚，另一方面其高新技术产业化的能力较强，同时能够提供完善的生活基础设施，实现员工生活需求的满足。不同于前面两种产城融合发展的具体模式，科技新城的建设更加有利于优质要素实现空间上的优化配置，进而促进创新效率的有效提升。鉴于优质要素资源通常向经济发达地区流动，这种科技新城建设促进产城融合发展的模式主要多见于经济发达的大城市。

典型的例子如启迪控股股份有限公司打造南京麒麟启迪科技城，着力建设社区（生活）、园区（产业）、校区（子女就学）三者合一的新型园区模式，形成国家级的低碳智能产业研究院、青年创业中心、企业加速器、商务科技园等研究和服务机构，出台一系列措施与制度吸引相关总部企业入驻园区，形成完善的创新服务体系和产业系统，在科技麒麟的基础上，实现绿色麒麟、创业麒麟、幸福麒麟的兼顾，最终成为在低碳智能产业领域具有国际影响力的科技新城。

4. 以业兴城模式

城市的地理区域性以及历史因素决定了不同的城市具有不同的自然资源和文化资源，这种具有地方特色的资源经过系统科学的开发，具有转化为当地特色产业的巨大潜力，并逐渐成为地方经济建设的优势产业、支柱产业。在中国，这种以业兴城的情况在江浙一带的中小型城市、乡村体现得尤为明显。在七山二水一分田的浙江省，想要依靠种植农业实现经济发展绝对是不可能的，结合这种现实资源的约束，努力寻找地方特色资源，进行科学的开发，配套基础设施的建设，配合市场化运作，通过各类节庆活动的举办，推广项目品牌形象和知名度，并实现不同城市之间、不同项目之间的有效联动，形成1+1>2效应，扩大收益。以业兴城只是这一产业融合发展模式的基础，以业兴城在促进城市繁荣的同时，促进人口的城市集聚，减少劳动力流失的同时，有效促进外来人口的流入，促进城市规模扩张，城市规模的扩张以及经济的提升、人口的集聚反过来奠定了产业的社会需求基础，为产业发展提供基础设施、制度服务等城市功能的支持，形成产业、城市、人口三者之间相互协调融合发展，这也是产城融合的另外一种主要发展模式。

5. 中心城区功能外围化模式

中国新型城镇化建设思想的提出以及战略实施有力推动着中国城市化进程，城市的快速发展对空间的需求不断提升，城市空间规划也就成为城市快速发展道路上最为关键同时也是最为基础的一项任务，直接决定着城市社会、经济、文化等各种活动能否得到有效的基础平台和载体支持，也是能否实现城市空间最大效用的关键。在人类社会发展的历程中，城市一直以来都是人类经济活动的载体，同时也构成了区域经济发展的核心，并逐渐形成了城市中心区和外围郊区。随着城市发展步伐的加快，城市中心区越来越拥挤，尤其是像北京、上海等特大城市，为有效缓解中心城区所面临的建设空间有限、交通拥挤、人口密度过大、环境污染、公共服务设施老化等各项压力，将某些功能载体逐渐向城市外围转移，包括建设大型特色化产业园区，将原本分散在城市中心区的各大企业通过各项政策扶持逐渐转移至产业园区，实现产业的空间集聚，并围绕产业园区大力发展地产业、商贸业、服务业等配套产业，打造宜居、宜业的城市新区，吸引人口集聚，打造新型城市中心区，从而实现城市多中心城区的空间结构。这种在地域上十分临近、在功能上实现互相补充的多中心城区的城市空间结构有效实现了彼此之间的发展联动，成为产业、城市与人口相互融合发展的一种新型的重要发展形式。

但也必须注意到，城市新的中心区的打造同样面临着诸多现实问题。建设之初，由于发展基础薄弱，配套公共设施供给不足（医院、学校等），能够提供的就业岗位有限，吸引力不够，加上人们对新城区空间距离上的切实感知，导致人口空间转移向新城区集聚存在较大的压力，一些城市最初建设的新城区往往面临着成为“空城”“睡城”的风险。这种问题在世界大城市的发展过程中都出现过，且事实证明，随着发展的不断深化，随着产业化水平的不断提升，生产要素的分散程度也会不断提高，城市新中心区的发展动力会不断增强，并逐渐形成与城市原有中心城区的有效互动，这也是未来城市发展的重要趋势。

第三章

产城融合发展的历史考察

第一节

城镇化发展进程的历史考察

一、城镇化发展基本状况

（一）城镇化进程加快

我国的城镇化进程虽然有阶段性的起伏，但总体上是一个不断上升的过程。按城镇常住人口占总人口比重计算的城镇化率，1949 年我国的城镇化率为 10.6%，此后城镇化水平逐年上升，1961 年城镇化率达到了 19.7%，此后，城镇化发展进入起伏期，甚至出现停滞现象，一段时间内，城镇化率维持在 17% 左右，一直到改革开放后，城镇化进入稳定快速发展时期。改革开放以来，我国的城镇化得到了飞速的发展，我国城镇常住人口从 1978 年的 1.72 亿人增加到 2015 年的 7.71 亿人，城镇化率年均提高 1.03 个百分点，1995 年是中国城镇化发展重要转折的一年，城镇化率达到了 29.04%，此后中国的城镇化发展步入快车道，以年均 1.35

个百分点的增长速度发展，1995 年之后中国城镇化发展的速度远远高于世界平均水平，而同时期世界城镇化率年均仅提高 0.46 个百分点。2011 年中国的城镇化率首次突破 50%，2012 年城镇化率达到了 52.57%，超越了世界城镇化率平均水平，到 2015 年，中国的城镇化率已经达到 56.1%，高出世界平均城镇化率 1.2 个百分点，中国用短短 30 多年的时间完成了欧美发达国家近百年的城镇化历程。

（二）城镇经济比重不断提升

研究发现，城镇化率与经济发展密切相关，经济的繁荣与发展是城市发展与城镇化快速推进的首要条件。改革开放以来，中国城镇化的快速推进与经济的飞速发展是分不开的。中国的国内生产总值从 1978 年的 3678.7 亿元增长到 2015 年的 685505.8 亿元，城镇化率也从 1978 年的 17.92% 增加到 2015 年的 56.1%，这充分说明经济的飞速发展，带动了城镇化的快速发展。经济与城镇化的快速发展创造了大量的就业机会和工作岗位，吸纳了大量农村剩余劳动力。改革开放初期，全国城镇就业人口 9514 万人，城镇就业人员占全国就业总量的比重为 23.69%，截至 2015 年城镇就业人口达到 40410 万人，城镇就业人口占全国就业总量的比重达到 52.17%。其中，第三产业在解决农村剩余劳动力就业问题上起到了关键作用，第三产业就业人口占全国就业总量的比例逐年提高，截至 2015 年，第三产业就业人口占全国就业总量的 42.4%，这也充分说明服务业在城镇化进程中扮演着越来越重要的角色。

（三）城镇化取得的成效显著

随着城镇化的不断推进，政府相关部门不断加大对教育、医疗、社会保障等民生方面的基本公共服务和市政公共基础设施建设的投入，市政公共基础设施供给能力和公共服务水平得到显著提高。城市教科文卫事业费从 1990 年的人均 80.22 元增长到 2015 年的人均 3431.08 元，城镇执业医生数从 1990 年的 176.3 万人增加到 2015 年的 303.91 万人，在职工养老保险的人数方面，从 1990 年的 6166 万人增加到 2015 年的 35361.2 万人，参保人数大大增加，保险覆盖范围更广。在城市市政公共基础设施方面，城市用水普及率从 1990 年的 48% 增加到 2015 年的 98.1%，城市燃气普及率从 1990 年的 19.1% 增加到 2015 年的 95.3%，城市道路面积从 1990

年的人均 3.1 平方米增加到 2015 年的 15.6 平方米，城市公园绿地面积从 1990 年的人均 1.8 平方米增加到 2015 年的 13.3 平方米，公共交通车辆从 1990 年的每万人 2.2 标台增加到 2015 年的 13.3 标台。

（四）城镇体系日益完善，城镇布局日趋合理

我国城镇体系日益完善，城镇数量和规模也不断扩大，以大城市为中心，中小城市为骨干，小城镇为基础的多层次的城镇体系已经形成，一批辐射带动性强及世界级的城市群正在不断成长壮大。其中，中国乡镇级区划数从 1978 年的 6198 个增加到 2015 年的 39789 个（镇 20515 个、乡 11315 个、街道 7957 个），县级区划数从 1978 年的 2637 个增加到 2015 年的 2850 个（市辖区 921 个、县级市 361 个、县 1397 个、自治县 117 个），而地级区划数由 1978 年的 340 个减少到 2015 年的 334 个（地级市 291 个）。

作为我国新型城镇化"主体形态"和拉动我国经济快速增长、参与国际竞争与合作的主要平台发展的城市群得到了快速发展。从国家"十一五"规划纲要提出城市群作为推进城镇化进程的主体形态以来，从 2013 年包括 34 个城市在内的三大城市群扩展到 2014 年包括 87 个城市在内的六大城市群，再到 2016 年包括京津冀、长三角、珠三角、成渝、中原、山东半岛、武汉城市圈、环长株潭城市群、环鄱阳湖城市群在内的九大城市群，涉及城市总数达到 118 个。城市群地区占国土面积的 20%，集聚了全国 70% 的城镇人口，贡献了 76% 的 GDP，在我国城镇化推进过程中发挥着主体作用。

（五）城镇化区域差异日益加大

在中国城市的区域分布角度，从中国各省域单元的城镇化数据（详见图 3－1 和图 3－2）中可以看出，中国各区域的城镇化水平从 2000 年呈现逐年提高趋势，但城镇化水平存在较大的区域差异。东部地区城镇化推进速度最快，城镇化水平最高，在全国处于绝对领先地位，达到了 68.4%，其中上海（87.6%）、北京（86.5%）、天津（82.64%）的城镇化水平都超过了 80%，远远超出全国的平均水平，城市密度达到了 2.44 座/万平方公里，分别高出全国、中部、西部和东北的 1.36 座/万平方公里、1.72 座/万平方公里、0.8 座/万平方公里和 1.28 座/万平方公里。而中西部地区的城镇化发展相对较为缓慢，城镇化水平分别达到 52.7% 和

48.2%，低于全国的平均水平，除中部地区的湖北（56.85%）和西部地区的重庆（60.94%）和内蒙古（60.3%）的城镇化水平高于全国平均水平，其余15个地区城镇化水平均在全国平均水平之下。相对于中西部，东北地区由于已经形成一定规模的城市带格局，助推了城镇化较快发展，城镇化水平达到60.5%，高出全国的平均水平。

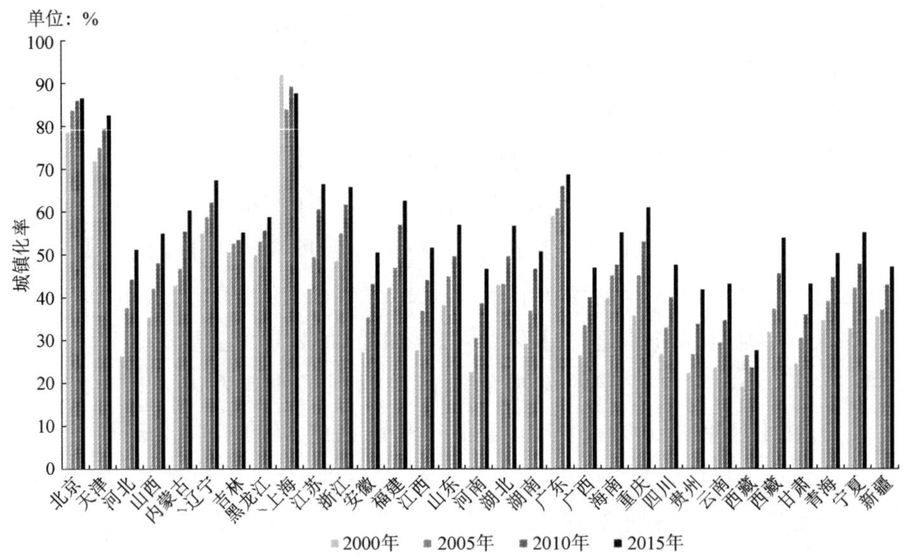

图3-1 2000—2015年中国31个省域单元城镇化水平变化情况

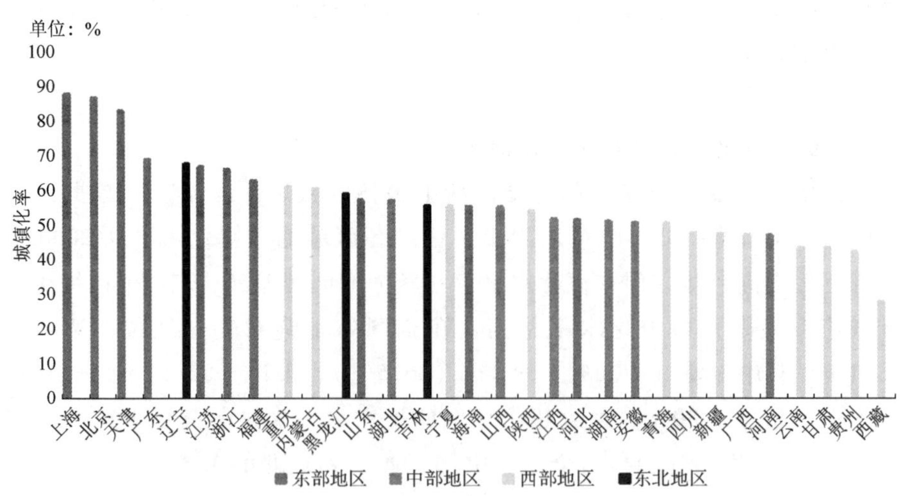

图3-2 2015年中国31个省域单元城镇化水平

从城市数量和人口的空间分布来看，也体现了东中西部地区差异（见表3－1）。2015年全国共有653个城市，城市分布自东向西逐渐递减，其中东部地区以10%的国土面积聚集了219个城市，城市数量占全国的33.5%，城市城镇人口占全国的44.1%；西部地区以72%的国土面积仅聚集了178个城市，城市数量仅占全国的27.3%，城市城镇人口仅占23.2%。从城市的规模空间分布来看，城市规模也呈现出自东向西逐渐缩小的规律，2012年全国城市市辖区人口超过100万的城市共有65个，其中有36个在东部地区，占全国的55.4%，其中城镇人口大于200万的特大城市的比重达到了53.8%，而地域广袤的西部地区城镇人口大于200万的特大城市只有4个，占全国大城市总数的15.4%；全国城市市辖区人口20万以下的小城市共有245个，东部地区小城市55个，占全国的数量的22.4%，明显低于大城市的比重。而中部和西部地区的小城市有150个，占全国的61.2%，明显高于这两个地区大城市的比重。以上数据揭示了大量的城市和人口聚集在经济发达、自然条件优越的东部沿海地区，而经济落后、自然环境较差的西部地区城市少，人口密集度较低，在空间上表现出自东向西逐步递减的趋势，而且这种分布趋势在撤市设区的影响下还在不断强化。

表3－1　中国四大区域城市规模结构

项目		全国	东部	中部	西部	东北
城镇化水平（%）		56.1	68.4	52.7	48.2	60.5
城市密度（城市数/总面积）		1.36	2.44	1.72	0.8	1.28
城市总数（个/万平方公里）		653	219	168	178	88
人口占比（%）		100.0	44.1	24.2	23.2	8.5
按城市市辖区人口分组（2012年）	200万人以上	26	14	4	4	4
	100万～200万人	39	22	6	6	5
	50万～100万人	95	38	27	16	14
	20万～50万人	250	104	61	59	26
	20万人以下	245	55	70	80	40

说明：东部地区主要包括北京、天津、河北、上海、江苏、浙江、福建、山东、广东、海南；中部地区主要包括山西、安徽、江西、湖北、湖南；西部地区包括重庆、四川、广西、贵州、云南、西藏、陕西、甘肃、宁夏、青海、新疆、内蒙古；东北地区包括辽宁、吉林、黑龙江。

资料来源：《中国统计年鉴2016》，城市市辖区人口分组的城市个数数据来自关兴良等，《中国城镇化进程中的空间集聚、机理及其科学问题》，地理研究，2016，35（2）：227－241.

二、评价方法与指标体系

城镇化已经成为当今世界上重要的社会经济现象之一。经过数个阶段的发展，城镇化也逐渐成为中国经济新的增长点。党的十八大更是将“新型城镇化”建设问题上升为中国经济增长的核心问题。但是，新型城镇化的建设发展是一个复杂长期的过程，城市规模的快速扩张与产业配套、人口集聚等方面协调问题不断，从而出现了新城区产业空间与劳动力居住空间上的巨大跨越，导致了典型的产城脱节、职居分离等“产城不融合”现象，甚至出现了“空城”。从党的十七届五中全会提出推进工业化、城镇化、农业现代化的“三化同步发展”，到党的十八届三中全会提出以人为本、推动三化协调共进，再到有关部门发布《国家新型城镇化规划（2014—2020年）》，如何实现产城协调融合发展，实现城市产业空间与社会空间匹配，已经成为推动中国新型城镇化建设最为核心的问题。在中国经济发展进入新常态，面临经济发展速度、结构和驱动力等方面实现根本性转变的严峻形势，客观评价新型城镇化综合发展水平，是推动“产城”全面协调、高效和可持续发展的前提与必要准备，对于经济持续发展、区域协调发展以及全面建成小康社会具有重要意义。

（一）评价方法

熵是系统无序程度的度量，值越小，表征某项指标值变异程度越大，该指标提供的信息量越大，其权重越大，反之，权重越小。由于工业化水平是各种要素交互作用的结果，是由多种要素组合形成的指标体系，熵值法可以利用信息熵测算指标值的变异程度从而对多指标系统进行综合评价，可以有效克服指标变量间信息重叠和人为确定权重的主观性，有效实现多元评价指标体系下对评价目标的综合测评。该方法具体步骤参见丛海彬（2015）的研究。运用熵值法对全国及31个省份1995—2015年15个指标的原始数据进行标准化后，得到新型城镇化综合发展水平各评价指标的权重，具体结果见表3-2。

（二）指标体系与数据来源

新型城镇化综合发展水平的测度方法很多。现有成果显示，以往研究主要通过非农业人口比重、城镇人口比重、城市用地比重等单一指标方法进行测度。但是新型城镇化水平是由多种要素交互作用的结果，为了系统、全面地反映新型城镇化的内涵，克服单一指标反映新型城镇化水平的缺陷，借鉴相关研究成果，结合本研究出发点，按照科学性、系统性和代表性原则，从人口城镇化、经济城镇化、空间城镇化、生活城镇化、社会城镇化五个方面，选取15个有代表性的指标构建指标体系，突出新型城镇化水平相关指标的直接比较，具体指标体系见表3－2。本书数据主要来自1996—2016年《中国统计年鉴》。

表3－2　　新型城镇化综合水平评价指标体系

目标层	准则层	指标层	权重
新型城镇化综合水平	人口城镇化	城镇人口占总人口比重	0.0332
		城市人口密度	0.0614
		第三产业就业人口比重	0.0419
	经济城镇化	人均地区生产总值	0.0736
		非农产业产值比重	0.0274
		第三产业与第二产业产值比	0.0317
	空间城镇化	建成区面积	0.052
		人均公园绿地面积	0.0499
		人均城市道路面积	0.0408
	生活城镇化	万人公共交通车辆	0.0367
		万人拥有医生数	0.2817
		人均邮电业务量	0.0493
	社会城镇化	国际互联网上网人数	0.0915
		人均教科文卫事业费	0.0987
		城乡居民收入水平比	0.0301

三、城镇化构成要素的变化趋势

（一）全国城镇化构成要素

根据上述熵值法原理进行计算，得到1995—2015年中国新型城镇化综合水平指数（见表3－3）和各子系统的得分（见图3－3）。

由图3－3可以看出，中国新型城镇化综合发展水平整体表现出逐年上升的趋势，1995—2002年城镇化综合发展水平较低，且发展速度较慢，但在2009年之后快速提高，城镇化水平从0.4825增长到0.7115。通过对

表 3-3 1995—2015 年新型城镇化综合水平指数

年份	人口城镇化	经济城镇化	空间城镇化	生活城镇化	社会城镇化	新型城镇化综合水平
1995	0.0244	0.0034	0.0189	0.011	0.039	0.0132
1996	0.0438	0.0137	0.0272	0.0154	0.0094	0.0195
1997	0.0753	0.0622	0.055	0.0279	0.0047	0.0378
1998	0.1017	0.1131	0.0761	0.0317	0.0145	0.0547
1999	0.1187	0.1584	0.0957	0.0388	0.0432	0.0748
2000	0.138	0.2033	0.1174	0.0479	0.0766	0.0972
2001	0.1858	0.2502	0.1871	0.0552	0.1074	0.1294
2002	0.2501	0.2858	0.2576	0.0563	0.1627	0.1655
2003	0.2954	0.3055	0.3548	0.0754	0.1991	0.2032
2004	0.3332	0.3051	0.4327	0.0958	0.2107	0.2295
2005	0.3594	0.3446	0.4877	0.1088	0.2331	0.2559
2006	0.679	0.393	0.5159	0.1295	0.2705	0.3258
2007	0.6678	0.4615	0.5688	0.1601	0.3671	0.3735
2008	0.6866	0.5065	0.621	0.1877	0.4499	0.4179
2009	0.729	0.5654	0.6888	0.2011	0.5402	0.4825
2010	0.7656	0.6205	0.7369	0.2296	0.6032	0.5095
2011	0.801	0.6891	0.811	0.1585	0.6849	0.5258
2012	0.8367	0.7583	0.8579	0.1732	0.7762	0.5721
2013	0.9012	0.8358	0.9187	0.2001	0.8222	0.6199
2014	0.9598	0.9045	0.96	0.2187	0.8624	0.6586
2015	0.9957	0.9342	0.9683	0.253	0.9397	0.7115

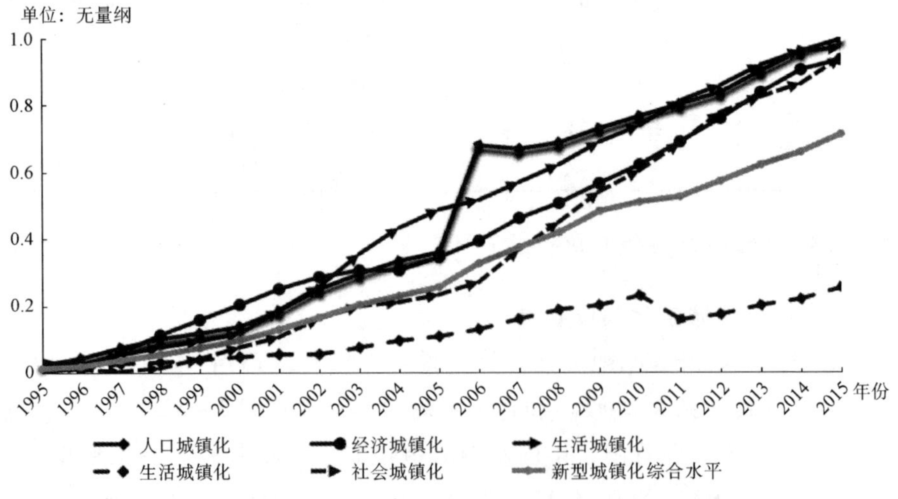

图 3-3 新型城镇化综合系统及各子系统得分

新型城镇化综合发展水平与城镇化率的变动情况的比较（图 3－4），可以看出新型城镇化综合发展水平与城镇化率两者整体演进趋势类似，都是以比较固定的增长点呈现逐年稳步提升的态势，在 2009 年之前增长较慢，在此之后增速较快，特别是城镇化率在 2011 年首次突破 50%，达到世界城镇化发展的平均水平，由此城镇化发展步入快车道，推动了城镇化综合水平的快速提高。

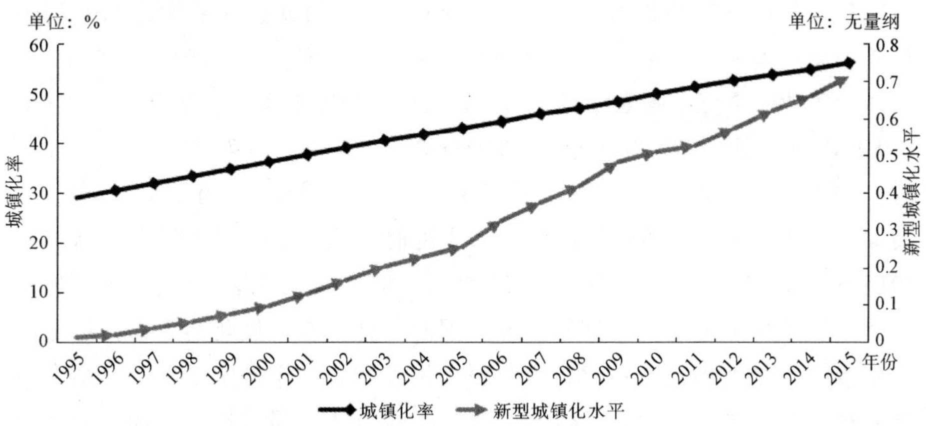

图 3－4　1995—2015 年新型城镇化综合发展水平与城镇化率的变动对比情况

新型城镇化综合发展水平是由人口、经济、文化、空间、环境、社会等多个系统要素构成的，因此会受制于各个子系统内部的复杂变化。从图 3－5 可知，在 2015 年 5 个子系统中，得分最高的是人口城镇化子系统，其次是空间城镇化、社会城镇化和经济城镇化子系统，生活城镇化子系统得分最低，仅为 0.253。这充分说明人口城镇化、空间城镇化、社会城镇化和经济城镇化在 1995—2015 年城镇化发展过程中发挥的作用日益显著，其发展速度较快。相对而言，生活城镇化子系统的发展在此期间进步不明显，发展水平较为滞后，在推动新型城镇化综合发展方面发挥的作用有限。从各个子系统的发展速度来看，人口城镇化系统增长最快，从 1995 年的 0.0244 增长到 2015 年的 0.9957，增长了 0.9713。这也充分说明二十多年来随着城镇化进程的推进，大量的农村人口向城镇转移，城镇人口从 1995 年的 3.5174 亿增加到 2015 年的 7.7116 亿，增加了约 1.19 倍。相应地，城镇人口比重从 29.04% 上升到 56.1%，城镇人口的大幅增加为城镇第二、三产业的发展提供了充足的劳动力，推动了城市第二、三产业的发展，反过来为第二、三产业，特别是为劳动力在第三产业就业提供了大量的岗位，解决了大量的农村剩余劳动力的就业问题；空间城镇化子系统的增长速度也非常快，从 1995 年的 0.0189 增长到 2015 年的 0.9683，增长了 0.9494，表明随着城镇化进程的加速，城镇空间扩展速度较快，城市用地规模不断增加，1981 年中国城市建成区面积仅为 0.74 万平方公里，2015 年则达到了 5.21 万平方公里，增加了约 6.04 倍，年均增长 17.76%；经济城镇化和社会城镇化的增长速度仅次于人口城镇化和空间城镇化，他们分别增长了 0.9308 和 0.9007，表明城镇化的发展与经济增长呈现相互促进的关系，1995 年人均国内生产总值仅为 5091 元，2015 年则达到了 49992 元，增加了约 8.82 倍，全社会固定资产投资从 1995 年的 20019.26 亿元增长到 2015 年的 561999.8 亿元，增加了约 27.07 倍，人均教科文卫事业费从 1995 年的 121.1235 元增加到 2015 年的 3431.0769 元，增加了约 27.33 倍，城镇居民人均可支配收入从 1995 年的 3496 元增加到 2015 年的 31194 元，增加了约 7.92 倍，经济的快速发展为城镇化的加速发展提供了强大的物质基础和保障，同时，伴随着城镇化的不断推进，加大了城镇公共基础设施建设，市政服务设施和公共服务水平不断提高，城镇居民教育、医疗、社会保障、生活水平等有了明显的提升；和其他几个子系统系数较快增长形成鲜明对比，生活质量城镇化子系统增长缓慢，从 1995 年的 0.011 增长到 2015 年的 0.253，仅增长了 0.242，这表明尽管近年来城镇化快速推进，但是城镇化的快速发展并没有改变人民生活方式，特别是没有带来居民生活质量的显著提高。从表征生活质量城镇化的指标之——每万人拥有的医生数来看，1995 年每万人拥有 15.8 个医生，到 2015 年每万人拥有 22.1 个医生，仅增加了约 4%，就医难一直是社会关注的问题，它大大影响了人民的生活质量。另外从公共交通车辆来看，从 1995 年每万人拥有 3.6 标台，到 2015 年的每万人拥有 13.3 标台，仅增加了约 2.69 倍，出行难问题没有得到有效解决，这也大大影响了人们的生活质量。

（二）省域城镇化构成要素

为了更好地分析中国各省域城镇化子系统构成要素的变化趋势及空间差异状态，本书选取 2000 年、2005 年、2010 年和 2015 年四个时间节点，通过熵值法计算全国 31 个省域单元城镇化子系统发展水平，从而分析各子系统构成要素的变化趋势及其空间分布特征。

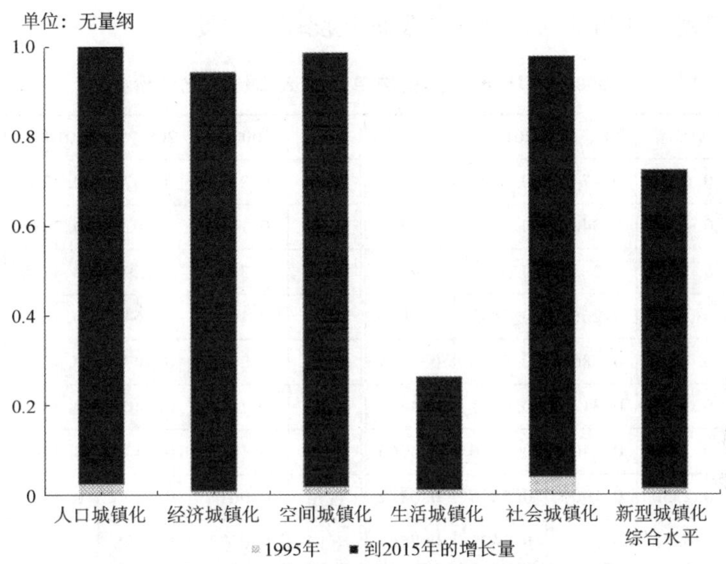

图 3－5 新型城镇化各子系统得分（1995 年、2015 年）

1. 人口城镇化子系统

从人口城镇化子系统构成要素的变化趋势来看（见表 3－4），在考察的四个时点内，所考察的 31 个省份人口城镇化指数均值从 2000 年的 0.222 上升到 2005 年的 0.28，2010 年的 0.409，至 2015 年更增长到 0.457，呈直线上升趋势。这说明在过去的一段时期之内，中国 31 个省份人口城镇化发展水平不断提高，区域差异也在不断缩小。2000 年人口城镇化水平最高的北京（0.6376）与最低的云南（0.0378）之间的差距为 0.5998，2005 年人口城镇化水平最高的上海（0.5918）与最低的云南（0.0908）之间的差距为 0.501，2010 年人口城镇化水平最高的上海（0.7472）与最低的西藏（0.1718）之间的差距为 0.5754，到 2015 年人口城镇化水平最高的上海（0.7567）与最低的西藏（0.2686）之间的差距为 0.4881。

在这四个时间节点，人口城镇化水平整体表现出了显著的梯度集中变化趋势，其中从 2005 年开始上海超越北京，成为人口城镇化发展水平最高的区域。上海、北京、天津成为全国人口城镇化发展水平最为突出的区域，较其他省份优势十分明显。山西、黑龙江、江西、河南、陕西的人口城镇化发展水平进步较快，分别从 2000 年的 0.1800、0.2350、0.1374、0.1050、0.1960 增长到 2015 年的 0.5939、0.6322、0.5497、0.5158、0.5023，成为全国人口城镇化发展水平比较显著的区域。而云南、西藏、广西、宁夏、四川的人口城镇化发展速度相对缓慢。

表 3－4　2000—2015 年中国省域单元的人口城镇化评价指数

省域	2000 年	2005 年	2010 年	2015 年	省域	2000 年	2005 年	2010 年	2015 年
北京	0. 6376	0. 4746	0. 6675	0. 6977	湖北	0. 2240	0. 2073	0. 3765	0. 4099
天津	0. 4659	0. 3466	0. 5796	0. 6701	湖南	0. 1399	0. 2023	0. 3832	0. 4490
河北	0. 1800	0. 2828	0. 3135	0. 4206	广东	0. 3647	0. 3293	0. 4738	0. 5667
山西	0. 1800	0. 2666	0. 3995	0. 5939	广西	0. 1097	0. 1640	0. 2296	0. 2965
内蒙古	0. 1965	0. 1868	0. 3105	0. 4104	海南	0. 2878	0. 4074	0. 4030	0. 4101
辽宁	0. 3445	0. 3173	0. 4321	0. 4461	重庆	0. 1696	0. 2407	0. 3706	0. 4284
吉林	0. 2790	0. 2403	0. 3406	0. 4766	四川	0. 1079	0. 1145	0. 3485	0. 3400
黑龙江	0. 2350	0. 1906	0. 5856	0. 6322	贵州	0. 0611	0. 1576	0. 3737	0. 2964
上海	0. 6203	0. 5918	0. 7472	0. 7567	云南	0. 0378	0. 0908	0. 3554	0. 3527
江苏	0. 3044	0. 2779	0. 4070	0. 4713	西藏	0. 0468	0. 1795	0. 1783	0. 2686
浙江	0. 2947	0. 2916	0. 3962	0. 4215	陕西	0. 1960	0. 3386	0. 5322	0. 5023
安徽	0. 1639	0. 2202	0. 3283	0. 3937	甘肃	0. 0705	0. 6316	0. 3940	0. 4164
福建	0. 2503	0. 2321	0. 3947	0. 4636	青海	0. 2428	0. 3048	0. 3498	0. 4155
江西	0. 1374	0. 3605	0. 4874	0. 5497	宁夏	0. 1319	0. 1348	0. 2819	0. 3379
山东	0. 1686	0. 2115	0. 2976	0. 3509	新疆	0. 1391	0. 1344	0. 5045	0. 3968
河南	0. 1050	0. 5525	0. 4557	0. 5158					

2. 经济城镇化发展水平空间差异

从经济城镇化子系统构成要素的变化趋势来看（见表 3－5），在考察的四个时点，所考察的 31 个省份的经济城镇化指数均值从 2000 年的 0. 155 上升到 2005 年的 0. 17，2010 年的 0. 177，至 2015 年更增长到 0. 292，呈直线上升趋势。这说明在过去的一段时期之内，中国 31 个省份的经济城镇化发展水平显著提高，但是区域的经济发展差距在加大。2000 年经济城镇化水平最高的北京（0. 3879）与最低的贵州（0. 0787）之间的差距为 0. 3092，2005 年经济城镇化水平最高的北京（0. 5188）与最低的河南（0. 0881）之间的差距为 0. 4307，2010 年经济城镇化水平最高的北京（0. 7423）与最低的河南（0. 0697）之间的差距为 0. 6726，到 2015 年经济城镇化水平最高的北京（0. 9964）与最低的安徽（0. 1692）之间的差距增加到 0. 8272。

表 3－5 2000—2015 年中国省域单元的经济城镇化评价指数

省域	2000 年	2005 年	2010 年	2015 年	省域	2000 年	2005 年	2010 年	2015 年
北京	0.3879	0.5188	0.7423	0.9964	湖北	0.1350	0.1413	0.1362	0.2351
天津	0.2520	0.2576	0.2642	0.4187	湖南	0.1226	0.1605	0.1468	0.2265
河北	0.1297	0.1183	0.1149	0.1881	广东	0.2113	0.2078	0.2060	0.3209
山西	0.1650	0.1347	0.1140	0.2772	广西	0.1035	0.1286	0.1095	0.1736
内蒙古	0.1212	0.1551	0.1569	0.2580	海南	0.1199	0.1904	0.3004	0.4565
辽宁	0.1836	0.1733	0.1522	0.2880	重庆	0.1451	0.1503	0.1159	0.2676
吉林	0.1320	0.1415	0.1268	0.2033	四川	0.1099	0.1220	0.1034	0.2105
黑龙江	0.1490	0.1198	0.1406	0.3300	贵州	0.0787	0.1202	0.1948	0.2186
上海	0.3506	0.3536	0.3736	0.6111	云南	0.1090	0.1244	0.1332	0.2165
江苏	0.1707	0.1721	0.1984	0.3545	西藏	0.1547	0.2946	0.3014	0.2977
浙江	0.1917	0.2014	0.2091	0.3358	陕西	0.1440	0.1307	0.1172	0.2043
安徽	0.0934	0.1285	0.0941	0.1692	甘肃	0.1224	0.1269	0.1090	0.2524
福建	0.1606	0.1599	0.1659	0.2568	青海	0.1448	0.1279	0.1011	0.1936
江西	0.1099	0.1023	0.0873	0.1700	宁夏	0.1499	0.1459	0.1527	0.2220
山东	0.1453	0.1378	0.1469	0.2763	新疆	0.1355	0.1219	0.1029	0.2457
河南	0.0891	0.0881	0.0697	0.1852					

此外，在四个时间节点，经济城镇化水平整体表现出了显著的梯度集中变化趋势，在此期间北京、上海是经济城镇化发展最快、水平最高的区域，与其他省份单元经济发展水平的差距越来越大，在 2000—2010 年，其他 29 个省域单元经济城镇化评价指数存在较为均匀的差距，表现为三个时间节点的折线图几近重叠。但是到 2015 年，经济城镇化发展水平差距非常明显，北京和上海仍是全国经济城镇化发展水平最为突出的区域，优势较其他省市十分明显，天津、江苏、浙江、广东、海南的经济城镇化发展水平较快提升，分别从 2000 年的 0.2520、0.1707、0.1917、0.2113、0.1199 增长到 2015 年的 0.4187、0.3545、0.3338、0.3209、0.4565，成为全国经济城镇化发展水平比较显著的区域，表明这些区域的人均 GDP、非农产业产值比重、第三产业产值与第二产业产值的比重等方面提升较快。而西部地区的广西、青海、四川、贵州、云南、宁夏等区域和中部地区的安徽、江西、河南等区域的经济城镇化发展速度相对较为缓慢，提升

幅度较小。

3. 空间城镇化发展水平空间差异

从空间城镇化子系统构成要素的变化趋势来看（见表3－6），在考察的四个时点，所考察的31个省域单元的空间城镇化系数均值从2000年的0.193上升到2005年的0.224，2010年的0.295，至2015年增长到0.376，呈直线上升趋势。这说明在过去的一段时期之内，中国31个省份的空间城镇化发展水平出现了较为显著的提升，区域差异也在明显增大。2000年空间城镇化水平最高的山东（0.3759）与最低的重庆（0.0627）之间的差距为0.3132，2005年空间城镇化水平最高的广东（0.5781）与最低的青海（0.0905）之间的差距为0.4876，2010年空间城镇化水平最高的广东（0.6995）与最低的贵州（0.1035）之间的差距为0.596，到2015年空间城镇化水平最高的山东（0.8675）与最低的青海（0.1237）之间的差距为0.7438。

表3－6　2000—2015年中国省域单元的空间城镇化评价指数

省域	2000年	2005年	2010年	2015年	省域	2000年	2005年	2010年	2015年
北京	0.2000	0.2639	0.1920	0.2551	湖北	0.3033	0.2579	0.3499	0.4370
天津	0.1415	0.1667	0.2330	0.2706	湖南	0.1475	0.2106	0.2879	0.3348
河北	0.2244	0.2739	0.3954	0.4448	广东	0.3332	0.5781	0.6995	0.8522
山西	0.1613	0.1511	0.2070	0.2757	广西	0.2034	0.1835	0.2613	0.3264
内蒙古	0.1340	0.1963	0.2890	0.4179	海南	0.3586	0.1740	0.1732	0.2275
辽宁	0.2113	0.2931	0.3805	0.4398	重庆	0.0627	0.1177	0.2060	0.3009
吉林	0.1409	0.1839	0.2759	0.3242	四川	0.1669	0.2802	0.3166	0.4212
黑龙江	0.2022	0.2574	0.2995	0.3526	贵州	0.0935	0.0935	0.1035	0.2117
上海	0.1493	0.2021	0.1359	0.1403	云南	0.1530	0.1290	0.1959	0.2728
江苏	0.2827	0.4568	0.6386	0.7905	西藏	0.3177	0.0987	0.1308	0.2879
浙江	0.3124	0.3618	0.4380	0.5154	陕西	0.0973	0.1287	0.2312	0.2974
安徽	0.2135	0.2563	0.3522	0.4652	甘肃	0.1188	0.1472	0.1929	0.2611
福建	0.1923	0.2037	0.2592	0.3191	青海	0.0951	0.0905	0.1222	0.1237
江西	0.1235	0.1694	0.2654	0.3401	宁夏	0.1184	0.1093	0.2478	0.3179
山东	0.3759	0.4460	0.6949	0.8675	新疆	0.1823	0.1695	0.2313	0.3314
河南	0.1734	0.2850	0.3388	0.4247					

此外，在四个时间节点，空间城镇化发展水平区域差异逐步增大，广东、山东、江苏、浙江等4个省域单元的空间城镇化水平远远高于每个时段的全国平均水平，且发展速度较快，在全国的比较优势较为突出，成为全国空间城镇化水平的第一集团，河北、辽宁、黑龙江、安徽、河南、湖北、四川等7个省域单元除个别在2000年外，其他三个时点考察期内的空间城镇化水平都高于全国平均水平，剩余的其他省域单元的城镇化水平都在全国平均水平之下，特别是在人口城镇化、经济城镇化、社会城镇化等方面表现最为突出的北京和上海2个区域，在空间城镇化发展水平方面成为增长较为缓慢的区域，甚至出现了明显的下滑趋势，这两个区域的空间城镇化水平低于全国的平均水平，特别是上海在四个时点的考察期内都低于全国平均水平，主要是因为人均城市道路面积数量都出现了一定程度的下降。

4. 生活城镇化发展水平空间差异

从生活城镇化子系统构成要素的变化趋势来看（见表3－7），在考察的四个时点，所考察的31个省域单元的生活城镇化系数均值从2000年的0.162上升到2005年的0.178，2010年的0.285，至2015年更增长到0.335，呈现直线上升趋势。这说明在过去的一段时期之内，中国31个省份的生活城镇化发展水平显著提高，但是区域的生活城镇化发展差距在逐步增大。2000年生活城镇化水平最高的北京（0.5918）与最低的广西（0.0363）之间的差距为0.5555，2005年生活城镇化水平最高的北京（0.6421）与最低的安徽（0.0648）之间的差距为0.5773，2010年生活城镇化水平最高的北京（0.8684）与最低的贵州（0.1130）之间的差距为0.755，到2015年生活城镇化水平最高的北京（0.8401）与最低的江西（0.1998）之间的差距增加到0.6403。

在考察期的四个时间节点，生活城镇化水平整体表现出了一致的显著梯度集中变化趋势，在此期间北京、上海是生活城镇化发展最快、水平最高的区域，在全国的比较优势比较突出，尽管在2015年得分有所下降，但是与其他省域单元生活城镇化发展水平的差距仍然比较大，江苏、浙江、广东的生活城镇化发展水平进步也比较快，分别从2000年的0.1431、0.2045、0.1464增长到2015年的0.4477、0.6003、0.5092，成为全国生活城镇化发展水平比较显著的区域，表明这些区域在人均邮电业务量、每万人拥有公共交通车辆数量、每万人拥有医生数量等方面提升较快。而中西部地区的生活城镇化发展速度相对缓慢，提升幅度较小。

表 3－7　2000—2015 年中国省域单元的生活城镇化评价指数

省域	2000 年	2005 年	2010 年	2015 年	省域	2000 年	2005 年	2010 年	2015 年
北京	0.5918	0.6421	0.8684	0.8401	湖北	0.1527	0.1320	0.2076	0.2899
天津	0.2798	0.3446	0.4509	0.3783	湖南	0.1113	0.1081	0.1981	0.2787
河北	0.0916	0.0999	0.2379	0.2724	广东	0.1464	0.1821	0.3556	0.5092
山西	0.0884	0.1382	0.3028	0.2368	广西	0.0363	0.0883	0.1564	0.2146
内蒙古	0.0925	0.1816	0.2874	0.2639	海南	0.1400	0.1169	0.2263	0.3051
辽宁	0.1851	0.2385	0.3201	0.3142	重庆	0.1069	0.1119	0.1714	0.2838
吉林	0.1561	0.1785	0.3077	0.2597	四川	0.0923	0.1162	0.2078	0.2983
黑龙江	0.1342	0.1338	0.2760	0.2707	贵州	0.1314	0.0694	0.1130	0.2433
上海	0.4658	0.3427	0.6026	0.5867	云南	0.1467	0.1172	0.1781	0.2723
江苏	0.1431	0.1600	0.2781	0.4477	西藏	0.4311	0.3400	0.3229	0.2478
浙江	0.2045	0.2479	0.4214	0.6003	陕西	0.1114	0.1579	0.2673	0.3533
安徽	0.0630	0.0648	0.1347	0.2325	甘肃	0.0764	0.0722	0.1668	0.2176
福建	0.1499	0.1591	0.2757	0.4085	青海	0.1742	0.2766	0.3419	0.3193
江西	0.0634	0.0949	0.1420	0.1998	宁夏	0.0784	0.1078	0.2672	0.3498
山东	0.1092	0.1380	0.2630	0.3100	新疆	0.2230	0.2648	0.3373	0.3489
河南	0.0586	0.0901	0.1559	0.2384					

5. 社会城镇化发展水平空间差异

从社会城镇化子系统构成要素的变化趋势来看（见表 3－8），在考察的四个时点，所考察的 31 个省域单元的社会城镇化指数均值从 2000 年的 0.136 上升到 2005 年的 0.171，2010 年的 0.262，至 2015 年增长到 0.356，呈上升趋势，但增长幅度较小。2000 年社会城镇化水平最高的北京（0.2804）与最低的贵州（0.0722）之间的差距为 0.2084，2005 年社会城镇化水平最高的北京（0.3115）与最低的贵州（0.1087）之间的差距为 0.2028，2010 年社会城镇化水平最高的广东（0.4888）与最低的贵州（0.1521）之间的差距为 0.3367，到 2015 年社会城镇化水平最高的广东（0.6571）与最低的贵州（0.1809）之间的差距为 0.4762。

此外，在四个时间节点，社会城镇化发展水平显著提升，但是区域差异也在逐步加大，广东、北京、上海等 3 个省域单元的社会城镇化水平远远高于各个时段的全国平均水平，且发展速度较快，在全国的比较优势最为突出，成为全国社会城镇化水平最高的区域。天津、江苏、浙江、福建、山东等5个省域单元在考察期内的社会城镇化水平也都高于全国平均水平，增长速度稍逊广东、北京和上海，剩余的其他省域单元的城镇化水平在考察期内都低于全国平均水平，且这些省域单元大都是中西部地区。东部沿海地区省份的社会城镇化发展水平远高于中西部地区的省份，而且区域社会城镇化发展水平差距越来越大。

表3-8　2000—2015年中国省域单元的社会城镇化评价指数

省域	2000年	2005年	2010年	2015年	省域	2000年	2005年	2010年	2015年
北京	0.2804	0.3115	0.4823	0.6331	湖北	0.1354	0.1693	0.2176	0.2978
天津	0.1965	0.2070	0.3549	0.5080	湖南	0.1208	0.1597	0.2168	0.2927
河北	0.1413	0.1508	0.2388	0.3415	广东	0.2508	0.2845	0.4888	0.6571
山西	0.1056	0.1273	0.2139	0.2612	广西	0.1066	0.1346	0.2037	0.2707
内蒙古	0.1260	0.1409	0.1909	0.2408	海南	0.1053	0.1465	0.1953	0.2558
辽宁	0.1458	0.1607	0.2201	0.2931	重庆	0.1279	0.1921	0.3195	0.4222
吉林	0.1050	0.1207	0.1824	0.2792	四川	0.1037	0.1605	0.2433	0.3322
黑龙江	0.1043	0.1273	0.1933	0.2916	贵州	0.0722	0.1087	0.1521	0.1809
上海	0.2312	0.2711	0.4621	0.6278	云南	0.1058	0.1377	0.2434	0.2848
江苏	0.1888	0.2309	0.3956	0.5410	西藏	0.0918	0.1261	0.2024	0.2484
浙江	0.1821	0.2210	0.3815	0.5341	陕西	0.1039	0.1522	0.2056	0.2937
安徽	0.1076	0.1528	0.1980	0.2664	甘肃	0.1013	0.1433	0.1720	0.2622
福建	0.1793	0.2091	0.3328	0.4925	青海	0.0913	0.1264	0.1844	0.2294
江西	0.1043	0.1709	0.2466	0.3217	宁夏	0.0858	0.1194	0.1781	0.2174
山东	0.1798	0.2305	0.3291	0.5128	新疆	0.1138	0.1530	0.2182	0.3025
河南	0.1049	0.1499	0.2613	0.3386					

四、省域单元城镇化发展水平的时空格局演化特征

（一）省域单元城镇化发展水平的时序演化特征

为了更加直观地呈现我国新型城镇化综合发展水平的演变过程，本书用标准差和变异系数来衡量我国省域单元城镇化发展水平的时序演化特征（见图3-6）。标准差可以从绝对差异的角度来衡量省份单元的城镇化发展水平的变化情况，而变异系数主要通过考察标准差相对于平均数的大小，从相对均衡度反映省域单元城镇化发展水平的变化程度。从标准差来看，2000—2015年我国省域单元城镇化发展水平整体表现出波动上升的

趋势，从2000年的0.7026增加到2015年的0.9108，表明我国省域城镇化水平的绝对差距在不断增大。从变异系数来看，考察期省域单元城镇化发展水平整体表现出逐步下降的趋势，从2000年的0.4324下降到2015年的0.2661，表明我国省域单元城镇化水平的相对差异在逐步缩小。综合这两个指标可以看出，虽然我国省域单元城镇化水平的绝对差异在逐步增大，然而各省域单元之间城镇化水平的相对差异正在逐步缩小，发展也将越来越趋向均衡化。

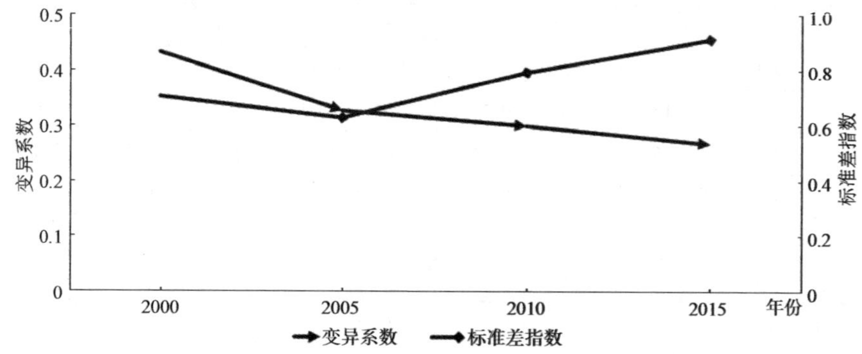

图3－6 2000—2015年省域单元城镇化水平差异分析

（二）省域单元城镇化发展水平的空间演化特征

为了更好地分析中国各省域单元城镇化水平的变化趋势及空间演化特征，本书选取2000年、2005年、2010年和2015年四个时间节点，通过熵值法计算全国31个省域单元城镇化发展水平（表3－9），从而分析其空间演化特征。

由表3－9可知，我国省域单元城镇化综合发展水平存在较大差异，2000年城镇化发展水平最高的两个区域是北京和上海，系数分别达到了0.3951和0.3412，远高于其他省域单元，广东、天津和西藏得分分别为0.2105、0.2404、0.2656，城镇化水平相对比较高，剩余其他26个省域单元城镇化系数都没有超过0.2，其中河南和江西是城镇化水平比较低的区域，城镇化水平分别为0.0858和0.0903；随着城镇化进程的快速推进，到2015年各省域单元的城镇化水平有了大幅度的提高，但是地区差距进一步增大。广东成为城镇化水平最高的区域，城镇化水平为0.5902，城镇化水平最低的区域为青海，城镇化水平为0.2326。城镇化水平最高的广东与城镇化水平最低的青海之间的差距从2000年的0.3093增加到

0.3576，区域间的差距进一步加大。

表 3－9　　2000—2015 年中国省域单元城镇化综合评价指数

省域	2000 年	2005 年	2010 年	2015 年	省域	2000 年	2005 年	2010 年	2015 年
北京	0.3951	0.4133	0.5446	0.5887	湖北	0.1609	0.1593	0.2399	0.3229
天津	0.2404	0.2416	0.3135	0.3475	湖南	0.1174	0.1503	0.2299	0.3046
河北	0.1214	0.1628	0.2441	0.3294	广东	0.2105	0.2762	0.4231	0.5902
山西	0.1216	0.1568	0.2264	0.3073	广西	0.1003	0.1357	0.1899	0.2560
内蒙古	0.1157	0.1596	0.2345	0.3106	海南	0.1744	0.1870	0.2422	0.2969
辽宁	0.1875	0.2136	0.2793	0.3482	重庆	0.1246	0.1481	0.1943	0.2859
吉林	0.1497	0.1610	0.2209	0.2674	四川	0.1109	0.1402	0.2258	0.3201
黑龙江	0.1446	0.1476	0.2561	0.3288	贵州	0.1083	0.1196	0.1924	0.2476
上海	0.3412	0.3226	0.3878	0.4291	云南	0.1317	0.1281	0.2064	0.2727
江苏	0.1689	0.2161	0.3510	0.4978	西藏	0.2656	0.2298	0.2371	0.2804
浙江	0.1970	0.2327	0.3330	0.4261	陕西	0.1379	0.1830	0.2519	0.3081
安徽	0.1106	0.1449	0.2044	0.3007	甘肃	0.1012	0.2216	0.1948	0.2731
福建	0.1536	0.1658	0.2491	0.3280	青海	0.1629	0.1921	0.2010	0.2326
江西	0.0903	0.1554	0.1982	0.2755	宁夏	0.1081	0.1180	0.2109	0.2638
山东	0.1505	0.1957	0.3316	0.4672	新疆	0.1668	0.1607	0.2420	0.2999
河南	0.0858	0.2131	0.2292	0.3307					

从考察期省域单元城镇化发展水平变化趋势来看（图 3－7 和图 3－8），各省域单元均表现出了不同程度的增长态势，东部沿海省份的城镇化发展水平较高，发展速度较快，而中西部地区，特别是西部地区的城镇化发展水平较低，发展速度相对缓慢。其中，在考察期内北京、上海和广东一直维持着较高的水平，成为全国城镇化发展水平最为突出的区域，优势较其他省市十分明显，特别是广东从 2000 年的 0.2105 增长到 2015 年的 0.5902，成为全国城镇化水平提升最大的区域，并且超越北京成为全国城镇化发展水平最高的区域；江苏、山东、浙江的城镇化发展水平进步较快，分别从 2000 年的 0.1689、0.1505、0.1970 增长到 2015 年的 0.4978、0.4672、0.4261，成为全国城镇化发展水平比较显著的区域。而西部地区的西藏、青海、新疆、贵州、云南等区域的城镇化发展速度相对缓慢，增长幅度较小。

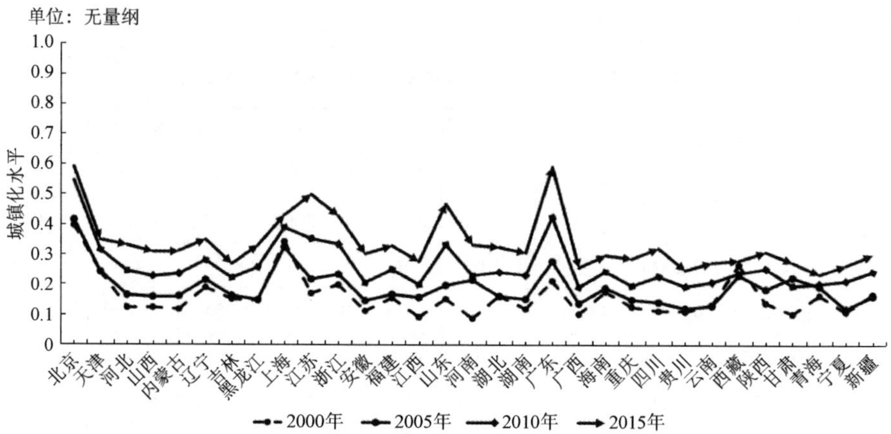

图 3-7 中国 31 个省域单元城镇化水平变化趋势（2000 年、2005 年、2010 年、2015 年）

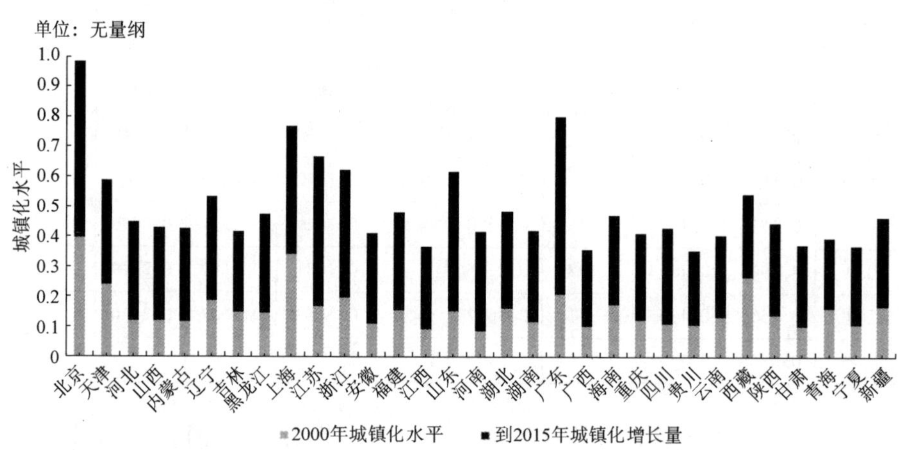

图 3-8 2000—2015 年中国 31 个省域单元城镇化增长幅度

第二节 工业化发展进程的历史考察

一、工业化发展的基本状况

通过对我国 1995 年至 2015 年的工业化各个指标数据分析，可知中国工业化发展总体水平呈现出以下几个特点：

（一）工业化进程加快

我国的工业化进程是一个阶段探索、调整提升、转型发展的过程。新中国成立初期，我国工业化进程正式起步，但是受制于国内外环境的影响，工业发展进入停滞期，随着国民经济的恢复和"一五"计划的实施，我国的工业化进入稳定发展时期。改革开放以后，我国工业发展进入一个改革发展新时期，特别是20世纪90年代以后，工业发展真正进入快车道。工业总产值从1978年的1641.4亿元增长到1995年的24887.2亿元，再到大幅增长到2015年的235183.5亿元，增长了近143倍。工业化的发展也推动了工业制成品出口贸易的发展，工业制成品出口贸易额大幅增长，从1978年的45.57亿美元增长到2015年的21695.41亿美元，增长了近476倍。

从发展规模角度看，人均工业总产值、人均地区生产总值、规模以上工业企业主营业务收入逐年递增（见表3－10），表明改革开放以来工业发展速度加快，工业的高速发展带来了国民经济的巨大增长。工业贡献率即工业增加值增量与GDP增量之比虽逐年下降，但基本上都保持良性的发展态势。

表3－10　发展规模指标

年份	人均工业总产值（元）	工业贡献率（%）	人均地区生产总值（元/人）	规模以上工业企业主营业务收入（亿元）
1995	2054.74	57.3	5047.00	33098.30
1996	2399.95	58.1	5847.94	40287.20
1997	2656.21	57.8	6424.98	52908.33
1998	2719.75	54.5	6803.70	64148.86
1999	2843.74	54.3	7169.93	75098.20
2000	3150.61	56.9	7872.33	84151.75
2001	3406.00	42.0	8640.05	88087.30
2002	3683.11	44.3	9419.94	96982.80
2003	4241.05	51.6	10567.81	112987.30
2004	5003.86	47.6	12363.79	170923.20
2005	5891.46	43.1	14217.00	248544.00
2006	6928.88	42.3	16558.38	313592.45

续表

年份	人均工业总产值（元）	工业贡献率（%）	人均地区生产总值（元/人）	规模以上工业企业主营业务收入（亿元）
2007	8344.41	43.8	20284.68	399717.06
2008	9783.67	43.4	23851.43	500020.07
2009	10179.77	40.7	25899.53	542522.43
2010	12109.42	49.6	30494.44	697744.00
2011	14218.34	45.9	35931.53	841830.24
2012	15105.87	41.9	39446.62	929291.51
2013	15966.83	40.5	43213.80	1038659.45
2014	16677.85	39.2	46507.49	1107032.52
2015	17108.98	35.0	49992.00	1109852.97

从科技创新角度看，R&D 经费支出占 GDP 的比重从 1995 年的 0.6% 上升到 2015 年的 2.07%，专利授权数从 1995 年的 45064 件增加到 2015 年的 1718192 件，人均技术市场成交额从 1995 年的 22.13 元增加到 2015 年的 715.54 元，R&D 人员全时当量从 1995 年的 75.2（万人年）增加到 2015 年的 375.9（万人年），四个指标值逐年上升，说明以高新技术和信息化为特征的科技创新在我国被不断地推进，高新技术和信息化水平得到不断提升，同时也带动了工业化的巨大发展，促进了经济效益的不断提高，表明工业化水平在不断提升。

从环境保护角度看，尽管工业的飞速发展加重了生态环境恶化，但是随着工业显著发展与环境污染的矛盾，环境保护问题越来越受到各级政府的重视和人们的广泛关注。近年来各级政府加大了对环境保护的力度，工业污染源治理投资额从 1995 年的 98.74 亿元增长到 2015 年的 773.68 亿元，工业固体废物综合利用量从 1995 年的 24763 万吨增加到 2015 年的 198807 万吨。因此，在大力发展工业的同时，需要加大对环境治理的投入，同时注重固体废弃物综合利用率的进一步提升，这样才能做到社会经济的可持续发展。

（二）产业结构逐渐趋于合理，并向优化和升级的方向发展

改革开放以来，国民经济的飞速发展与产业结构的演进密切相关，特别是工业化的发展进程始终伴随着产业结构的演进。从长期的变动趋势来看，我国的产业结构得到了很大程度的优化，三次产业产值的比例关系得

到了明显的改善（见图3－9），产业结构逐渐向合理化方向变化。第一产业的产值比重呈现不断下降的趋势。在改革开放初期，第一产业产值占全国GDP的比重为27.7%，但是到2015年已经下降到8.9%，下降幅度非常明显。第二产业产值比重呈现出先降后升再降的波动趋势，但总体上呈现缓慢下降趋势。第二产业产值比重从1978年的47.7%下降到1990年的41%，之后又开始缓慢调整上升到2006年的47.6%，从2007年又呈现缓慢下降趋势，到2015年下降到40.9%。第三产业产值比重总体呈现持续上升趋势，从1978年的24.6%上升到2015年的50%，占全国GDP的半壁江山，第三产业增长迅速。

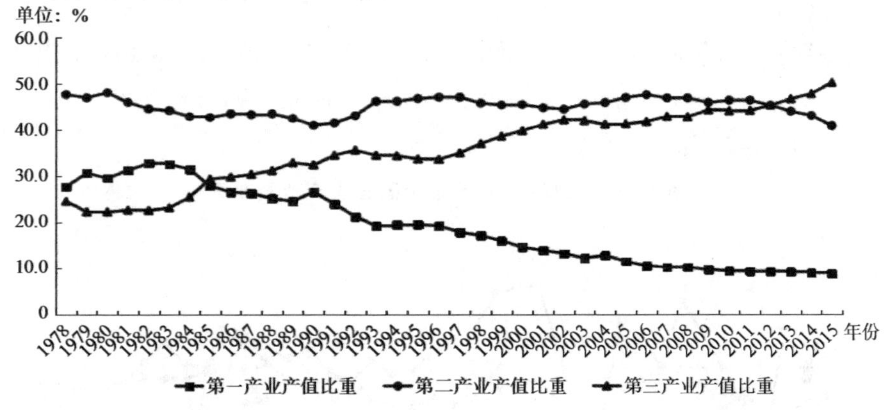

数据来源：历年《中国统计年鉴》。

图3－9　1978—2015年全国三次产业产值结构变化

从三次产业的贡献率和拉动率角度看（图3－10和图3－11），改革开放初期，在三次产业的贡献率方面，三次产业中第二产业的贡献率最高，为61.8%，第三产业次之，为28.4%，第一产业最低，为9.8%。在三次产业的拉动率方面，三次产业拉动率表现和贡献率一致，第二产业的拉动率最高，为7.2%，第三产业次之，为3.3%，第一产业为1.1%；到20世纪90年代初期，在贡献率方面，三次产业的贡献率发生变化，第一产业超过第二产业的贡献率，达到了40.2%，第二产业为39.8%，第三产业贡献率最低，为20%。在拉动率方面，第二产业和第三产业拉动率大幅下降，分别为1.6%和0.8%，第一产业有所上升，为1.6%；随着改革开放的深化，产业结构调整的步伐加快，在贡献率方面，到2015年，第三产业异军突起，成为贡献率最高的产业，达到了53.7%，第二产业为41.6，第一产业的贡献率锐减为4.6%。在拉动率方面，第三产业拉动率稳步提升，达到了3.7%，而第一产业和第二产业拉动率都有所下降，分别为0.3%和2.9%。

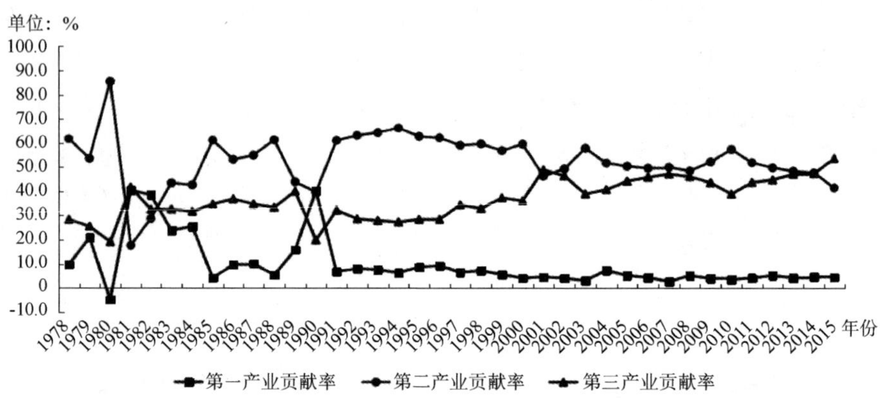

数据来源：历年《中国统计年鉴》。

图3-10 1978—2015年全国三次产业贡献率

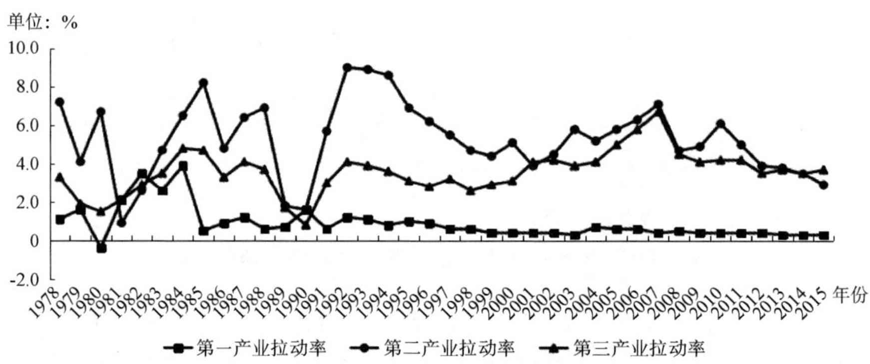

数据来源：历年《中国统计年鉴》。

图3-11 1978—2015年全国三次产业拉动率

（三）就业结构与产业结构的变动幅度并不是完全一致，存在显著的不均衡性

我国的三次产业结构的调整与优化必然会直接影响到劳动者就业结构的变化。在总体上，我国三次产业就业结构变化基本上与配第—克拉克定理一致，但三次产业就业结构与三次产业产值结构的变动幅度并不完全一致，存在显著的不均衡性。我国的就业人数，从1978年的40153万人，增至1995年的68065万人，2015年达到77451万人，且随着经济的飞速

发展，劳动力逐渐从第一产业向第二和第三产业转移。第一产业的就业人数从 1978 年的 28318 万人，增加到 1991 年的 39098 万人，就业人数达到到顶峰，之后开始缓慢下降，截至 2015 年，第一产业就业人数为 21919 万人。同时，第一产业的就业比重呈现不断下降趋势，从 1978 年的 70.5% 下降到 2015 年的 28.3%；与之相对的，除个别年份有所波动外，第二产业和第三产业的就业人员数均呈直线上升趋势，第二产业就业人数从 1978 年的 6945 万人增加到 2015 年的 22693 万人，第三产业就业人数增长幅度更大，从 1978 年的 4890 万人增长到 2015 年的 32839 万人。从就业比重来看，第二产业和第三产业就业比重分别从 1978 年的 17.3% 和 12.2% 提升到 2015 年的 29.3% 和 42.4%，两者之和已经超过了中国就业人数的 2/3。

二、评价方法指标体系

同样地，中国的工业化水平也是各种要素交互作用的结果，且工业化发展水平的衡量指标有很多，要客观反映工业化的发展情况，必须遵循系统性、客观性、动态性以及数据的可获得性等原则进行指标体系构建，选择科学的方法进行评价。因此，中国工业化水平是一个由多种要素组合形成的指标体系，适合用熵值法进行定量分析与状态评价。借鉴以往研究成果，本书选取发展规模、科技创新和环境保护等 3 个一级指标和 10 个二级指标（表 3－11），对我国工业化综合发展水平进行综合分析。

表 3－11　　工业化综合水平评价指标体系

目标层	准则层	指标层
工业化综合发展水平	发展规模水平	人均工业总产值（元）
		人均 GDP（元）
		工业增加值增量与 GDP 增量之比（%）
		规模以上工业企业主营业务收入（亿元）
	科技创新水平	R&D 经费支出占 GDP 比重（%）
		专利授权数（件）
		人均技术市场成交额（元）
		R&D 人员全时当量（万人年）
	环境保护水平	工业污染源治理投资额（亿元）
		工业固体废物综合利用量（万吨）

三、工业化构成要素的变化趋势

（一）全国工业化构成要素

根据上述熵值法原理进行计算，得到1995—2015年中国工业化综合发展水平及各子系统的得分，见表3－12。除2001年中国工业化综合发展水平有所下降外，整体表现出逐年直线上升的趋势，1995—2005年工业化综合发展水平较低，且发展速度比较缓慢，但在2006年之后快速提高，工业化水平从0.2803增长到2015年的0.9349。其中发展规模水平变动趋势和工业化综合发展水平状态基本一致，同样，除2001年波动之外，其发展规模水平呈明显上升趋势，2005年之前发展速度比较缓慢，之后快速提升，到2015年发展规模水平达到0.8917；科技创新水平总体呈现逐步提高的趋势，2000年之前创新水平较低且增长缓慢，2005年之后呈现快速提高的趋势且变化的幅度逐年增大，至2015年达到0.9687；环境保护水平的变动曲线整体呈现波动上升的趋势，除2001年、2009年和2015年有所下降外，其他年份都是呈现逐年提高的趋势。由此也可以看出，工业化综合发展水平的提升是发展规模水平提高、科技创新投入加大和环境保护力度加强的综合作用。

表3－12　1995—2015年工业发展子系统及总体综合评价指数

年份	发展规模水平	科技创新水平	环境保护水平	工业综合水平
1995	0.1046	0.0002	0.0017	0.0387
1996	0.1219	0.0055	0.0103	0.0489
1997	0.1327	0.0108	0.0292	0.0587
1998	0.1243	0.0195	0.0388	0.0613
1999	0.1313	0.0435	0.0620	0.0790
2000	0.1563	0.0760	0.1107	0.1117
2001	0.0971	0.0914	0.1066	0.0963
2002	0.1206	0.1197	0.1219	0.1205
2003	0.1772	0.1480	0.1568	0.1603
2004	0.2016	0.1745	0.2366	0.1958
2005	0.2323	0.1927	0.3432	0.2348
2006	0.2823	0.2294	0.4015	0.2803
2007	0.3653	0.2789	0.4888	0.3489
2008	0.4432	0.3299	0.5211	0.4063

续表

年份	发展规模水平	科技创新水平	环境保护水平	工业综合水平
2009	0.4639	0.4227	0.5095	0.4537
2010	0.6179	0.5183	0.5524	0.5610
2011	0.7178	0.6046	0.6733	0.6586
2012	0.7646	0.7541	0.7240	0.7525
2013	0.8315	0.8279	0.9208	0.8463
2014	0.8805	0.8768	0.9955	0.9000
2015	0.8917	0.9687	0.8598	0.9349

从工业化综合发展水平与工业化贡献率（工业增加值增量占 GDP 增量的比重）的变动情况比较来看（见图 3－12），两者整体呈现相反的趋势。工业化基本上呈现逐年稳步提升的趋势，而工业化贡献率总体上呈现波动下降趋势，这表明工业化贡献率对工业化综合发展水平变动没有明显影响。

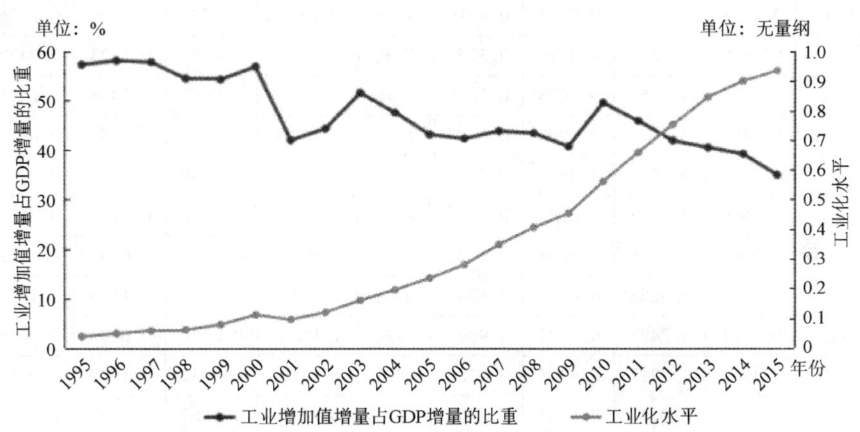

图 3－12　1995—2015 年工业化综合发展水平与工业化贡献率的变动情况

（二）省域单元工业化构成要素

为了更好地分析中国各省市工业化子系统构成要素的变化趋势及空间差异状态，本书选取 2000 年、2005 年、2010 年和 2015 年 4 个时间节点，通过熵值法计算全国 31 个省域单元工业化子系统发展水平，从而分析各子系统构成要素的变化趋势及其空间分布特征。

1. 发展规模子系统

从发展规模水平子系统构成要素的变化趋势来看（见表 3－13），在考察的四个时点，所考察的 31 个省域单元的发展规模水平指数均值从

2000 年的 0.072 上升到 2005 年的 0.124，2010 年的 0.246，至 2015 年的 0.341，呈直线上升趋势。这说明在过去的一段时期之内，中国 31 个省份的工业化发展规模水平逐年提高，区域差异在不断扩大。2000 年工业化发展规模水平最高的上海（0.2153）与最低的西藏（0.0080）之间的差距为 0.2073，2005 年工业化发展规模水平最高的上海（0.3253）与最低的西藏（0.016）之间的差距为 0.3093，2010 年工业化发展规模水平最高的江苏（0.5987）与最低的西藏（0.0293）之间的差距为 0.5694，到 2015 年工业化发展规模水平最高的江苏（0.9097）与最低的西藏（0.0426）之间的差距为 0.8671。

表 3-13　2000—2015 年中国省域单元的发展规模评价指数

省域	2000 年	2005 年	2010 年	2015 年	省域	2000 年	2005 年	2010 年	2015 年
北京	0.1207	0.1967	0.2522	0.2875	湖北	0.0759	0.0958	0.2250	0.3814
天津	0.1358	0.2496	0.3831	0.4970	湖南	0.0500	0.0786	0.1970	0.3236
河北	0.0817	0.1388	0.2810	0.3756	广东	0.1296	0.2375	0.5423	0.7472
山西	0.0616	0.1257	0.2078	0.2049	广西	0.0381	0.0640	0.1493	0.2425
内蒙古	0.0491	0.1115	0.2806	0.3619	海南	0.0224	0.0418	0.0743	0.0861
辽宁	0.1040	0.1546	0.3497	0.3834	重庆	0.0462	0.0780	0.1885	0.2799
吉林	0.0596	0.1003	0.2132	0.3174	四川	0.0493	0.0780	0.2131	0.3163
黑龙江	0.0948	0.1328	0.1844	0.1772	贵州	0.0312	0.0564	0.0891	0.1639
上海	0.2153	0.3253	0.4078	0.4243	云南	0.0466	0.0664	0.1130	0.1499
江苏	0.1221	0.2403	0.5987	0.9097	西藏	0.0080	0.0160	0.0293	0.0426
浙江	0.1271	0.2212	0.4315	0.5426	陕西	0.0442	0.0932	0.1900	0.2852
安徽	0.0511	0.0742	0.1936	0.3356	甘肃	0.0393	0.0662	0.1157	0.1324
福建	0.0888	0.1425	0.2709	0.4273	青海	0.0403	0.0776	0.1437	0.1816
江西	0.0363	0.0766	0.1835	0.3104	宁夏	0.0450	0.0792	0.1350	0.1804
山东	0.1075	0.2147	0.5333	0.8430	新疆	0.0535	0.0939	0.1477	0.1732
河南	0.0636	0.1190	0.2972	0.4860					

此外，在 4 个时间节点，工业化发展规模水平整体表现出了显著的梯度集中变化趋势，2000 年和 2005 年上海的工业化发展规模水平最高，但是从 2010 年开始江苏超越上海，成为工业化发展规模水平最高的区域，江苏、上海、山东、广东、浙江成为全国工业化发展规模水平最为突出的区域，优势较其他省份十分明显，天津、辽宁、福建、河南的工业化发展规模水平进步较快，分别从 2000 年的 0.1358、0.1040、0.0888、0.0636

增长到2015年的0.4970、0.3834、0.4273、0.4860，成为全国工业化发展规模水平比较显著的区域。而西藏、海南、贵州、甘肃、青海、宁夏、新疆的工业化发展规模速度相对缓慢。

2. 科技创新子系统

从科技创新子系统构成要素的变化趋势来看（见表3-14），在考察的四个时点，所考察的31个省域单元的科技创新指数均值从2000年的0.0247上升到2005年的0.0372，2010年的0.0721，至2015年更增长到0.1478，呈现直线上升趋势。这说明在过去的一段时期之内，中国31个省份的科技创新发展水平显著提高，但是区域间的科技创新水平差距在逐步增大。2000年科技创新水平最高的广东（0.0981）与最低的西藏（0.0001）之间的差距为0.0980，2005年科技创新水平最高的广东（0.1442）与最低的西藏（0.0004）之间的差距为0.1438，2010年科技创新水平最高的北京（0.3249）与最低的西藏（0.0005）之间的差距为0.3244，到2015年科技创新水平最高的北京（0.6387）与最低的西藏（0.0007）之间的差距达到0.6380。

表3-14　2000—2015年中国省域单元的科技创新评价指数

省域	2000年	2005年	2010年	2015年	省域	2000年	2005年	2010年	2015年
北京	0.0503	0.1312	0.3249	0.6387	湖北	0.0226	0.0361	0.0626	0.1589
天津	0.0402	0.0509	0.0869	0.2381	湖南	0.0215	0.0303	0.0465	0.1112
河北	0.0199	0.0229	0.0385	0.0948	广东	0.0980	0.1442	0.2648	0.4942
山西	0.0182	0.0240	0.0354	0.0501	广西	0.0081	0.0139	0.0173	0.0348
内蒙古	0.0120	0.0144	0.0207	0.0402	海南	0.0018	0.0024	0.0042	0.0127
辽宁	0.0304	0.0442	0.0687	0.0897	重庆	0.0215	0.0333	0.0493	0.0989
吉林	0.0131	0.0158	0.0238	0.0397	四川	0.0174	0.0231	0.0594	0.1173
黑龙江	0.0197	0.0284	0.0406	0.0595	贵州	0.0094	0.0122	0.0180	0.0345
上海	0.0444	0.0907	0.1646	0.2409	云南	0.0063	0.0100	0.0133	0.0347
江苏	0.0799	0.1037	0.2624	0.5222	西藏	0.0001	0.0004	0.0005	0.0007
浙江	0.0539	0.0710	0.1892	0.4258	陕西	0.0162	0.0266	0.0463	0.1389
安徽	0.0205	0.0299	0.0518	0.1515	甘肃	0.0078	0.0132	0.0224	0.0484
福建	0.0209	0.0323	0.0573	0.1458	青海	0.0057	0.0110	0.0177	0.0343
江西	0.0166	0.0182	0.0278	0.0664	宁夏	0.0051	0.0078	0.0123	0.0257
山东	0.0553	0.0728	0.1351	0.2741	新疆	0.0052	0.0087	0.0126	0.0228
河南	0.0232	0.0302	0.0601	0.1367					

在考察期的四个时间节点，科技创新水平整体表现出了一致的显著梯度集中变化趋势。在此期间的广东、北京、江苏是科技创新发展最快、水平最高的区域，在全国的比较优势比较突出，这与他们的工业企业科研经费大量投入、专利授权数增加、技术市场成交额扩大息息相关，同时也在逐步加大与其他省域单元科技创新水平之间的差距。浙江、山东的科技创新发展水平进步也比较快，分别从 2000 年的 0.0539、0.0553 增长到 2015 年的 0.4258、0.2741，成为全国科技创新发展水平比较显著的区域。表明这些区域的工业企业科研经费支出、专利授权数、技术市场成交额等方面提升较快。而中西部地区和东北地区的科技创新发展速度相对缓慢，提升幅度较小。

3. 环境保护子系统

从环境保护子系统构成要素的变化趋势来看（见表 3－15），在考察的四个时点，所考察的 31 个省域单元的环境保护指数均值从 2000 年的 0.0706 上升到 2005 年的 0.1435，2010 年的 0.1978，至 2015 年增长到 0.2929，呈直线上升趋势。这说明在过去的一段时期之内，中国 31 个省份的工业化的环境保护水平出现了较为显著的提升，区域差异也在明显增大。2000 年环境保护水平最高的山东（0.2375）与最低的西藏（0.0002）之间的差距为 0.2373，2005 年环境保护水平最高的山东（0.5501）与最低的西藏（0.0001）之间的差距为 0.5500，2010 年环境保护水平最高的山东（0.6240）与最低的西藏（0.0004）之间的差距为 0.6236，到 2015 年环境保护水平最高的山东（0.9600）与最低的西藏（0.0015）之间的差距为 0.9585。

此外，在四个时间节点，环境保护水平区域差异逐步增大，山东和河北 2 个省的环境保护水平远远高于各个时段的全国平均水平，且发展速度较快，在全国的比较优势较为突出，成为全国工业化环境保护水平的第一梯队，山西、辽宁、江苏、广东等 4 个省在考察期内的环境保护水平都高于全国平均水平，处于第二梯队，浙江、安徽、福建、河南、湖北、内蒙古等省域单元除个别年份低于全国平均水平之外，其余考察年份都高于全国平均水平，剩余的其他省域单元的环境保护水平都在全国平均水平之下，西部地区的一些省市环境保护水平相对较低，发展速度较慢，值得注意的是，特别是在工业化发展规模、科技创新等方面表现较为突出的北京、上海和天津 3 个区域，在环境保护水平方面成为增长较为缓慢的区

表 3－15　2000—2015 年中国省域单元的环境保护评价指数

省域	2000 年	2005 年	2010 年	2015 年	省域	2000 年	2005 年	2010 年	2015 年
北京	0. 0513	0. 0856	0. 0308	0. 0673	湖北	0. 0826	0. 1482	0. 2852	0. 2154
天津	0. 0511	0. 1355	0. 1336	0. 1648	湖南	0. 0563	0. 1361	0. 1926	0. 2556
河北	0. 1124	0. 3339	0. 5041	0. 7867	广东	0. 1153	0. 2747	0. 2889	0. 3114
山西	0. 0948	0. 2275	0. 4488	0. 5905	广西	0. 0649	0. 1090	0. 1544	0. 2406
内蒙古	0. 0427	0. 0824	0. 3080	0. 5413	海南	0. 0047	0. 0038	0. 0064	0. 0134
辽宁	0. 1279	0. 3129	0. 2826	0. 3525	重庆	0. 0331	0. 0522	0. 0987	0. 0923
吉林	0. 0773	0. 0587	0. 1109	0. 1389	四川	0. 0866	0. 2035	0. 1910	0. 2008
黑龙江	0. 1045	0. 0798	0. 1297	0. 2102	贵州	0. 0296	0. 0714	0. 1398	0. 1642
上海	0. 0951	0. 0934	0. 1088	0. 1566	云南	0. 0647	0. 0761	0. 1757	0. 2949
江苏	0. 1342	0. 3628	0. 3168	0. 5849	西藏	0. 0002	0. 0001	0. 0004	0. 0015
浙江	0. 1429	0. 1695	0. 1638	0. 4163	陕西	0. 0322	0. 0993	0. 2730	0. 3011
安徽	0. 0807	0. 1008	0. 2261	0. 3907	甘肃	0. 0431	0. 0541	0. 1224	0. 0986
福建	0. 0524	0. 2629	0. 2361	0. 3308	青海	0. 0136	0. 0056	0. 0237	0. 2083
江西	0. 0313	0. 0845	0. 1425	0. 2327	宁夏	0. 0144	0. 0187	0. 0569	0. 1084
山东	0. 2375	0. 5501	0. 6240	0. 9600	新疆	0. 0188	0. 0406	0. 0820	0. 1873
河南	0. 0932	0. 2160	0. 2747	0. 4625					

域，甚至在个别年份出现了明显的下滑，这三个区域的环境保护水平大大低于全国的平均水平，主要是因为工业固体废弃物利用量和工业污染源治理投资额在个别年份出现了一定程度的下降。

四、省域单元工业化发展水平时空格局演化特征

（一）省域单元工业化发展水平的时序演化特征

为了更加直观地呈现我国工业化综合发展水平的演变过程，本书用标准差和变异系数来衡量我国省份单元工业化发展水平的时序演化特征（见图 3－13），标准差可以从绝对差异的角度来衡量省域单元的工业化发展水平的变化情况，而变异系数主要通过考察标准差相对于平均数的大小，从相对均衡度反映省域单元工业化发展水平的变化程度。首先，从标准差来看，2000—2015 年我国省域单元工业化发展水平整体呈上升的趋势，从 2000 年的 0. 0290 增加到 2015 年的 0. 1522，表明我国省域工业化

水平的绝对差距在逐渐拉开。从变异系数来看，考察期省域单元工业化发展水平整体表现出逐步上升的趋势，从2000年的0.6390增加到2015年的0.7413，表明我国省域单元工业化水平的相对差异也在逐步扩大。综合这两个指标可以看出，我国省域单元工业化水平的绝对差异和相对差异都在逐步增大，工业化发展也将越来越趋向不均衡化。

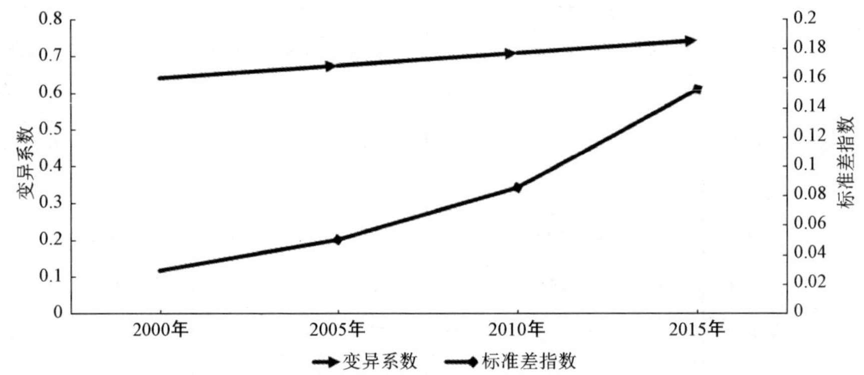

图3-13 2000—2015年省域单元工业化水平差异分析

（二）省域单元工业化发展水平的空间演化特征

为了更好地分析中国各省市工业化发展水平的变化趋势及空间演化特征，本书选取2000年、2005年、2010年和2015年四个时间节点，通过熵值法计算全国31个省域单元工业化发展水平（见表3-16），从而分析其空间演化特征。由表3-15可知，我国省域单元工业化综合发展水平存在较大差异，2000年工业化发展水平最高的两个区域是广东和上海，得分分别达到了0.1096和0.1017，远高于其他省份单元，北京、天津、江苏、浙江和山东得分在0.0700~0.0994，工业化水平相对比较高，剩余的24个省域单元工业化得分都没有超过0.070，其中西藏和海南是工业化发展水平最低的区域，城镇化水平为0.0024和0.0083；随着工业化进程的加快，到2015年各省域单元的工业化发展水平有了大幅度的提高，但是地区差距进一步加大。江苏成为工业化发展化水平最高的区域，工业化水平为0.5986，工业化水平最低的区域为西藏，工业化水平为0.0081。工业化水平最高的江苏与工业化水平最低的西藏之间的差距从2000年的0.0970增加到0.5905，区域间的差距进一步加大。

表 3 - 16　2000—2015 年中国省域单元的工业化综合评价指数

省域	2000 年	2005 年	2010 年	2015 年	省域	2000 年	2005 年	2010 年	2015 年
北京	0.0714	0.1388	0.2735	0.4967	湖北	0.0462	0.0667	0.1200	0.2057
天津	0.0700	0.1083	0.1440	0.2728	湖南	0.0344	0.0574	0.0917	0.1686
河北	0.0501	0.0967	0.1417	0.2417	广东	0.1096	0.1852	0.3157	0.5124
山西	0.0409	0.0781	0.1197	0.1536	广西	0.0243	0.0397	0.0581	0.1001
内蒙古	0.0269	0.0465	0.1034	0.1671	海南	0.0083	0.0114	0.0165	0.0256
辽宁	0.0648	0.1103	0.1453	0.1781	重庆	0.0303	0.0462	0.0798	0.1295
吉林	0.0351	0.0413	0.0679	0.1021	四川	0.0358	0.0631	0.1033	0.1638
黑龙江	0.0529	0.0596	0.0771	0.1013	贵州	0.0185	0.0312	0.0464	0.0754
上海	0.1017	0.1435	0.1991	0.2609	云南	0.0257	0.0328	0.0519	0.0916
江苏	0.0994	0.1741	0.3274	0.5986	西藏	0.0024	0.0038	0.0054	0.0081
浙江	0.0871	0.1197	0.2276	0.4448	陕西	0.0266	0.0527	0.1010	0.1873
安徽	0.0373	0.0507	0.0992	0.2174	甘肃	0.0217	0.0314	0.0516	0.0702
福建	0.0451	0.0924	0.1177	0.2210	青海	0.0170	0.0250	0.0402	0.0846
江西	0.0243	0.0414	0.0697	0.1325	宁夏	0.0181	0.0254	0.0393	0.0643
山东	0.0942	0.1781	0.2682	0.4703	新疆	0.0213	0.0327	0.0450	0.0723
河南	0.0442	0.0787	0.1292	0.2436					

从考察期省域单元工业化发展水平变化趋势来看，各省域单元均表现出了不同程度的增长态势，东部沿海省份的工业化发展水平较高，发展速度较快，而中西部地区，特别是西部地区的工业化发展水平较低，发展速度相对缓慢。其中，在考察期内江苏、广东一直保持着较高的水平，成为全国工业化发展水平最为突出的区域，优势较其他省份十分明显，特别是江苏从 2000 年的 0.0994 增长到 2015 年的 0.5986，成为全国工业化发展水平最高的区域；北京、浙江、山东的工业化发展速度较快，分别从 2000 年的 0.0714、0.0871、0.0942 增长到 2015 年的 0.4967、0.4448、0.4703，成为全国工业化发展水平比较显著的区域。而西部地区的西藏、甘肃、青海、宁夏、新疆、贵州、云南等区域的城镇化发展速度相对缓慢，增长幅度较小。

第三节 产城融合发展进程的历史考察

我国提出产城融合的概念，是由于在转型升级的情况下为解决产城分离现象而提出的发展方向。“产城融合”的发展问题，是伴随着城镇（市）化推进的持续性问题。本质是从“功能主义”向“人本主义”的转变，要求是融入“以人为本”的发展理念，使产业、城、人持续融合发展。“产城融合”中的“城”即可指对老城区的改造也可指对开发区和城市新城（区）的建设。

从 1978 年改革开放以来，我国的产业结构不断优化升级，城镇化率逐年提高。第一产业占国内生产总值的比重总体来看是呈现不断下降的趋势，第二产业占国内生产总值的比重变化趋势不是很明显，但是整体趋势也是在下降，第三产业占国内生产总值的比重呈现出比较明显的上升趋势。三次产业产值的占比结构从 1978 年的 27.7:47.7:24.6 变化为 2016 年的 8.6:39.8:51.6，这可以看出三次产业结构不断优化升级，同时城镇化率也从 1978 年的 17.92% 逐年上升到 2016 年的 57.35%。由此可以看出，一是非农产业的占比不断上升，从 1978 年的 72.3%，增加到 2016 年的 91.4%，通过 39 年的发展，上升了 19.1 个百分点，年均上升 0.49 个百分点；二是城镇化率与第一产业表现出明显的负相关关系，与第二、三产业的发展呈现出明显的正相关关系。

在这里我们借鉴国际上考察城镇化与工业化的协调度使用比较多 NU 和 IU 两个指标来划分我国产城融合情况。其中用 N 表示劳动力非农化率 = 二产和三产就业人数/总就业人数；I 表示劳动力的工业化率 = 二产就业人数/总就业人数；U 表示城镇化率 = 城镇人口/常住人口；NU = N/U = 劳动力非农化率/城镇化率；IU = I/U = 劳动力工业化率/城镇化率。

一般 NU 和 IU 指标分别都大于 1.2 和 0.5，就表明城镇化滞后于工业化的发展；NU 和 IU 指标分别都小于 1.2 和 0.5，就表明城镇化领先于工业化的发展；当 NU 和 IU 的指标都接近于 1.2 和 0.5 时就表明城镇化和工业化的发展比较协调。因此根据我国工业化与城镇化发展现状，可把我国产城融合发展状况划分为三个阶段：分离竞争的互动生成阶段、竞争合作的互动成长阶段、融合共生的互动成熟阶段。以下表 3－17 是根据相关数据整理得到表示工业化率和城镇化率的 IU 和 NU 表。

表 3－17　城镇化水平指标（NU）和工业化水平指标（IU）

年份	二产就业占比（%）（I）	二产和三产就业占比（%）（U）	城镇化率（%）	城镇化水平指标（NU）	工业化水平指标（IU）
1978	17.3	29.5	17.92	1.65	0.97
1979	17.6	30.2	18.96	1.59	0.93
1980	18.2	31.3	19.39	1.61	0.94
1981	18.3	31.9	20.16	1.58	0.91
1982	18.4	31.9	21.13	1.51	0.87
1983	18.7	32.9	21.62	1.52	0.86
1984	19.9	36	23.01	1.56	0.86
1985	20.8	37.6	23.71	1.59	0.88
1986	21.9	39.1	24.52	1.59	0.89
1987	22.2	40.0	25.32	1.58	0.88
1988	22.4	40.7	25.81	1.58	0.87
1989	21.6	39.9	26.21	1.52	0.82
1990	21.4	39.9	26.41	1.51	0.81
1991	21.4	40.3	26.94	1.50	0.79
1992	21.7	41.5	27.46	1.51	0.79
1993	22.4	43.6	27.99	1.56	0.80
1994	22.7	45.7	28.51	1.60	0.80
1995	23.0	47.8	29.04	1.65	0.79
1996	23.5	49.5	30.48	1.62	0.77
1997	23.7	50.1	31.91	1.57	0.74
1998	23.5	50.2	33.35	1.51	0.70
1999	23.0	49.9	34.78	1.43	0.66
2000	22.5	50.0	36.22	1.38	0.62
2001	22.3	50.0	37.66	1.33	0.59
2002	21.4	50.0	39.09	1.28	0.55
2003	21.6	50.9	40.53	1.26	0.53

续表

年份	二产就业占比（%）（I）	二产和三产就业占比（%）（U）	城镇化率（%）	城镇化水平指标（NU）	工业化水平指标（IU）
2004	22.5	53.1	41.76	1.27	0.54
2005	23.8	55.2	42.99	1.28	0.55
2006	25.2	57.4	44.34	1.29	0.57
2007	26.8	59.2	45.89	1.29	0.58
2008	27.2	60.4	46.99	1.29	0.58
2009	27.8	61.9	48.34	1.28	0.58
2010	28.7	63.3	49.95	1.27	0.57
2011	29.5	65.2	51.27	1.27	0.58
2012	30.3	66.4	52.57	1.26	0.58
2013	30.1	68.6	53.73	1.28	0.56
2014	29.9	70.5	54.77	1.29	0.55
2015	29.3	71.7	56.1	1.28	0.52

数据来源：根据《中国统计年鉴 2016》整理而得。

一、分离竞争的互动生成阶段

根据表 3-17 城镇化水平和工业化水平的相关指标数据，把产业与城市分离竞争的互动生成阶段划定在 1978—1990 年这一时间段。因为此阶段表示城镇化水平指标 NU 在区间［1.51，1.65］，表示工业化水平指标 IU 在区间［0.81，0.97］，两者分别都大于 1.2 和 0.5，表明城镇化的发展滞后于工业化的发展，两者发生分离现象。

一方面，此阶段是我国改革开放的初期阶段，在前期城镇化和经济发展刚经历停滞，在这一段时期里城镇化和经济逐渐恢复和发展。城镇化率从 1978 年的 17.92% 增加到 1990 年的 26.41%，增加了 8.49 个百分点，年均增长 0.71 个百分点。国内生产总值从 1978 年的 3678.7 亿元增加到 18872.9 亿元，增加 15194.2 亿元，年均增长 1266.2 亿元，年均增长幅度为 34.4%。人均国内生产总值从 1978 年的 385 元增加到 1990 年的 1663 元，增加 1278 元，年均增长 106.5 元，年均增长幅度为 27.7%；城镇居民收入从 1978 年的 343.4 元，增加到 1990 年的 1510.2 元，年均增长幅度为 28.3%。农村居民收入从 1978 年的 133.6 元增加到 1990 年的 686.5

元，年均增长幅度为 34.5%，城乡收入比从 2.57 下降到 2.20，城乡收入差距缩小。

另一方面，我国长期以来经济的增长都是依靠发展重工业，因而轻工业和重工业两者呈现出十分不协调现象。为了改变这种现象，国家层面提出优先发展轻工业和促进加工业的发展等新产业政策，从而使得轻工业得到一定发展，第二产业在三产中占比从 1978 年的 47.7%，持续下降到 1990 年的 41%，但仍然在三产中占主导地位。第一产业占比也是在波动中呈现下降趋势，从 1978 年的 27.7% 下降到 1990 年的 26.6%，下降不明显。第三产业在三产中的占比在逐渐上升，从 1978 年的 24.6% 上升到 1990 年的 32.4%，产业结构得到一定程度的优化。

从以上的分析可以看出，虽然产业和城镇化在此期间内开始恢复，向上发展，但是两者却是分离发展，城镇化的发展滞后于工业化，两者发展不协调。且从表示城镇化与工业化发展水平指标看，两者都与表征协调发展值差距十分显著，产城分离在此阶段逐渐显现。

二、竞争合作的互动成长阶段

根据表 3-17 的相关数据可以把产、城竞争合作的互动生成阶段，划定在 1990—2000 年。在此期间表示城镇化水平的 NU 值在前 5 年从 1991 年的 1.50 上升到 1995 年的 1.65，与临界值 1.2 差距越发拉大。同时表示工业化水平的 IU 值前 5 年在波动上升最后趋于平稳，从 1991 年的 0.79 先升后下降，与临界值 0.5 差距也比较大。后 5 年两者都在下降，NU 从 1996 年的 1.62 下降到 2000 年的 1.38，同时 IU 也从 0.77 下降到 0.62。两者都大于协调发展的临界值 1.2 和 0.5，仍然是城镇化发展滞后于工业化发展。产城发展在此阶段形成竞争与合作发展局面。

产业与城市在后期中不仅存在竞争还存在合作关系。两者在后期都与表示协调发展的临界值的差距越来越小。城镇化率从 1991 年的 26.94% 上升到 2000 年的 36.22%，上升 9.28 个百分点，年均增长 1.03 个百分点，城镇化得到快速发展。国内生产总值从 1991 的 22005.6 亿元上升到 2000 年的 100280.1 亿元，增加 78274.5 亿元，年均增长 8697.2 亿元，年均增长幅度达 39.5%。人均国内生产总值从 1991 年的 1912 元增加到 2000 年的 7942 元，增长 6030 元，年均增长 670 元，年均增长幅度达 35.0%，经济在此阶段得到快速发展。同时城镇居民人均收入从 1991 年的1700.6元增加到2000年的6280.0元，年增长幅度为29.9%；农村居民人均纯收入从1991年的708.6元增加到2000年的2253.4元，年均增长幅度为24.2%，人民生活质量得到一定提高。但是城乡收入比从2.40增加到2.79，城乡收入差距在此阶段扩大。城镇人口密度从1991年的302人/平方公里增加到2000年的442人/平方公里，城市数量从1995年的640个增长到2000年的663个。

从产业结构来看，在此期间我国多次颁布相关政策促进第三产业的发展，从而服务业得到长足发展。三次产业的发展趋势为：第二产业仍然是主导产业，第一产业占比在逐渐降低，由1991年的24%下降到2000年的14.7%，第二产业从1991年的41.5%逐渐上升到1997年的47.1%，最终下降到2000年的45.5%，第三产业从1991年的34.5%增加到2000年的39.8%。可以看出，第三产业在此阶段得到快速发展。

三、融合共生的互动成熟阶段

根据表3-17的相关数据，NU从1.33逐渐下降到1.28，IU从0.59逐渐下降到0.52，两者基本接近城镇化和工业化协调发展的临界值，工业化与城镇化基本表现出协调发展的局面，所以把产城融合发展的互动成熟阶段划定为2000年至今。

由于前期在城市的发展过程中，造成交通拥挤，人口膨胀，环境污染等一系列的城市病问题以及出现的“空城”“半空城”等产能过剩现象。近年来国家层面出台了促进城镇优化发展和产城融合发展的相关政策和发展规划，全国各地纷纷响应国家号召。且在《中共中央关于全面深化改革若干重大问题的决定》中曾特别强调要“坚持走中国特色新型城镇化道路”，且还指出要“推进以人为核心的城镇化”以及“产业和城镇要融合发展”。在发布的《国家新型城镇化规划（2014—2020）》中也强调“以人为本，推进以人为核心的城镇化”“推动城镇发展与产业支撑就业转移和人口集聚相统一”。2015年7月6号，国家发展改革委发布的《关于开展产城融合示范区建设有关工作的通知》中指出要在全国范围内选择大约60个符合要求的地区，进行产城融合示范区建设。从而使得在此期间工业化和城镇化不断协调发展，产城融合发展已经取得一定成效。

从城镇化方面来看。城镇化率从2001年的37.66%上升到2016年的

57.35%，年均增长1.31个百分点，城镇化率得到了快速提升。城镇人口由2001年的48064万人增加到2016年的79298万人。地级以上城市由2006年的286个增加到2015年的295个，建成区面积由2001年的24027平方公里增加到2015年的52102平方公里。此外，经济在此阶段也得到快速发展，国内生产总值由2001年的110863.1亿元增加到2016年的744127.0亿元，年均增长幅度为38.1%。人均国内生产总值由2001年的8717元，增加到2016年的53980元，年均增长幅度为34.6%。同时城镇居民人均可支配收入由6859.6元增加到33616元，年均增长幅度为26.0%。农村人均纯收入也从2366.4元增加到12363元，年均增长幅度为28.2%，快于城镇居民可支配收入增长速度，说明国家近年来出台的惠民政策有效地促进了城乡一体化发展。但是城乡收入差距仍然比较大，2016年城乡收入比为2.72，较2001年的城乡收入比2.90有所缩小。从2001年开始城乡收入比由2.90逐渐扩大到2007年的3.33，2008年轻微下降到3.31，但2009年再次升到3.33。基于此，国家层面不断出台一些政策措施，比如近年提出的农业供给侧结构性改革，有效促进了农民收入的增加，降低城乡收入差距，因而近年来城乡收入差距在持续不断降低。

从产业发展方面看。产业结构在不断优化升级，第一、二产业发生结构性缩小，第三产业得到快速发展。三次产业比例由2001年的14:44.8:41.2调整到2016年的8.6:39.8:51.6，2012年第二、三产业比例首次相同都为45.3，2013年第三产业比例首次超过第二产业比例，第一、二、三产业比例为9.3:44:46.7。

从城市的服务功能看。全国的城市功能在不断完善。城市人口密度由2000年的442人/平方公里到2015年增加到2399人/平方公里，增加5.4倍左右，但是用水普及率由63.9%增加到98.1%，燃气普及率也由45.4%增加到95.3%。此外人均拥有道路面积也由6.1平方米上升到15.6平方米，城市绿地面积由86.5万公顷增加到267万公顷，增加3.1倍左右，人均公园面积从3.7平方米上升到13.3平方米，增加3.6倍左右。

从以上分析可以看出我国在此阶段产城融合水平得到一定提升，并取得一定成效，第三产业超过第二产业成为主导产业，第三产业得到迅猛发展，经济得到稳步增长。但根据2014年世界银行各国三次产业结构排名分析（详见表3－18），我国的产业结构还需进一步优化，与发达国家和地区的差距还比较大。

表3－18　2014年部分国家和地区GDP和三次产业结构排名分析

排序	国家/地区	GDP（亿美元）	人均GDP（美元）	一产占比（%）	二产占比（%）	三产占比（%）
1	中国澳门	555.02	96444	0.00	6.24	93.76
2	新加坡	3078.72	56287	0.03	25.11	74.86
3	中国香港	2908.96	40170	0.06	7.20	92.74
6	英国	29418.86	45603	0.61	19.76	79.63
13	德国	38525.56	47627	0.75	30.69	68.56
13	日本	46014.61	36194	1.21	26.21	72.58
18	美国	174190.00	54629	1.45	20.50	78.05
22	法国	28291.92	42736	1.68	19.44	78.89
89	中国	103601.05	7594	9.16	42.64	48.19

数据来源：http：//blog.sina.com.cn/s/blog_416ba4c90102vl81.html.

第四章

产城融合发展的理论分析框架与实证检验

第一节

产城融合与 NEG：一个理论框架

用新经济地理学（NEG）对产城融合问题进行研究，首先需要明确产城融合问题是否适合嵌入一个新构建的聚焦产城融合的新经济地理学模型框架。

产城融合聚焦于产业与城市的结合，即涵盖工业化与城镇化这两条线索。工业化源于国际贸易，即产品市场的一体化；城镇化源于劳动力集聚，即要素市场的一体化。将产品市场与要素市场相结合的理论研究汗牛充栋，但研究视角大致有两个：一个是强调第一自然（First Nature）作用的比较优势理论，另一个是强调第二自然（Second Nature）作用的新经济地理学理论（Krugman，1993）。“第一自然”是指外生的禀赋条件，包括各种生产要素的禀赋以及地形优势。不论是斯密、李嘉图的绝对与相对技术优势，还是赫克歇尔—俄林的要素禀赋比较优势理论，均强调贸易地区初始禀赋的决定性作用。这里的禀赋除了生产要素外，还包含地理因素。

比较优势主要用于要素不能流动的国际贸易情况，也适合于一国内部的区域问题。但是，初始禀赋的差异未能有效解释后发追赶或者是产业内贸易等现象。因此，有学者试图内生化比较优势与分工理论。如 Grossman & Helpman（1991）将垄断竞争引入国际贸易框架，并结合内生增长理论，动态考察了每一个时点的技术优势所带来特定的贸易模式。杨小凯（1999）通过引入交易成本与内生化分工，描述了贸易模式与分工间的内在联系所演化出来的动态比较优势，但他并未忽略外生比较优势的作用。

“第二自然”则指经济系统中主体的内生选择对经济活动所产生的影响，以克鲁格曼（1991）开创的新经济地理学为重要流派。“第一自然”固然重要，但把外生因素看作影响贸易与生产力布局的唯一原因是有失偏颇的（Fujita & Thisse，2002）。生产力布局是同国际贸易一样值得深究的问题。随着各种层面上的一体化不断推进，贸易壁垒变动对经济地理所造成的影响不可忽视。而“空间不可能定理”（Spatial Impossibility Theorem）证明了传统的均质空间分析方法的局限性（Starrett，1978）。于是通过引入规模经济与贸易成本，内生化了空间内的产业布局，新经济地理学提供了更广阔的分析视角（梁琦，2005）。大部分新经济地理学放松了要素的不可流动性，对一国内的区域问题有较好的解释力。

对于国内产业布局与城镇化的问题，应同时考虑国内的产品市场与要素市场的关联，所以应当将“第一自然”与“第二自然”的一些条件加以结合进行研究，而这正是新经济地理学的适用范畴。

然而，新经济地理学方法在城市层面的应用，主要是对城市之间的经济关联进行分析，而对个体城市内部经济系统的研究较少。对城市内部经济系统的探讨，主要是与竞租理论相结合。这一类研究的思路是，聚焦于城市内部的微观主体对土地要素的竞争，从而产生一种内生的分散力。但是，由于我国城市建设用地是公有制的，因而在土地要素的竞争中，必须在政府限定的范围内。一般地方政府会规划每一块土地的具体用途，从而城市效率很大程度上受制于政府规划的合理性。当地方政府以招商引资为主要导向时，则会更偏向于发展产业，相应地也会在城市规划中留出更大面积的工业用地；当地方政府以优化城市区位条件为主要导向时，则会更偏向于改善基础设施，优化存量土地的使用效率。这两种不同的偏向，对应于地方政府“先产后城”和“先城后产”的两条城镇化路径，而不论是哪条城镇化路径，都要走向产城融合的终点。

本书在新经济地理学框架中，引入衡量产城融合的城市内部一体化变量，考虑政府政策偏向对产业布局的影响，以及不同城镇化路径下的福利水平。

第二节 理论模型的提出

一、要素流动的两城市模型

城镇化的核心问题在于产业发展和城市建设良性互动。在短期内，城市产业主要来源于产业资本的投资活动，而在产业资本有限的情况下，城市间会发生引资竞争。本书借鉴了 Martin and Rogers（1995）的两区域自由资本模型（Footloose Capital Model），即资本可以在城市间自由流动，用以分析城市间引资活动。与 Martin and Rogers 不同的是，本书在保留了城市内部交易成本变量的同时，将其与政策制定者的政策偏向相结合，研究了城镇化路径的问题，并对其进行了福利评价。“产”即为可以自由流动的产业资本，“城”即为城市内部的交易成本；产城融合则是指“产”与“城”的协调度。

模型中包含两城市、两个生产部门与两类生产要素。两城市记为 A 与 B，有各自的消费者与生产者；两部门分别是以规模报酬不变及完全竞争为特征的传统部门和以规模报酬递增即垄断竞争为特征的现代部门；两类生产要素为劳动力和资本，资本只用于现代部门，劳动力主要受雇于传统部门。受雇于传统部门的劳动力在城市间的流动性较弱，而用于现代部门的资本在城市间的流动性较强。假设劳动力在部门间转换是瞬时且无成本的，因而经济系统达到均衡时，不存在失业的情况。模型中资本空间分布是一个内生变量，资本区际流动状况主要取决于不同城市资本收益的差异。假定每个厂商在生产差异化工业品时，需要使用 1 单位的资本作为固定投入，现代部门产品种类数量分别为 n_A、n_B，产品总量为 $n = n_A + n_B$，并且设 $s_n = n_A / n_H$ 表示 A 城市企业占两城市企业总数的比例，代表国内产业分布的情况。该比值越大，产业集聚度就越高。

两地区消费者是同质的，代表性消费者效用函数为：

$$U = C_M^{\mu} C_Z^{1-\mu} \tag{4-1}$$

式中，$0<\mu<1$，表示两类商品间的替代弹性，μ 越大，表示消费者对现代产品的偏好越强。C_M 表示对现代产品的复合消费数量，C_Z 表示对传统产品的消费数量。两类产品最大的区别在于，现代产品的市场结构是垄断竞争的，传统产品是完全竞争的。因此，现代产品生产部门具有规模报酬递增性质，而传统产品部门具有规模报酬不变的生产技术。设市场中现代产品的种类有 n 种，于是可以将 C_M 表示为：

$$C_M = \left(\int_0^n c(\omega)^{1-1/\sigma} d\omega\right)^{\frac{1}{1-1/\sigma}} \tag{4-2}$$

式中，$\sigma>1$，表示任意两种现代产品间的替代弹性。

赋予复合商品 C_M 一个复合价格指数 P，求解支出最小化问题：

$$\begin{aligned} &\min \int_{\omega \in n(i)} p_{ii}(\omega) c_{ii}(\omega) + \int_{\omega \in n(j)} p_{ji}(\omega) c_{ji}(\omega) \\ &\text{s. t.}\quad C_M = \left(\int_0^n c(\omega)^{1-1/\sigma} d\omega\right)^{\frac{1}{1-1/\sigma}} \end{aligned} \tag{4-3}$$

式中，p 表示产品价格，两个下标表示城市，其中第一个下标表示产品生产企业所在地，第二个下标表示消费所在地，即 $p_{ji}(\omega)$ 为城市 i 消费者对城市 j 生产的第 ω 种产品的购买价格。

求解（4－3）可得，复合价格指数的表达式为：

$$P_i = \left[\int_{\omega \in n_i} p_{ii}(\omega)^{1-\sigma} d\omega + \int_{\omega \in n_j} p_{ji}(\omega)^{1-\sigma} d\omega\right]^{\frac{1}{1-\sigma}} \tag{4-4}$$

在式（4－1）中 Cobb－Douglas 形式的效用函数假设下，现代产品的需求函数具有可加性。于是可以构建城市消费者效用最大化消费问题，即：

$$\begin{aligned} &\max\ U_i = C_M^{\mu} C_Z^{1-\mu} \\ &s.\ t.\ \int_{\omega \in n(i)} p_{ii}(\omega) c_{ii}(\omega) + \int_{\omega \in n(j)} p_{ji}(\omega) c_{ji}(\omega) + p_i^Z C_Z = E_i \end{aligned} \tag{4-5}$$

式中，E_i 表示城市 i 消费者的消费总支出。

用拉格朗日方法求解式（4－5）中效用最大化问题，可得现代部门中产品 ω 的需求函数：

$$c_{ii}(\omega) = \mu E_i \frac{p_{ii}(\omega)^{-\sigma}}{P_i^{1-\sigma}} \tag{4-6a}$$

$$c_{ji}(\omega) = \mu E_i \frac{p_{ji}(\omega)^{-\sigma}}{P_i^{1-\sigma}} \tag{4-6b}$$

生产方面，假定受雇于传统部门的劳动力在城市间的流动性较弱，但在部门间可自由转换。传统产品无运输成本，不失一般性，可标准化两城市劳动力的工资（w_A，w_B）及传统产品价格（p_A^Z, p_B^Z），即令 $w = w_A = w_B = p_A^Z = p_B^Z = 1$。经济体中的消费者分为劳动力供给者和资本所有者两类，劳动力供给者所有收入为工资收入，资本所有者的收入为资本投资收益。本书考虑了禀赋不对称的假设条件，不过仅限于考虑资本存量的禀赋差异，而两城市的劳动力数量假设是相同的，均为 L。假定资本在城市间可以自由流动，并且可以在任意城市建立企业，但资本所有者不能跨城市移动，资本跨城市投资所获利润全部归于资本所有者。A、B 两城市资本禀赋存量分别用 K_A、K_B 表示，于是经济系统的资本总量为 $K = K_A + K_B$。用 $s_K = K_A/K$ 表示 A 城市资本所有量占总体的比重。

在垄断竞争和规模报酬递增假设基础上，进一步假定每个厂商只生产一种差异化产品，且两城市厂商在生产差异化的现代部门产品时，具有相同的生产技术。固定成本方面，假定生产一种产品需要使用 1 单位的资本作为固定投入。虽然每个城市资本所有量与企业数可能不同，但全国总企业数等于总资本数，即有关系式 $n = K$。可变成本方面，假定生产一单位的产品需要 k 单位劳动力。

设区际冰山贸易成本为 τ，表示某城市生产的一单位产品运往另一城市后只剩下 $1/\tau$ 单位（$\tau \geqslant 1$），其余部分在运输过程中“融化”了。城市内同样存在贸易成本，这是由城市建设、公共服务与城市内产业布局决定的。设 i 城市的内部冰山贸易成本为 τ_i。城市内的贸易成本要低于城市间的贸易成本，即满足 $\tau > \tau_i \geqslant 1$。于是城市 i 内代表企业的总产出为 $x_i = \tau_i c_{ii} + \tau c_{ij}$。此时城市 i 现代部门代表性企业的利润函数为：

$$\pi_i = p_{ii} c_{ii} + p_{ij} c_{ij} - (r_i + k x_i) \tag{4-7}$$

根据企业利润最大化的一阶条件，可得企业生产的产品定价为：

$$p_{ii} = \frac{\tau_i w k}{1 - 1/\sigma} \tag{4-8a}$$

$$p_{ij} = \frac{\tau w k}{1 - 1/\sigma} \tag{4-8b}$$

式中，$i \in \{A, B\}$，$j \neq i$，表示两城市的下标。

为了方便处理，不失一般性，标准化企业产品出厂价格为 1，即令 $k=\frac{1}{1-1/\sigma}$。将 k 的值代入公式（4－8a）和公式（4－8b），并根据对称性可得：

$$p_{ii}=\tau_i \tag{4－9a}$$

$$p_{ij}=p_{ji}=\tau \tag{4－9b}$$

将公式（4－9a）和公式（4－9b）代入公式（4－4），可以得到各城市的现代产品复合价格指数与产业分布间的关系表达式：

$$P_A^{1-\sigma}=n_A p_{AA}^{1-\sigma}+n_B p_{BA}^{1-\sigma}=K[\varphi_A s_n+\varphi(1-s_n)] \tag{4－10a}$$

$$P_B^{1-\sigma}=n_A p_{AB}^{1-\sigma}+n_B p_{BB}^{1-\sigma}=K[\varphi s_n+\varphi_B(1-s_n)] \tag{4－10b}$$

式中，$\varphi_i=\tau_i^{1-\sigma}$，$\varphi=\tau^{1-\sigma}$ 表示贸易自由度。由于 $1-\sigma<0$，$\tau>\tau_i>1$，所以知道贸易自由度满足 $0<\varphi<\varphi_i\leqslant 1$，并且贸易自由度越大，意味着冰山贸易成本越小。

将公式（4－6a）（4－6b）（4－9a）（4－9b）（4－10a）（4－10b）代入公式（4－7）中，得到两城市现代企业利润（资本收益率）表达式：

$$r_A=\pi_A=\frac{\mu E}{\sigma K}\left[\varphi_A\frac{s_E}{\varphi_A s_n+\varphi(1-s_n)}+\varphi\frac{1-s_E}{\varphi s_n+\varphi_B(1-s_n)}\right] \tag{4－11a}$$

$$r_B=\pi_B=\frac{\mu E}{\sigma K}\left[\varphi\frac{s_E}{\varphi_A s_n+\varphi(1-s_n)}+\varphi_B\frac{1-s_E}{\varphi s_n+\varphi_B(1-s_n)}\right] \tag{4－11b}$$

经济系统总收入 E 为资本收益加上劳动收入，即为经济中的总支出，于是有：

$$E=w_A L_A+w_B L_B+r_A n_A+r_B n_B \tag{4－12}$$

将公式（4－11a）和公式（4－11b）代入公式（4－12），得到：

$$E=\frac{\sigma}{\sigma-\mu}L \tag{4－13}$$

于是可以得到 A 城市的支出份额为：

$$s_E=\frac{E_A}{E}=\frac{1}{2}+\frac{\mu}{\sigma}\left(s_K-\frac{1}{2}\right) \tag{4－14}$$

二、长期均衡

在模型中，资本流动由资本收益率决定。资本空间流动的方程为：

$$\dot{s}_n=(r_A-r_B)s_n(1-s_n) \tag{4－15}$$

在长期均衡时，s_n 为状态变量，因此 $\dot{s}_n=0$ 时，经济系统达到均衡。由公式（4－15）可得知经济系统中存在两种均衡，一是内点均衡，二是角点均衡。

在内点均衡时，资本收益率相等，即有：

$$r_A = r_B = \pi_A = \pi_B \qquad (4-16)$$

在角点均衡时，亦即核心—边缘均衡，满足条件：

$$s_n = 0 \ or \ s_n = 1$$

基于现实考虑，本书主要研究内点均衡的情况。将公式（4－11a）和公式（4－11b）代入公式（4－16），可以得到长期均衡时A城市的产业份额：

$$s_n = \frac{(\varphi_A\varphi_B - \varphi^2)s_E - (\varphi_B - \varphi)\varphi}{(\varphi_A - \varphi)(\varphi_B - \varphi)} \qquad (4-17)$$

比较 s_n 与支出份额 s_E 的关系，有：

$$s_n - s_E = \frac{\varphi[(\varphi_A - \varphi)s_E - (\varphi_B - \varphi)(1 - s_E)]}{(\varphi_A - \varphi)(\varphi_B - \varphi)} \qquad (4-18)$$

由公式（4－18）易知，$\frac{\partial\ (s_n - s_E)}{\partial\ s_E} > 0$，即A城市市场份额提高时，产业份额也将同时提高，并且增幅要高于市场份额，这反映了区域经济中的“本地市场效应”。

进一步，考虑城市间贸易自由度的影响。即公式（4－18）对 φ 求偏导，得到：

$$\frac{\partial\ (s_n - s_E)}{\partial\ \varphi} = \frac{\varphi_B s_E}{(\varphi_B - \varphi)^2} - \frac{\varphi_A(1 - s_E)}{(\varphi_A - \varphi)^2} \qquad (4-19)$$

由公式（4－19）可知，当 $\frac{s_E}{(1 - s_E)} > \frac{\varphi_A(\varphi_B - \varphi)^2}{\varphi_B(\varphi_A - \varphi)^2}$ 时，$\frac{\partial\ (s_n - s_E)}{\partial\ \varphi} > 0$；当 $\frac{s_E}{(1 - s_E)} < \frac{\varphi_A(\varphi_B - \varphi)^2}{\varphi_B(\varphi_A - \varphi)^2}$ 时，$\frac{\partial\ (s_n - s_E)}{\partial\ \varphi} < 0$。

由此，在资本可流动的两城市模型中，产业分布与市场规模的偏离由市场规模与贸易自由度水平综合决定。当城市市场规模越大时，会有更多的产业资本流向大市场城市，这源于城市的“本地市场效应”。城市间贸易自由度对产业资本流向的影响是不确定的，存在市场规模的阈值效应：当市场规模的比值达到阈值时，贸易自由度提升会提高市场规模较大城市的产业资本密集度。

考虑内点均衡解的性质。内点均衡由公式（4－14）和公式（4－17）共同决定，如图4－1所示。EE曲线描述的是公式（4－14），反映了两城市禀赋对均衡状态的影响。nn 曲线描述的是公式（4－17），表示资本投资流向对均衡状态的影响。

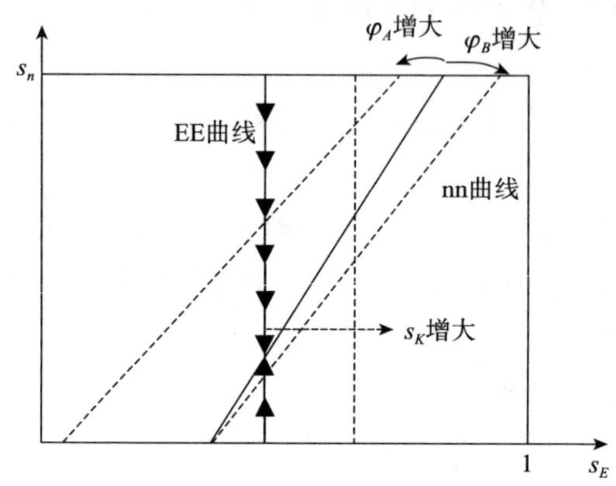

图 4－1 长期均衡图解

在图 4－1 中，EE 曲线垂直于横轴，因为在模型中，虽然资本可以自由流动，但是资本所有者的位置不会改变，所以两地的消费份额是固定不变的。在劳动禀赋相同的条件下，EE 曲线的位置仅由资本禀赋 s_K 决定，s_K 增大时，EE 曲线会向右平移。经济系统的内点解会沿着 EE 曲线上下移动。

nn 曲线则为一条斜率为正、截距为负的曲线，与 EE 曲线有且仅有一个交点，即为内点解。nn 曲线表示资本均衡条件 $\pi_A = \pi_B$，当经济系统状态偏离 nn 曲线时，资本就会流动。在 nn 曲线右下方，有 $\pi_A > \pi_B$，资本有向 A 城市流动的趋势；在 nn 曲线左上方，有 $\pi_A < \pi_B$，资本有向 B 城市流动的趋势。因此对于 EE 曲线上的点，资本流动的趋势如图 4－1 所示。所以，EE 曲线与 nn 曲线交点所确定的内点均衡是稳定的。

求导分析可知，nn 曲线的斜率$(\varphi_A\varphi_B-\varphi^2)/(\varphi_A-\varphi)(\varphi_B-\varphi)$随 φ_A 增大而变小，随 φ_B 增大而变大。同时，截距 $-\varphi/(\varphi_A-\varphi)$ 随 φ_A 增大而变大，随 φ_B 增大而不变。因此，如图 1 所示，当 φ_A 增大时，nn 曲线向左移动并顺时针旋转，使得与 EE 曲线的交点高于初始交点；当 φ_B 增大时，nn 曲线围绕着与横轴的交点顺时针旋转，使得与 EE 曲线的交点低于初始交点。由城市内贸易成本的影响分析可知，城市内部贸易成本降低可以使得城市吸引更多的产业，并且达到核心——边缘均衡的临界 s_E 值会降低，这意味着城市的本地市场效应会放大。

三、福利分析

本部分对均衡结果进行福利评价。消费者的福利水平等于其在消费中获得的效用。将产品消费量式（4－6）代入式（4－1），可以求得用城市 i（$i=A$，B）的间接效用函数（福利函数）的表达式：

$$V_A = M_0 \frac{s_E}{[\varphi_A s_n + \varphi(1-s_n)]^{\frac{\mu}{1-\sigma}}} \quad (4-20a)$$

$$V_B = M_0 \frac{1-s_E}{[\varphi s_n + \varphi_B(1-s_n)]^{\frac{\mu}{1-\sigma}}} \quad (4-20b)$$

式中，$M_0 = \mu^\mu (1-\mu)^{1-\mu}\sigma L/(\sigma-\mu)K^{\frac{\mu}{1-\sigma}}$为常数。

将式（4－17）带入式（4－20a）和式（4－20b）中，可得：

$$V_A = M_0 s_E^{1-\frac{\mu}{1-\sigma}} (\varphi_B - \varphi)^{\frac{\mu}{1-\sigma}} (\varphi_A\varphi_B - \varphi^2)^{\frac{\mu}{\sigma-1}} \quad (4-21a)$$

$$V_B = M_0 (1-s_E)^{1-\frac{\mu}{1-\sigma}} (\varphi_A - \varphi)^{\frac{\mu}{1-\sigma}} (\varphi_A\varphi_B - \varphi^2)^{\frac{\mu}{\sigma-1}} \quad (4-21b)$$

总福利水平为：

$$W = M_0 (\varphi_A\varphi_B - \varphi^2)^{\frac{\mu}{\sigma-1}} \left[s_E^{\frac{1-\sigma-\mu}{1-\sigma}} (\varphi_B - \varphi)^{\frac{\mu}{1-\sigma}} + (1-s_E)^{\frac{1-\sigma-\mu}{1-\sigma}} (\varphi_A - \varphi)^{\frac{\mu}{1-\sigma}} \right] \quad (4-22)$$

显然有$\partial V_A/\partial s_E > 0$，$\partial V_B/\partial s_E < 0$，即市场份额越大，总福利水平越高。对于贸易自由度而言，求导可知：

$$\frac{\partial V_A}{\partial \varphi_A} = \frac{\mu}{\sigma-1} M_0 s_E^{\frac{1-\sigma-\mu}{1-\sigma}} \varphi_B (\varphi_B - \varphi)^{\frac{\mu}{1-\sigma}} (\varphi_A\varphi_B - \varphi^2)^{\frac{\mu}{\sigma-1}-1} > 0$$

$$\frac{\partial V_A}{\partial \varphi_B} = \frac{\mu}{1-\sigma} M_0 s_E^{\frac{1-\sigma-\mu}{1-\sigma}} \varphi(\varphi_A - \varphi)(\varphi_B - \varphi)^{\frac{\mu}{1-\sigma}-1} (\varphi_A\varphi_B - \varphi^2)^{\frac{\mu}{\sigma-1}-1} < 0$$

$$\frac{\partial V_B}{\partial \varphi_A} = \frac{\mu}{\sigma-1} M_0 (1-s_E)^{\frac{1-\sigma-\mu}{1-\sigma}} \varphi(\varphi_B - \varphi)(\varphi_A - \varphi)^{\frac{\mu}{1-\sigma}-1} (\varphi_A\varphi_B - \varphi^2)^{\frac{\mu}{\sigma-1}-1} < 0$$

$$\frac{\partial V_B}{\partial \varphi_B} = \frac{\mu}{\sigma-1} M_0 (1-s_E)^{\frac{1-\sigma-\mu}{1-\sigma}} \varphi_A (\varphi_A - \varphi)^{\frac{\mu}{1-\sigma}} (\varphi_A\varphi_B - \varphi^2)^{\frac{\mu}{\sigma-1}-1} > 0$$

由求导结果可知，城市内部贸易成本降低可以显著提高自身的福利水平，而城市的内部贸易成本降低，会降低本城市的福利水平。对式（4－22）求偏导可得全社会的总福利水平：

$$\frac{dW}{d\varphi_A} = \frac{M_0\mu(\varphi_A\varphi_B - \varphi^2)^{\frac{\mu}{\sigma-1}-1}(\varphi_B - \varphi)}{\sigma-1} \left[\varphi_B \left(\frac{s_E}{\varphi_B - \varphi}\right)^{1-\frac{\mu}{1-\sigma}} - \varphi \left(\frac{1-s_E}{\varphi_A - \varphi}\right)^{1-\frac{\mu}{1-\sigma}} \right] \quad (4-23a)$$

$$\frac{dW}{d\varphi_B}=\frac{M_0\mu\left(\varphi_A\varphi_B-\varphi^2\right)^{\frac{\mu}{\sigma-1}-1}\left(\varphi_A-\varphi\right)}{\sigma-1}\left[\varphi_A\left(\frac{1-s_E}{\varphi_A-\varphi}\right)^{1-\frac{\mu}{1-\sigma}}-\varphi\left(\frac{s_E}{\varphi_B-\varphi}\right)^{1-\frac{\mu}{1-\sigma}}\right]$$

(4－23b)

由公式（4－23a）和公式（4－23b）可知，$dW/d\varphi_A$ 和 $dW/d\varphi_B$ 的符号是不确定的，但与市场规模有关。如果一个城市市场份额较大，那么提升该城市内部的贸易自由度，就可以提高总福利水平。不过，小市场城市的福利水平会有所下降。因此，在资本可流动的两城市模型中，城市总体福利会因城市内部贸易成本降低而改善。对于社会总福利，仅当大市场城市内部贸易成本降低时能提升全局福利水平，小市场城市内部贸易成本降低反而有可能降低全局福利水平。

第三节 理论模型的拓展

一、产城融合与产业布局

城镇化有两条路径：一条路径是“先产后城”，即以各类工业园区为导向的城镇化；另一条路径是“先城后产”，即以高铁、新城为导向的城镇化。前者注重对产业资本的吸引，以各种土地与税收优惠政策吸引企业入驻，而后由产业带动城市发展；后者注重对区位条件的改善，以高铁、地铁等方式塑造新城，再由优越的区位条件吸引人才和产业进入。

长期中，资本收益率差异会导致资本跨城市流动，最终达到均衡状态。根据资本空间流动的动态方程，假设 A 城市可以选择对产业资本进行补贴，或者对产业资本进行税收来优化区位条件。B 城市为考察基准，不实行政策干扰。设两城市资本收益为：

$$r_A=\beta\pi_A,\ r_B=\pi_B \tag{4-24}$$

式中，$\beta>0$，表示 A 城市相对 B 城市的引资偏向。当 $\beta>1$ 时，表示 A 城市对资本补贴更多，试图以吸引产业带动城镇化；当 $\beta<1$ 时，表示 A 城市倾向于改善城市区位条件来带动城镇化。当地方政府利用优惠政策

来吸引产业资本入驻时，相应的需要把更多的财政支出用于产业补贴、把更多的土地用于企业入驻，因此会挤出一定的城市公共服务支出、降低城市公共服务功能用地，因此会在一定程度上提高居民的生活成本。本书设定$\overline{\tau}_A = \beta^{\alpha}\tau_A$，即对产业的补贴会提高居民消费的成本。其中 $\alpha > 0$ 为政策的负反馈效应的大小，表示 A 城市的产城融合水平。α 越小，表示政策的负反馈效应越小，即城市的产城融合水平越高，城市可以协调政策扭曲带来的发展失衡。当 $\beta > 1$ 时，β^{α} 就越小，意味着偏向产业的城镇化路径对城市内部贸易成本造成的负反馈效应就越小；$\beta < 1$ 时，β^{α} 就越大，意味着降低城市内部贸易成本的幅度就越小。

对 A 城市内部的贸易自由度 $\overline{\varphi}_A$，有：

$$\overline{\varphi}_A^{1-\sigma} = \beta^{\alpha - \alpha\sigma}\varphi_A^{1-\sigma} \tag{4-25}$$

将式（4－11a）、式（4－11b）和式（4－25）代入式（4－24）中，可以得到不同城镇化路径下产业分布 $\overline{s}_n$ 的表达式：

$$\overline{s}_n = \frac{(\beta^{1+\alpha-\alpha\sigma}\varphi_A - \varphi)\varphi_B s_E - (\varphi_B - \beta\varphi)\varphi(1 - s_E)}{(\beta^{1+\alpha-\alpha\sigma}\varphi_A - \varphi)(\varphi_B - \varphi)s_E + (\varphi_B - \beta\varphi)(\beta^{\alpha-\alpha\sigma}\varphi_A - \varphi)(1 - s_E)} \tag{4-26}$$

由前文分析知，城市内部贸易自由度提高（降低），可以使得资本流入（流出）；但同时，资本收益会降低（提高），使得资本流出（流入）。因而 $\overline{s}_n$ 与 s_n 的大小关系是不确定的。特别是在产城融合度不同的城市中，政策造成的效果可能不同。为比较各种产城融合度下的产业分布情况，令 $s_E = 0.5$，$\sigma = 4$，$\varphi_A = \varphi_B = 0.8$，$\varphi = 0.5$，先考虑市场规模、城市内部初始贸易自由度相等的对称情况，设定不同的 α 值，对公式（4－26）产业布局进行数值模拟，结果如图 4－2 所示。

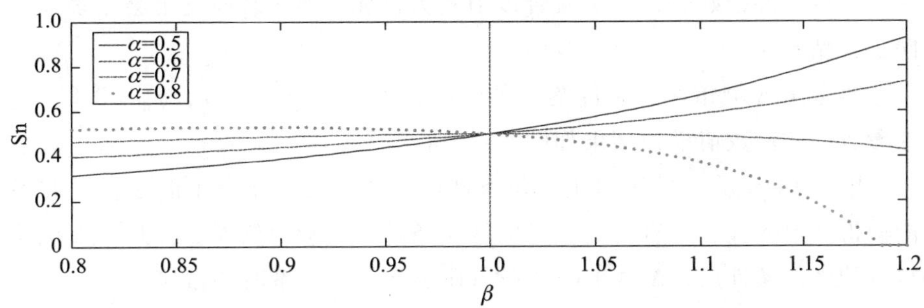

图 4－2　城镇化路径、产城融合与产业集聚数值模拟图

图 4－2 数值模拟结果显示，α 大小对产业布局有非线性影响。$\beta=1$，$s_n=0.5$ 对应的点，代表无政策干预的均衡，与 α 大小无关，各条曲线相交于该点。对产业资本进行补贴，即 $\beta>1$ 时：①如果 α 较小，能提高自身的产业集聚水平；②如果 α 较大，反而会降低自身的产业集聚水平。这意味着在两城市初始条件相同的情况下，政策的负反馈效应是决定城镇化路径的重要因素。

进一步地，需要考虑两城市初始禀赋不同的情况。考虑 A 城市初始区位条件较好的情况，即令 $\varphi_A=0.8$，$\varphi_B=0.7$，其他参数不变，对产业分布情况进行数值模拟，结果如图 4－3 所示。

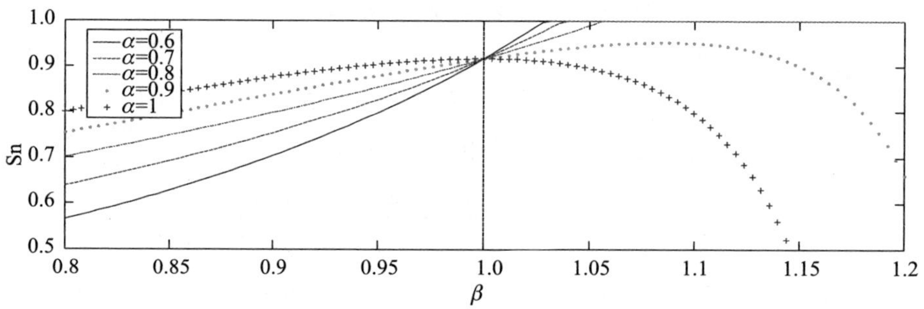

图 4－3 城市内部贸易自由度不对称情况下的产业分布

图 4－3 显示，当两城市内部贸易条件不对称时，利用产业资本补贴的路径吸引产业入驻的条件将更加放宽。在 $\alpha\leqslant0.7$ 的情况下，少量补贴便可吸引到大量产业资本，使得产业完全集聚于 A 城市之中；当 $\alpha=0.8$ 时，少量补贴可以吸引产业，而补贴过高时，恶化的区位条件会挤出部分产业；当 $\alpha=0.9$ 时，对产业的补贴政策是无效的。图 4－3 表明，当 A 城市区位条件较好时，若决策者以引资为目标，那么政府支出会更多地倾向于补贴产业。

再考虑 A 城市区位条件落后的情况，即设定 $\varphi_A=0.7$，$\varphi_B=0.8$，其他参数不变。数值模拟结果如图 4－4 所示。

图 4－4 显示，当 A 城市区位条件落后时，对产业资本的净补贴并不能使得产业入驻，唯有优化自身的区位条件才能吸引资本。并且，在优化自身的区位条件后，A 城市的产业占比要高于无政策时的占比。

由图 4－2、图 4－3、图 4－4 的结果可得如下命题：在资本可流动的两城市模型中，禀赋条件的不同，会导致地方政府的引资政策发生分化：

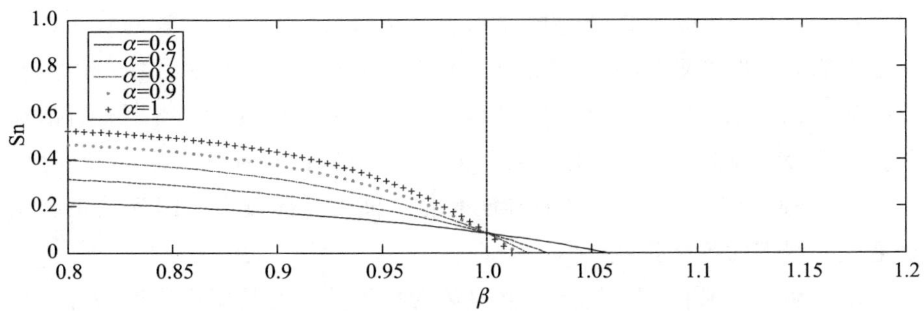

图 4－4　城市内部贸易自由度不对称情况下的产业分布

高产城融合水平下，偏向资本补贴的支出，可以提高区位条件较好城市的产业集聚水平；低产城融合水平下，引资政策的效果会被削弱。此时，改善区位条件，可以提高区位条件较差城市的产业集聚水平。

可见，以产业为主线推动城镇化的效果是不确定的，关键是取决于城市的产城融合水平。城市的产城融合水平决定了城市政策的长期有效性，以及城市发展时对“产”“城”的不同偏向度。本书接下来先构建产城融合指标，通过计算中国地级市产城融合水平，进而对命题进行实证检验。然后在福利分析的范式中，研究“先产后城”与“先城后产”的长期效果。

二、不同干预模式下的城镇化路径与福利分析

不同城镇化路径带来的福利效应究竟如何，还需要进一步分析。消费者的福利水平等于其在消费中获得的效用。由效用函数式（4－1），可求得间接效用函数表示的城市 i（i＝A，B）各类居民的福利函数表达式：

表 4－1　城市各类群体福利函数矩阵

	资本所有者	普通劳动力
城市 A	$W_A^K = M_0 K s_K r_A / (\Delta_A)^{\frac{\mu}{1-\sigma}}$	$W_A^L = M_0 L / (\Delta_A)^{\frac{\mu}{1-\sigma}}$
城市 B	$W_B^K = M_0 K (1 - s_K) r_B / (\Delta_B)^{\frac{\mu}{1-\sigma}}$	$W_B^L = M_0 L / (\Delta_B)^{\frac{\mu}{1-\sigma}}$

说明：本表福利函数矩阵中各元素根据式（4－1）得到的间接效用函数计算而来。其中 $M_0 = \mu^{\mu}(1-\mu)^{1-\mu} / K^{\frac{\mu}{1-\sigma}}$ 为常数。

在表 4－1 中，资本所有者的福利水平取决于资本投资收入和价格指数，劳动力的福利水平仅取决于价格指数。可见，政策从三方面影响居民

福利：一是会改变资本的均衡收益水平，从而改变资本所有者的收入；二是会影响城市的产业份额，改变城市的价格指数；三是会引致城市内交易成本的变化，从而影响价格指数来影响居民福利。显然，资本所有者的福利波动会相对较小，因为资本可以自由流动从而产生一定的“避险效应”；而普通劳动力的福利水平与政策的效果相关性较大，因为政策会明显地改变城市的价格指数。

基于功利主义标准，地方政府决策者更为关心的是城市居民的总体福利水平。对表 4－1 中的城市福利进行加总，可得：

$$W_A = V_A = M_0 s_E \frac{\sigma L}{(\sigma-\mu)(\Delta_A)^{\frac{\mu}{1-\sigma}}},\quad W_B = V_B = M_0(1-s_E)\frac{\sigma L}{(\sigma-\mu)(\Delta_B)^{\frac{\mu}{1-\sigma}}} \tag{4-27}$$

不同的城镇化路径，对居民福利的影响是不同的。将式（4－26）带入式（4－20a）、式（4－20b）中，可以得到存在政策干预下的两城市居民福利的表达式：

$$\bar{V}_A = M_0 s_E^{1-\frac{\mu}{1-\sigma}}\left[\frac{(\beta^{\alpha-\alpha\sigma}\varphi_A\varphi_B-\varphi^2)(\beta^{1+\alpha-\alpha\sigma}\varphi_A-\varphi)}{(\beta^{1+\alpha-\alpha\sigma}\varphi_A-\varphi)(\varphi_B-\varphi)s_E+(\varphi_B-\beta\varphi)(\beta^{\alpha-\alpha\sigma}\varphi_A-\varphi)(1-s_E)}\right]^{\frac{\mu}{\sigma-1}} \tag{4-28a}$$

$$\bar{V}_B = M_0(1-s_E)^{1-\frac{\mu}{1-\sigma}}\left[\frac{(\beta^{\alpha-\alpha\sigma}\varphi_A\varphi_B-\varphi^2)(\varphi_B-\beta\varphi)}{(\beta^{1+\alpha-\alpha\sigma}\varphi_A-\varphi)(\varphi_B-\varphi)s_E+(\varphi_B-\beta\varphi)(\beta^{\alpha-\alpha\sigma}\varphi_A-\varphi)(1-s_E)}\right]^{\frac{\mu}{\sigma-1}} \tag{4-28b}$$

以及社会总福利表达式：

$$\bar{W} = M_0(\beta^{\alpha-\alpha\sigma}\varphi_A\varphi_B-\varphi^2)\left[\frac{(\beta^{1+\alpha-\alpha\sigma}\varphi_A-\varphi)s_E^{\frac{\sigma-1+\mu}{\mu}}+(\varphi_B-\beta\varphi)(1-s_E)^{\frac{\sigma-1+\mu}{\mu}}}{(\beta^{1+\alpha-\alpha\sigma}\varphi_A-\varphi)(\varphi_B-\varphi)s_E+(\varphi_B-\beta\varphi)(\beta^{\alpha-\alpha\sigma}\varphi_A-\varphi)(1-s_E)}\right]^{\frac{\mu}{\sigma-1}} \tag{4-29}$$

式中，$M_1=\mu^\mu(1-\mu)^{1-\mu}\sigma L/(\sigma-\mu)K^{\frac{\mu}{1-\sigma}}$为常数。

在无资本补贴的情况下，产业集聚度更高的城市，价格指数更低，因而福利水平更高。但是在政策干预下，将部分城市建设支出用以超额引资，又将增加城市内部的交易成本，从而降低总体福利水平。因而，在政策干预下，两城市的福利水平变化是不确定的。为此，令 $K=L=1$，$\mu=0.5$，$\sigma=4$，$s_E=0.5$，$\varphi_A=\varphi_B=0.8$，$\varphi=0.5$，对式（4－29a）、式（4－29b）的城市福利水平进行数值模拟，结果如图 4－5a、图 4－5b 所示。

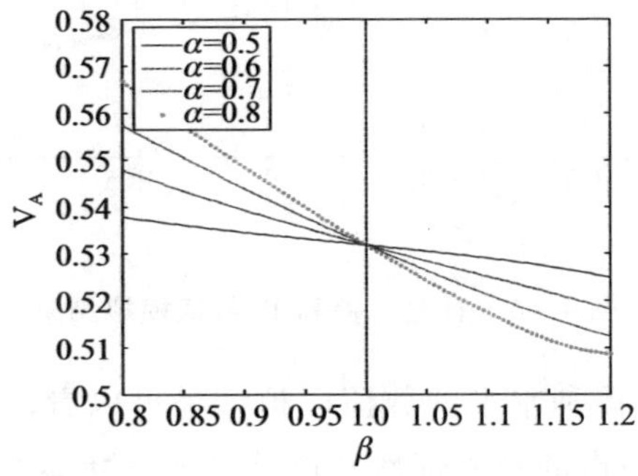

图 4－5a　A 城市总福利数值模拟

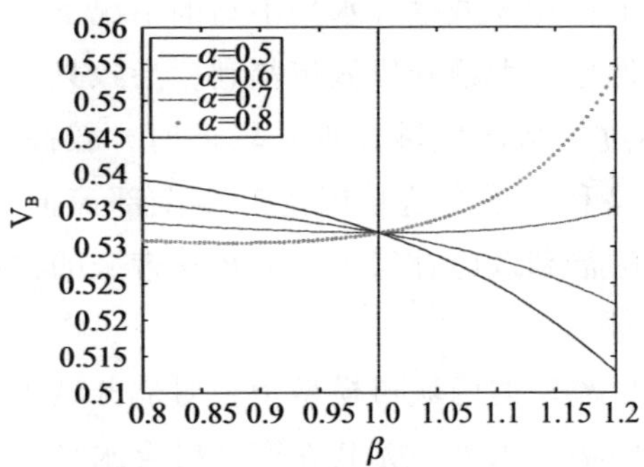

图 4－5b　B 城市总福利数值模拟

图 4－5a 的数值模拟结果显示，过度引资并不能优化本城市的福利水平。在 α 较小时，由图 4－3 可知，此时产业补贴可以吸引更多资本入驻 A 城市，A 城市的总福利水平随补贴下降的较慢；在 α 较大时，此时产业补贴可能在长期中挤出一些产业，此时 A 城市的总福利水平随补贴下降的很快。图 4－5b 反映了 A 城市产业政策对 B 城市福利的影响。可以看见，在 α 较小时，A 城市选择优化自身的区位条件，部分产业将向 B 城市转移，使得 B 城市的福利水平得以提高；而在 α 较大时，A 城市加大引资力度反而会使得更多产业被挤出，大幅度提高 B 城市的福利水平。

进一步的，对两城市福利水平加总的社会总福利水平式（4－27）进行数值模拟，参数设定与图 4－5a、图 4－5b 中的一致，模拟结果如图 4－6 所示。

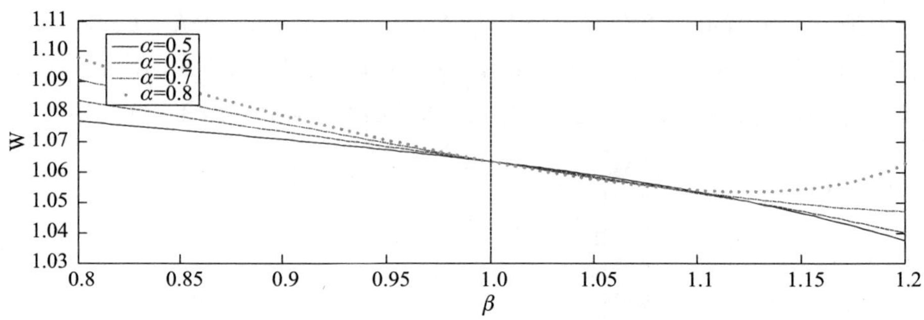

图 4-6 社会总福利 $\overline{W}$ 数值模拟结果

从图 4-6 中总福利水平的数值模拟结果可以看出，优化城市区位条件，不仅可以降低城市的负外部性，还可以提升社会的总福利。在产城融合水平较高的阶段，相较于引资补贴竞争而言，优化区位条件的政策更能提升社会总福利水平；在产城融合水平不高的情况下，过度的产业补贴反而会因城市区位条件恶化大幅降低城市福利，导致只有建设的城镇化而非"人的城镇化"。不过，当产城融合水平较低时，较高的产业补贴反而可以适当提升社会总福利水平。这是因为资本全部流向区位条件较好的城市，产业集聚带来的福利效应补偿了产业转移带来的福利损失，从而提高了全社会福利水平。

推论：在资本可流动的两城市模型中，对部分城市过度的资本补贴并不能提升城市居民的福利水平，尤其在产城融合水平较低的情况下，反而还会因城市区位条件恶化大幅降低城市福利。相应地，优化城市区位条件，不仅可以通过降低城市生活成本来改进居民福利，还能有效提升社会的总福利水平。

推论表明，利用资本补贴来推动城镇化，会以一定的福利损失为代价。中国在改革开放的初期，城市的产城融合水平普遍较低，城镇化更倾向于"效率优先"的招商引资路径。其中，区位禀赋较好的城市，招商引资政策的效果更为明显，吸收了更多的投资，以沿海地区的产业园、中小企业集群为代表。但随着城市规模扩大，产城不平衡发展带来的负外部性凸显，导致当前城镇化并未给全社会带来显著的福利改善。随着当前城市的产城融合水平提高，优化城市区位条件，让资本"用脚投票"在城市间流动，能更为有效的提升城市福利水平。所以在当前以提升居民福祉、实现人口城镇化的阶段，偏向城镇条件优化的"先城后产"的路径更为适宜。

第四节 多重门限的产城融合效应实证检验

一、模型设定

本部分对前面理论模型推演出的命题进行实证检验。根据命题的结论，不同的 α 值下，政策的效果会不同，从而导致城市化路径分化。设定估计城市产业发展影响因素的计量模型如下：

$$IA_{it} = \beta_0 + \beta_1 policy_{it} I(inn_{it} \leqslant th) + \beta_2 policy_{it} I(inn_{it} > th) + \beta_3 per\_GDP_{it} + \beta_4 city_{it} + \sum \beta_j X_{it} + \mu_i + v_t + \varepsilon_{it} \quad (4-30)$$

式（4－30）为门限回归模型，下标 i、t 分别表示地区和时间，ε_{it}为随机扰动项。u_i 为不随时间变化的地区个体效应，控制每个城市的一些固定特征；v_i 为控制时间的固定特征。IA_{it} 为被解释变量，$policy_{it}$、per_GDP_{it}、$city_{it}$为核心解释变量，X_{it}为相关控制变量。inn 为门槛条件变量，th 表示门槛值。I〔·〕为示性函数，即 inn_{it}和 th 满足括号内条件时，取值为 1，否则为 0。

二、变量选择

1. 被解释变量

IA_{it}代表城市容纳产业的总量。一般来讲，城市产业发展水平一般由产业集聚水平衡量，但由于城市层面上细分行业的数据难以获取，因此用地区工业总产值密度来代替产业集聚度，即城市规模以上企业工业总产值除以建成区土地面积来衡量地区产业发展情况。

2. 门槛变量

inn_{it}表示后文计算的产城耦合协调度[①]，用以表示公式（4－26）中的变量 α。inn_{it}值越大，表示产城融合程度越高，即 α 值越小。

---

① 市级产城融合协调度值详见第六章第一节市级尺度产城融合度测算。

3. 核心解释变量

①地方政府的城镇化路径偏向（$policy_{it}$），这一变量用于衡量式（4-27）中的 β。地方政府在城镇化过程中掌控的最重要的资源为城市建设土地，地方政府可以配置部分土地要素，在某种程度上来说，城市的发展路径取决于地方政府土地配置的方式。根据范剑勇和莫家伟（2013）构造的指标，用土地“招拍挂”价格与协议出让价格之比来衡量地方政府的城镇化路径偏向。其中，“招拍挂”出让土地主要为商住用地，协议出让土地主要为工业用地，二者价格之比能反映出政府对土地价格的扭曲，比值越大表示地方政府对产业发展优先度越高。②市场潜能（mp_{it}），本书采用 Harris（1954）的市场潜能函数进行测度，其计算公式为 $mp_{it} = \sum_{j \neq i} Y_j / d_{ij} + Y_i / d_{ii}$，这一指标用于衡量式（4-27）中市场条件 s_E 和区位条件 φ 与 φ_A 的综合影响。其中 Y_j 表示 j 城市的 GDP 总量，d_{ij} 表示 i 城市与 j 城市之间的地理距离，d_{ii} 表示城市内部距离，表达式为 $d_{ii} = 2\sqrt{area_i / \pi}/3$，其中 $area_i$ 表示城市面积。

4. 控制变量

①资本密度（IK），用规上工业企业固定资产与建成区面积之比衡量，用以控制工业的资本密集度。②就业密度（IL），用规上工业企业就业人数与建成区面积之比衡量，用以控制工业的劳动密集度。③城市规模（IU），控制规模经济效应，用城市常住人口来衡量。④对外开放水平（BF），用外商直接投资额占 GDP 比重来度量经济开放度，数据依据历年人民币汇率的平均价格予以折算。⑤地方保护主义（TT），用去除科研和教育支出的政府财政支出占该地区 GDP 的比重来度量政府对于经济活动的干预程度，进而来反映地方保护主义的程度。⑥产业结构（IN），用第三产业与第二产业的产值之比来衡量。⑦城市交通水平控制变量，包括交通基础设施（BF），用城市道路人均占有面积来衡量城市的基础设施水平；交通运输服务（TT），用每万人拥有的公共汽车（辆）作为交通运输条件的代理变量。⑧信息化水平（IN），用人均移动电话数量来衡量。⑨城市教育水平控制变量，用每百人拥有普通中学专任教师数量（PT）控制。⑩城市医疗水平作为控制变量，用每万人拥有的病床数量（PB）来控制。

由于部分城市在核心变量上存在数据缺失问题，因此在 285 个地级市的基础上，进一步剔除了部分数据缺失较多的城市样本，得到252个城市的样本[①]，时间跨度为2003—2014年。本书所有数据均来自《中国城市统计年鉴》《中国区域经济统计年鉴》《中国国土资源年鉴》。为保证数据平稳性，所有数据经过了对数化处理。

三、回归结果

对不同门槛模型的F检验以及Bootstrap自助法抽样300次得到的P值如表4-2所示。从中可以看出，单一门槛和双重门槛效应显著存在，因此运用门槛模型回归的结果比较稳健。

表4-2　　　　产城融合度的门槛效应检验结果

				临界值		
		F值	P值	1%	5%	10%
城市固定	单一门槛检验	30.724***	0.000	22.800	14.517	10.883
	双重门槛检验	8.671*	0.093	25.832	16.025	8.193
	三重门槛检验	0.090***	0.000	-14.370	-21.142	-24.543
城市时间固定	单一门槛检验	55.162***	0.007	50.175	31.869	22.644
	双重门槛检验	16.251**	0.020	20.260	13.100	8.789
	三重门槛检验	-21.308***	0.000	-46.316	-57.898	-64.270

为保证回归结果稳健，本书采取四种模型进行回归。模型（1）、模型（2）是仅控制城市固定效应的结果，模型（3）、模型（4）是双向固定效应回归结果；模型（1）、模型（3）是单一门槛回归，模型（2）、模型（4）是双重门槛回归。回归结果如表4-3所示。

在表4-3中，模型（1）、模型（2）、模型（4）回归结果显示，人均GDP与城市工业密度呈显著正相关关系，市场潜力每提高10%会导致城市产业密度提高0.8%~2.7%；模型（3）中市场潜力对产业密度的影响不显著。特别的，控制了时间固定效应后，市场潜力的回归系数明显降低。

---

① 剔除数据缺失两年或两年以上的城市：朔州、包头、乌海、呼伦贝尔、齐齐哈尔、宿迁、铜陵、滁州、池州、巢湖、南昌、景德镇、萍乡、九江、新余、鹰潭、赣州、吉安、宜春、抚州、上饶、珠海、河源、阳江、中山、潮州、云浮、三亚、自贡、眉山、雅安、普洱、拉萨、延安、嘉峪关。

表 4-3　　回归结果

解释变量	模型（1）	模型（2）	模型（3）	模型（4）
mp	0.254***	0.273***	0.033	0.082***
	(0.024)	(0.024)	(0.028)	(0.027)
IK	0.018	0.010	0.007	-0.000
	(0.014)	(0.015)	(0.013)	(0.013)
IL	0.027*	-0.019	0.010	-0.017
	(0.016)	(0.017)	(0.015)	(0.015)
CS	0.328***	0.458***	0.203***	0.250***
	(0.453)	(0.029)	(0.041)	(0.027)
EP	0.009	-0.016*	0.020**	0.021**
	(0.009)	(0.009)	(0.008)	(0.008)
LP	0.059***	0.079***	-0.069***	-0.158***
	(0.019)	(0.021)	(0.022)	(0.022)
IU	-0.336***	-0.406***	-0.233***	-0.383***
	(0.032)	(0.027)	(0.029)	(0.025)
BF	-0.003	0.025	-0.090***	-0.054***
	(0.023)	(0.021)	(0.021)	(0.020)
TT	0.004	0.014	0.026	0.049***
	(0.019)	(0.018)	(0.018)	(0.016)
IN	0.261***	-0.235***	-0.006	0.046**
	(0.015)	(0.016)	(0.018)	(0.019)
PT	0.023	-0.039	0.059	-0.095**
	(0.047)	(0.045)	(0.042)	(0.040)
PB	-0.131***	-0.077***	-0.076***	-0.088***
	(0.026)	(0.022)	(0.024)	(0.021)
*policy*_ 1	-0.040***	0.065**	-0.088***	0.031
	(0.015)	(0.033)	(0.014)	(0.030)
*policy*_ 2	0.040***	-0.057**	0.008*	-0.093***
	(0.004)	(0.023)	(0.004)	(0.017)
*policy*_ 3		0.038***		0.018***
		(0.005)		(0.005)
Constant	10.457***	9.949***	11.294***	11.504***
	(0.255)	(0.481)	(0.253)	(0.227)
时间固定效应	不控制	不控制	控制	控制
第一门槛值	-1.995	-2.097	-1.988	-2.097
第二门槛值		-2.025		-1.988
R-squared	0.552	0.491	0.646	0.586

注：①***、**和*分别表示在1%、5%、10%的统计水平上显著；②解释变量对应括号内为t检验值；③AR（2）、Sargan、Hansen检验对应的括号内数值为其p值。

从门槛变量的回归结果来看，第一门槛值在 -2.097 到 -1.995 之间。单一门槛模型（1）、模型（3）中，低于门槛值时 *policy* 的回归系数为负，高于门槛值时 *policy* 的回归系数为正；双门槛模型（2）、模型（4）中，当产城融合水平跨过第二门槛值时，*policy* 回归系数由负转为正。综合可知，产城融合度以 0.136 左右为门槛，低于这一门槛值时，地方政府对产业的偏向政策会显著降低城市产业密度；高于这一门槛值时，地方政府对产业的偏向政策会显著提高城市产业密度。地方政府政策扭曲的门槛效应显著，这一结果证实了理论部分的命题，与图 4-2 模拟结果相符，说明对于产城融合水平较低的城市，地方政府的产业优惠政策效果不理想，依然难以吸引产业入驻；对于产城融合度较高的城市，对产业发展的优先政策更为有利。

此外，控制变量的回归系数显示，模型（3）、模型（4）中，城市道路人均占有面积（*BF*）与城市产业密度呈显著负相关关系，这说明提高道路面积虽然减少了通勤成本，但同时稀释了可用于产业发展的土地资源，所以总效应为负；*CS* 系数显著为正，表明城市常住人口越多的城市，拥有更高密度的产业，规模经济效应明显；*IU* 系数显著为负，即第三产业比重越高的城市，工业密度会越低；*IN* 系数显著为正，即信息化水平越高，可以提高工业密度。

为保证回归结果的稳健性，本书选取城市土地“招拍挂”出让面积与协议出让面积之比 *ZXR* 作为核心解释变量 *policy* 的替代变量进行稳健性检验。回归结果显示在表 4-4 中。受篇幅所限，控制变量的回归系数未包括在此表中。

表 4-4　　稳健性检验结果

因变量	单一门槛	双重门槛
mp	0.035 (0.030)	0.055* (0.031)
*policy*_ 1	-0.095*** (0.016)	-0.085*** (0.018)
*policy*_ 2	0.001 (0.005)	0.001 (0.054)
*policy*_ 3		0.145*** (0.042)
Constant	11.293*** (0.263)	11.329*** (0.236)
第一门槛值	-1.988	-1.978
第二门槛值		-1.071
R - squared	0.642	0.559

注：***、* 分别表示在 1% 和 10% 的统计水平上显著。

表4－4中稳健性检验的结果显示，在另外选取了核心解释变量的指标之后，市场潜能与城市产业密度依然呈正相关关系，但单一门槛模型中回归系数不显著。在选用两类出让土地之比这一替代变量后，结论较为稳健。单一门槛模型回归结果显示，第一门槛值回归系数为负，为－1.988，结果显著；高于门槛值时则回归系数为正，不过不显著。双重门槛模型中，门槛值分别为－1.978和－1.071。产城融合度低于第一门槛时，系数为负；高于第二门槛时，系数显著为正。稳健性检验与表4－3回归结果基本一致，证实了命题的结论。

第五章

产城融合综合评价模型的构建

第一节 产城融合评价的内涵与功能

一、产城融合评价的内涵

根据前文对产城融合定义的界定，新型城镇化进程中的产城融合主要涉及产业、城市、人口三大基本要素，本部分将从产城融合内涵中的产业支撑、人本导向和城镇化功能匹配三个方面进行综合评价。产业支撑是产城融合的基础，通过优化三次产业结构、推进产业能级提升、深化产业内涵，加强产业对城市发展的支撑和引领作用。产业支撑是衡量一个城市产业发展结构、规模和经济增长情况的指标。人本导向主要针对在中国城镇化进程快速推进的过程中，城市规模的快速扩张与产业配套、人口集聚等方面协调问题不断，从而出现了新城区产业空间与劳动力居住空间上的巨大跨越，导致职居分离现象十分突出。人本导向是从过去的“功能导向”到现在的“人本导向”的一种转向回归，是对人、环境和社会关系的重新认识和合理组合，以实现最大社会效益的驱动。其中，人是产业和城市之间有效互动和融合上升的关键连接点，人本导向反映了居住人群与就业人群结构的匹配状况。城镇化作为产业集聚和人口集聚的空间载体，为产业集聚与人口集聚创造了空间，伴随着城镇化进程的推进，将进一步促进产业与人口的集聚，产业要素、人口要素与城镇化进程通过经济、社会、文化和环境等方面深度融合，形成一种交互影响、相互促进和共同发展的动态协调系统。城镇化功能匹配就是城市发展要与产业发展和人口集聚有相对应的匹配度，主要是指产业发展、人口集聚和城市发展的空间耦合以及产业功能、人口集聚功能和城市功能之间的契合，以此建立有机单元之间的联系，建立与城市发展相匹配的产业体系和人口集聚体系，主要体现在公共服务、基础设施、空间环境等相互匹配方面。

为此，本书将产城融合评价的内涵界定如下：以是否提升产城融合度为准则，以评估考察城市或区域的产业支撑融合度、人本导向融合度、城镇化功能匹配融合度为主要内容，以理论模型和数学方法相结合的测评工具为手段，对不同空间尺度的产城融合度进行定量化测量的科学行为。

二、产城融合评价的功能

产城融合评价研究，就是要把产城融合过程中复杂的问题和因素简单化，使其以数量的形式表现出来，是政府为了解产城融合状况所做的评估，从而为产城融合现状和发展方向提供依据和指导。产城融合评价主要应实现以下功能：

（一）评估考核

产城融合是对产业和城市（镇）存在状态的抽象描述，同时由于产城融合涉及的内容广泛，使得我国产城融合水平不易被直接观察到，尤其是对产城融合的程度更是难以进行定量描述。为此，产城融合评价的基本功能就是评估考核功能，即为区域、城市了解自身产城融合状况的测评提供工具。本研究在清晰界定了产城融合内容、产城融合评价内涵的基础上，构建了我国产城融合的评价指标体系，并在借鉴耦合协调度模型的基础上构建了基于区域差异性条件的我国产城融合评价模型，从而实现不同区域间、不同空间尺度下产城融合水平的可比性，为区域差别化调控与数字化管理提供科学方法。

（二）决策指导

在中国城镇化快速推进的过程中，伴随着城市规模的不断扩大，一系列的问题日渐显现和突出，如出现了中心区—外围区—郊区的功能分化，就业空间、产业空间及其居住空间三者由混杂趋于相互分离，由此导致结构失衡、职居分离和“产城分离”现象十分突出，城市“空心化”等问题亟待妥善解决。因此，通过综合评价、横向比较、纵向比较和影响指标分析等途径，甄别出产城融合过程中的关键指标和重要影响因素，了解我国产城融合的总体水平，不仅要为城市、区域了解产业和城市融合发展过程提供一个定量化结果，更要从评价中明确各地区产城融合的差距和改进方向。同时，产城融合评价可为地方政府制定切实可行的产城融合战略提供科学依据和参考。

第二节 产城融合评价指标体系构建

一、指标体系构建的基本原则

指标这一概念是在人们追求对事物客观有效评价的过程中逐渐产生的，对于某些难以直接用语言表达、概括、形容其发展状态的事物，人们希望通过选择间接的多维度的指标建立一个具有共同指向性的体系，借助某一种或者某几种统计方法，实现对事物全面客观的量化分析。如今，评价指标体系的构建已经成为实现对事物科学有效评价、实现对事物科学认识的基础，也成为实现对事物量化分析的主要途径和手段。需要说明的是，指标体系的实际效用不宜被无限夸大，没有哪一个指标体系能够做到百分之百地客观全面反映所评价事物的内在本质，或者百分之百地契合其当前的发展状态和水平。我们所能做的只是尽可能地提高评价过程的科学性，尽可能地提高评价结果的有效性，尽可能地为评价对象制定未来发展政策提供有价值的参考。对于产城融合的进行综合评价而言，如何结合产城融合的基本规律以及自身特性、时代特征，进行综合考虑，全面统筹，从评价指标体系构建的基本原则出发，力争建立起科学、全面、可行的指标评价体系，实现对产城融合的科学客观评价，是本书量化产城融合水平的第一步，这既是本书的一个重点，同时也是一个难点。

（一）科学性原则

就事物的科学性自身概念而言，其主要是指所研究事物相关的概念、内在机制、特征等内容的叙述是否明确、清晰，在领域内的研究与应用是否实现自身专有名词的构建以及在不同文献中是否实现统一表述。科学性原则是评价指标体系构建所需要遵从的最基本也是最重要的原则，其直接影响着评价指标体系的有效性以及最终评价结果的价值。因此，在指标选择的过程中，应该尽可能地通过采取各种方法和手段、措施对指标进行筛选，使得最终保留的指标能够全面地反映所要评价的事物。为了实现指标体系构建的科学性，必须清楚地界定所要研究事物的本质内涵，围绕评价目标的内在特征展开指标的选择与数据的获取。相比较于评价指标体系早期的研究，除了每个指标均应该保证概念清楚、内涵明确之外，目前关于评价指标的选择以及不同指标所应该被赋予的权重往往更倾向于通过量化研究的手段实现其科学性。

（二）可行性原则

可行性原则是在保证科学性原则的基础上，评价指标体系构建所需要遵从的另一关键原则。任何评价指标体系，如果只具有科学性，但在具体操作过程中，由于数据可获取性、研究方法不匹配等原因而无法正常操作，则再科学的评价指标体系都是中看不中用的“花架子”。由此，在建立指标评价体系的过程中，必须兼顾科学性与可行性原则，实现理论上的科学性与实践上的可操作性相结合。评价指标体系的可行性主要体现在两个方面。一方面，所建立的指标体系应该具有一定的持续性。毋庸置疑，经济在发展的不同时期会体现出不同的特征，但整体上基本具有一定的稳定性和规律。由此，在指标体系建立的过程中，应该选择具有一定稳定性，并能够最大程度上反映评价对象的本质，在相对较长时期内满足科学研究需要的指标。同时，应保证不影响评价结果全面、准确性的前提下，尽可能地减少指标数量，力争实现在最简基础上对事物的最佳评价。另一方面，所选择的指标其数据应具有可方便获得性，或者对于间接指标具有数据的可量化性，以满足在量化分析过程中对数据无量纲的要求。如果有一个非常优质的指标，但其数据获得需要花费大量的人力、物力、财力。我们就应该考虑寻求可替代指标。

（三）系统性原则

任何事物都不可能通过一个单一的指标实现对其本质的评价。因此，在评价指标体系构建的过程中，就不能只考虑某一个单一因素，而必须根据评价对象的特点建立系统的评价指标群，群内指标既要保证独立性，同时又要保证指标间的协调性，互相补充、制约，不重复，从而形成一个系统的评价指标体系。评价指标体系的系统性是评价指标体系科学性的重要体现，一般而言，指标体系具有一定的层级结构，从最初的难以量化的维度不断细化出初级的若干大指标，到能够实现数据获取的小指标，最后形成一个系统的树状评价结构，一方面实现最终数据的有效获取，另一方面有助于权重因素的考虑，更加全面地体现评价体系的科学性，促进对事物的深入评价。

建立在科学性、可行性、系统性原则基础上的评价指标体系，能够大大提高对事物评价的有效性，为后续研究奠定坚实的基础。

二、指标体系构建的理论方法

为了更好地遵循评价指标体系构建的科学性，本书力争从基础理论出发，寻求更科学的方法，以实现对被评价对象的有效评价。

（一）理论方法的选择

在关于评价指标体系构建方法的理论研究中，学术界已经广泛采用了各种方法，如文献研究法、德尔菲法、头脑风暴法，等等。在某些研究中，有的学者在定性分析寻找评价指标的同时，还选择了定量的指标体系构建方法。在关于指标权重的设置方面，较为普遍采用的是层次分析法。文献研究法具有一定的传承性，后来学者们对某一研究主题的评价指标选择与指标体系构建主要是参考同一研究领域的相关学者在其研究中所使用的指标。一般而言，主要通过某些指标的出现频率来判断其评价的有效性，使用频率越高，说明指标对评价主题的说明性越好，应该选择进入本书的评价指标体系；反之，若某指标使用的频率较低，可能具有一定的偶然性或者其出现文献研究背景的特殊性，则应该考虑这种指标可能并不适合本书的指标评价体系，应该剔除。德尔菲法则是一种主观性相对较强的指标体系构建方法，这主要体现在指标选择的过程上。一般而言，在确定评价主体之后，通过匿名且不交叉的背靠背方式，对所选定的专家进行单独的多轮的意见咨询，调研组对所有专家的反馈意见进行整理归纳，并再次反馈给每一位专家，供其分析、参考，从而给出新的指标选择以及指标体系构建意见。如此反复，从而最终实现专家意见的逐步趋同，提高指标选择的可靠性以及指标体系的科学性和有效性。德尔菲法虽然建立在专家个人意见的基础上，但由于其同时综合考虑了多个不同专家的意见，在没有正面交流讨论的情况下避免了彼此相互影响，实现意见的趋同，在一定程度上也提高了评价指标体系的客观性。头脑风暴法是由美国创造学家亚历克斯·奥斯本在1953年正式提出并使用的一种激发性思维方法。这种方法主要考虑了在群体决策当中，由于成员之间的相互影响，成员容易屈从于权威人物或者绝大多数人的意见，从而限制了整个群体创造性思维的发挥，削弱了群体思维的创造力，最后降低了群体决策的品质。由此，提出头脑风暴法，通过联想反应、热情感染、竞争意识和个人欲望，实现人脑思维的创造性激发。头脑风暴一般以会议的形式展开，设主持人，参与者各抒己见，不受约束。但对所有参与者要求其具有较高的联想思维能力，通过风暴之后，形成一定的思维共振，从而形成集体创造的终极结果。

（二）理论方法下的指标选择

本书评价指标选择主要使用了文献研究法以及头脑风暴法。在搜集大量国内外关于产城融合评价研究文献的基础上，对其所使用的评价指标进行综合整理归纳，融合作者的研究思想，提取产城融合评价的一级指标以及所给出的二级、三级指标（结果见表5-1），再通过课题组成员之间的多次反复讨论，最终确定本研究的产城融合评价指标体系。针对一级指标，在相关文献查阅的过程中发现，新型城镇化背景下产城融合的发展主要涉及产业、城市、人口三大基本要素，且产业、城市（镇）和人口均为综合性指标，各自发展水平的衡量指标有很多，但是以往研究指标体系中鲜见将产业、城市（镇）和人口结合起来表征产城融合状况的评价体系。由于对产城融合认识与理解的不同以及受数据可获得性限制，表征产城融合的指标体系研究仍显不足。本书试图从产城融合的三大主体——产业、城市、人入手，分别将其设置为产业支撑指数、城镇化建设指数、人口集聚指数三大一级指标，结合产业、城市、人的要素特征，综合考察大量中外产城融合研究文献，对相关二级指标进行综合筛选。作者在此过程中发现，有些指标在不同的一级指标项下具有一定的交叉性，针对这种情况，为了更好地实现指标体系的科学性、实用性，本书对可能存在相关性的指标进行了相关性分析，力求达到指标体系的合理性。本书初步建立的产城融合评价指标体系如表 5－1 所示。

表 5－1　　初建的产城融合评价指标体系

评价目标	一级指标	二级指标	三级指标
产城融合发展评价指标体系	产业支撑指数	发展规模 产业结构	单位面积生产总值 单位面积固定资产投资额 人均财政收入 单位面积工业总产值 GDP 增长率 每单位建成区土地面积产值 规模以上工业总产值 第三产业产值占 GDP 比重 第二产业产值占 GDP 比重
	城镇化建设指数	经济城镇化 空间城镇化 社会城镇化	全社会固定资产投资额 建成区面积 城市人口密度 国际互联网上网人数 拥有职业医师数 拥有床位数 城镇人口占总人口比重 第三产业从业人员比重 人均城市道路面积 每万人拥有公共汽车数 城镇登记失业率 每百人公共图书馆藏书 城镇生活垃圾无害化处理率 人均公园绿地面积 建成区绿化覆盖率 城镇地均 GDP 城镇居民恩格尔系数

续表

评价目标	一级指标	二级指标	三级指标
产城融合发展评价指标体系	人口集聚指数	人口结构 人口素质 收入水平	人口自然增长率 城镇居民人均可支配收入 非农就业人口占总就业人口比重 每万人在校大学生数 教育支出占城市财政支出比重 人均社会消费品零售额 金融机构居民储蓄存款余额

三、指标体系构建的实证强化

上述指标体系主要是通过文献的总结以及课题组成员之间的反复讨论确定下来的，文献研究法下所选择的指标由于主要是通过考察其在相关研究中使用的频率而纳入进来的，比较而言具有一定的客观性和较高的科学性，对于某些课题组成员通过头脑风暴法确定的指标则具有相对较强的主观性。因此，为了保证本书的科学性以及大样本条件下数据的可得性，从而提高整个评价指标体系的可行性，参考学术界选择评价指标的方法，作者选择隶属度分析、相关性分析等方法对指标的有效性进行测度，力争筛选出既简单又有效的评价指标体系。

（一）指标体系的隶属度分析

隶属度属于模糊评价函数里的概念，其最初是由美国加利福尼亚大学 L. A. Zadeh 教授提出来的。他指出，对于研究范畴 U 中的任一元素 x，都会有一个数 A（x）∈［0，1］与之相对应，则将 A 称为 U 上的模糊集，A（x）则表示元素 x 对模糊集 A 的隶属度。隶属度 A（x）越接近于 1，表示元素 x 隶属于模糊集 A 的程度越高，从指标的层面来讲，即意味着该指标更为重要，应该列入指标体系。隶属度 A（x）越接近于 0，则表示元素 x 隶属于 A 的程度越低，从指标的意义方面来看，说明其对评价事物的说明性较小，应该考虑剔除。因此，本书选择应用隶属度分析对相关指标进行重要程度的测量，实现最佳指标的选择。模糊综合评价能够对受到众多因素影响的事物做出更为全面的评价，从而为事物本质和现象的分析奠定基础。

依照隶属度分析方法，将产城融合评价指标体系看成是模糊集 A，那么其中的每一个评价指标即为一个元素 x。以调查问卷的形式向目标群体发放指标评价体系，并要求其根据具体的说明对认可的指标进行选择，回收后，对其进行统计，如果数量共计为 T 的被调查者中，在某一项指标 k 上共计有 Nk 人次数量的选择，那么，作者认为，共有 Nk 位专家认为该指标 k 能够较好地实现对评价目标的解释，则这一指标 k 的隶属度为 Nk/T，这表明指标 k 在 Nk/T 的程度上隶属于评级指标体系的模糊集 A。如果这一隶属度足够大到满足本书关于隶属度项下指标选择的分界数值要求，则将其保留在指标体系中，反之，则将其剔除。

本书隶属度分析的基础数据主要通过调查问卷的方式获得，且作者所选择的被调查对象主要是在产城融合或者产业与城市发展相关研究以及实际发展方面具有一定理论背景与研究基础的高等院校从事科研与教学的人员，他们普遍具有副教授、教授职称或者具有博士学位，或者直接从事城市与产业规划的政府职能部门相关人员，最大程度上保证了被调查者对相关指标的有效认知。尽管从个体角度出发，对不同指标的选择具有在一定的主观性，但调查问卷的数量能够在一定程度上弥补这一缺陷，增强客观性。作者充分通过各种网络平台向被调查者发放名为“中国产城融合评价指标体系”的问卷。最终统计通过网络邮件、QQ、微信等各种渠道发放电子问卷 436 份，另发出纸质版问卷 64 份，共计 500 份。最终回收电子版问卷 392 份，纸质版问卷 64 份，共计 456 份，其中有效问卷 404 份，回收率达到 91.2%，有效问卷回收率为 80.8%。较高的问卷回收率以及有效问卷率从客观上说明了本书被调查对象的选择具有良好的针对性，对待问卷具有严谨的态度。另外，为了确定指标是否属于指标体系这一模糊集，特别选定 0.25 作为隶属度的分界点，即隶属度大于 0.25 的指标入选指标体系，隶属度小于 0.25 的指标被剔除。从而最终得到产城融合评价指标体系如表 5－2 所示。

（二）指标体系的相关性分析

在对所有指标的隶属度分析后所得到的产城融合评价指标体系中，为了确定各指标之间是否具有明显的相关性，降低指标的重复性，实现指标体系的简明实用性，对上述可能存在较强相关性的指标进行必要的相关性分析。具体指标为：每单位建成区土地面积产值与单位面积生产总值、拥有床位数与拥有职业医师数、城镇地均 GDP 与人均 GDP，具体分析过程以各省会、直辖市城市 2014 年各指标的相关数据为对象进行，并选择运用 SPSS19.0 计算各指标之间的 Person 相关系数，选择 $\alpha=0.05$ 的显著性水平，最终得到各指标间的相关系数如表 5－3 所示。

表 5－2　　产城融合评价体系各指标隶属度

<table>
<tr><th>评价目标</th><th>一级指标</th><th>二级指标</th><th>三级指标</th><th>隶属度</th></tr>
<tr><td rowspan="3">产城融合发展评价指标体系</td><td>产业支撑指数</td><td>发展规模
产业结构</td><td>每单位建成区土地面积产值
规模以上工业总产值
第三产业产值占 GDP 比重
第二产业产值占 GDP 比重
单位面积生产总值</td><td>0.376
0.481
0.301
0.327
0.298</td></tr>
<tr><td>城镇化建设指数</td><td>经济城镇化
空间城镇化
社会城镇化</td><td>人均 GDP
人均全社会固定资产投资额
建成区面积
城市人口密度
国际互联网上网人数
拥有职业医师数
拥有床位数
城镇地均 GDP</td><td>0.476
0.492
0.354
0.330
0.410
0.309
0.251
0.276</td></tr>
<tr><td>人口集聚指数</td><td>人口结构
人口素质
收入水平</td><td>非农产业就业人口占总就业人口比重
每万人在校大学生数
教育支出占城市财政支出比重
人均社会消费品零售额
城镇居民人均可支配收入</td><td>0.447
0.316
0.432
0.371
0.490</td></tr>
</table>

表 5－3　　指标之间的相关性分析

<table>
<tr><th>评价目标</th><th>一级指标</th><th>三级指标</th><th>相关性</th><th>显著性</th></tr>
<tr><td rowspan="3">产城融合评价指标体系</td><td>产业支撑指数</td><td>每单位建成区土地面积产值
单位面积生产总值</td><td>0.436</td><td>0.003</td></tr>
<tr><td rowspan="2">城镇化建设指数</td><td>人均 GDP
城镇地均 GDP</td><td>0.525</td><td>0.014</td></tr>
<tr><td>拥有职业医师数
拥有床位数</td><td>0.417</td><td>0.007</td></tr>
</table>

对比各指标的隶属度，每单位建成区土地面积产值（0.376）高于单位面积生产总值（0.298），人均 GDP（0.476）高于城镇地均 GDP（0.276），职业医师数（0.309）高于拥有床位数（0.251），因此，剔除单位面积生产总值、城镇地均 GDP、拥有床位数三个指标，最终得到产城融合评价指标体系（见表 5－4）。

表 5－4　　　　产城融合评价指标体系①

评价目标	一级指标	二级指标	三级指标
产城融合评价指标体系	产业支撑指数	发展规模 产业结构	每单位建成区土地面积产值（X_1） 规模以上工业总产值（X_2） 第二产业产值占 GDP 比重（X_3） 第三产业产值占 GDP 比重（X_4）
	城镇化建设指数	经济城镇化 空间城镇化 社会城镇化	人均 GDP（X_5） 人均全社会固定资产投资额（X_6） 建成区面积（X_7） 城市人口密度（X_8） 国际互联网上网人数（X_9） 拥有职业医师数（X_{10}）
	人口集聚指数	人口结构 人口素质 收入水平	非农产业就业人口占总就业人口比重（X_{11}） 每万人在校大学生数（X_{12}） 教育支出占城市财政支出比重（X_{13}） 人均社会消费品零售额（X_{14}） 城镇居民人均可支配收入（X_{15}）

其中一级指标为产业支撑指数、城镇化指数、人口集聚指数。产业支撑指数由产业发展规模和产业结构来衡量。其中产业发展规模通过每单位

① 由于受数据可获得性限制，在不同空间尺度的产城融合评价中，评价指标略有调整，其中市域尺度指标中的“城镇居民人均可支配收入”由“金融机构居民储蓄存款余额”代替；县域尺度指标中的“每单位建成区土地面积产值”由“第二、三产业产值占 GDP 比重”代替；“建成区面积”由“境内公里里程”代替；“国际互联网上网人数”由“移动电话用户数”代替；“每万人在校大学生数”由“中等职业学校学生人数”代替；增加“第二、三产业从业人员比重”“人均地方财政一般预算收入”“社区服务设施数”“人均城乡居民储蓄存款年末余额”“城镇居民每万人拥有汽车数量”等 5 个指标。

建成区土地面积产值和规模以上工业总产值来表征。产业结构通过第二产业产值占 GDP 比重和第三产业产值占 GDP 比重来表征。城镇化建设指数主要由经济城镇化（Henderson，2003）、空间城镇化（温涛，2015 ）、社会城镇化（Zhang，2003）来衡量。其中经济城镇化是指农村经济向城市经济转化的过程和机制，是城镇化的动力。在兼顾经济结构、经济发展和经济外向型的基础上，主要通过人均 GDP 和人均全社会固定资产投资额来表征。空间城镇化是城市的空间扩张，农用地或未利用地不断转换为建设用地，同时，城市土地的集约利用水平和土地利用效率不断提高，主要通过建成区面积和城市人口密度来表征。社会城镇化是人们的生产生活方式转变及公共服务均等化和基础设施水平提高的过程，注重城镇化质量的体现，主要通过国际互联网上网人数和拥有职业医师数来表征。人口集聚是指一定地理区域内的部分甚至全部人口向该区域的一个或多个特定单元汇集的现象、过程及趋势，衡量人口集聚水平的指标主要有人口结构（Li，2015）、人口素质（Zhou，2003）、收入水平（Peng，2006）。其中人口结构通过非农产业就业人口占总就业人口比重来表征；人口素质通过每万人在校大学生数和教育支出占城市财政支出比重来表征；收入水平通过人均社会消费品零售额和金融机构居民储蓄存款余额来表征。整个指标体系由 3 个一级指标，8 个二级指标，15 个三级指标组成，这 15 个三级指标虽然在数量上并不是相关研究文献中最多的，但却在满足省域、市域、县域不同空间尺度下研究目标的同时，保证在大样本（285 个城市）条件下，尤其是在某些城市数据统计不完善情况下，所有指标数据获取的全面性，使得评价结果更客观、全面地反映我国产城融合的实际情况。

四、指标体系的信度与效度检验

信度（Reliability）与效度（Validity）是所有关于测量评价的重要问题。二者相互结合考察针对研究对象所设计的评级指标体系的有效性与稳定性。信度主要侧重考察评价体系或指标能否真实反映评价对象的可靠性或一致性，信度的范围为 0 ~ 1，且信度越高，认为评价结果越可靠，越稳定。效度即有效性，它是指测量工具或者评价指标能够准确测出所需测量的事物的程度。从二者的关系上来看，信度并不是效度的充分条件，但是效度高的同时，也一定具有高信度，反之则不然。对信度和效度的分析的必要性及重要意义在于，即使是学界已经普遍接受和认可的完善成熟的评价体系，也会由于经济背景的变化或者其他因素的变化而导致量表信度和效度的变动。因此，为了更好地提高评价指标体系的科学性，作者对评价体系的信度和效度进行了检验，以确保研究基础的科学性。

（一）指标体系的信度检验

信度检验的方法有很多，作者主要选择内部一致性信度检验对产城融合评价指标体系进行可靠性和稳定性测评，从而进一步确定产城融合评价指标体系的可靠性。具体采用克劳伯克（Cronbach）α 系数来判定产城融合水平评价指标体系的内部一致性信度，称为 Cronbach's α 系数，一般而言，信度的划分标准如表 5－5 所示。

表 5－5　　Cronbach's 系数标准范畴

Cronbach's α 系数	可信程度
$\alpha \leqslant 30$	不可信
$30 < \alpha \leqslant 40$	勉强可信
$40 < \alpha \leqslant 50$	稍微可信
$50 < \alpha \leqslant 70$	可信
$70 < \alpha \leqslant 90$	很可信
$\alpha > 90$	十分可信

Cronbach's α 系数具体计算公式如下：

$$\alpha = \frac{n}{n-1}\left(1 - \frac{\sum \delta_{x_i}^2}{\delta_x^2}\right)$$

式中，n 为所构建指标体系中指标的具体数量，δ_{x_i}是第 i 个指标的标准差，$\delta_{x_i}^2$是第 i 个指标的方差，δ_x 是所有指标总得分的标准差，δ_x^2 是所有指标总得分的方差。一般研究认为，对于所考察的指标体系，其 Cronbach's α 系数超过 0.50 以上就认为具有可信性。但为了提高指标体系的科学性，在具体应用过程中，范柏乃（2008）在关于公共管理研究与定量分析方法的研究中指出，Cronbach's α 系数最好超过 0.80，如果 Cronbach's α 系数处于 0.70～0.80，也可以接受。结合本研究（表）对 Cronbach's α 系数的，选择 Cronbach's α 系数 0.70 作为分界点，只要 Cronbach's α 系数大于 0.70，就认为其信度可以接受。

为了实现对产城融合评价指标体系的一致性信度检验，作者选择

2014 年中国 285 个城市的数据，对其进行软件运算，从而得出产城融合中产业支撑指数、城镇化建设指数、人口集聚指数的内部一致性信度，具体见表 5－6。

表 5－6 中国产城融合评价指标体系内部一致性信度 Cronbach's α 值

评价体系	产业融合指数	城镇融合指数	人口融合指数
Cronbach's α 值	0.793	0.765	0.731

由表 5－6 所得结果，中国产城融合评价指标体系中所设立的产业融合指数、城镇融合指数、人口融合指数的 Cronbach's α 值分别为 0.793、0.765、0.731，均超过 0.70 的设定值，因此推断本书所构建的关于中国产城融合水平的评价指标体系内部结构上具有较为可信的一致性，满足评价指标体系构建的基本理论要求，具有一定的科学性。

（二）指标体系的效度检验

与信度相比，指标体系的效度检验更能够反映指标体系的科学性，效度的最终结果也与研究的最终目标关系更为密切，只有当理论研究与测试的最终结果与最终目标相符合时，相关的研究才有效。因此，效度实际上反映了研究对目标实现的相对程度。也正是因为效度的这一本质内涵，将效度应用在对评价指标体系的科学有效性测度上，有助于实现对研究目标的有效评价。效度一般有三个类型——内部效度、外部效度和构思效度。内部效度通常用来形容研究对象的自变量与因变量之间在多大程度上存在着明确的关系。如果其他变量或者因素的变化不会改变研究对象自变量和因变量之间的关系，则认为对研究对象的研究具有内部效度。外部效度则普遍用来考察该项研究成果的同领域或类似领域的普遍适用性，也就是说，如果该项研究结果具有较高的普遍适用性，则其具有较高的外部效度。构思效度则往往涉及理论研究的假设问题，其主要考察理论假设的科学性与合理性以及作为研究目标的理论假设的可操作性。本书主要选择内部效度来考察评价指标体系的有效性和科学性。在具体运用的过程中，往往采用专家经验判断的主观方法，最终判定评价对象与相关指标之间是否吻合，通常运用“内部效度比”（用 *CVR* 表示）进行相关的运算，公式如下：

$$CVR = \frac{n_e - \frac{n}{2}}{\frac{n}{2}}$$

式中，n_e 代表所有的专家中，认为指标积极反映了研究对象的专家数量，n 则为参与评定的所有专家的数量。

针对“中国产城融合评价指标体系”问卷的相关人员，特意选择其中进行纸质版调查的 64 位专家学者进行评价指标体系的内部效度测评，并将结果进行运算，最终得出，中国产城融合评价指标体系中产业支撑指数、城镇化建设指数与人口集聚指数的内部效度分别为 0.782、0.794、0.683。从整体来看，本书关于中国产城融合的评价指标体系具有较高的内部效度。

第三节 产城融合评价模型构建

一、评价指标体系的权重设计

（一）指标体系权重设计的方法

在针对评价对象所建立的评价体系中，各个评价指标所发挥的影响力并不相同。这就需要在具体评价过程中，充分考虑每一个指标在评价指标体系中的地位和作用，并依据其重要性差异，赋予不同的权重。同一指标不同权重的设置，会使得评价结果截然不同。因此，科学的评价体系建立和指标权重赋予对提高研究结果的有效性意义重大。在关于指标权重确定的研究中，凡是涉及对事物进行综合评价的研究文献基本都有涉及，总体归纳来看，具体使用的方法无非是主观法和客观法，或者是主观与客观相结合的方法。一般说来，在指标体系构建过程中适用的方法在指标权重确定中同样适用。

所谓权重确定的主观方法，主要是对定性问题通过指标权重确定实现定量化分析的方法，专家打分法是其中之一。主要是选择相关领域的专家，并依据专家自身的经验对指标的重要性进行判断，从而针对不同的指标给出相应的权重。这种方法的特点是简单方便，成本较小，用时相对较短，计算方法也相对比较简单，能够将可以进行定量运算的项目和无法进行定量运算的项目都考虑在内。但由于完全依据专家的自身经验对指标应该被赋予的权重进行判断，专家对问题的理解以及自身经验的丰富程度会对最终权重确定产生直接的影响，也会直接影响着最终结果的科学性和有效性。因此，一般而言，在采取主观方法确定指标权重时，专家的选择以及专家数量的确定至关重要，数量太少，往往无法实现指标权重的公认性和权威性，无法实现集思广益的目的；数量太多，则往往会出现指标权重设置的重大意见分歧，无法实现指标权重的集中代表性。一般在主观法确定指标权重时，专家的数量控制在 10 位左右。主观权重确定的专家打分法有很多，如德尔菲法、层次分析法等。相比较于主观权重的确认方法，客观性的指标权重赋予方法不存在主观上的随意性，具体采用客观权重赋予的相关方法，如熵值法、主成分分析法、方差法、标准离差法、因子分析法等。此类方法要求研究人员在对评价对象有深入了解的同时，也对其数学、统计方面的知识提出了更高的要求。由于采取客观方法对指标权重进行确定，建立在数学推导基础之上的分析过程逻辑严谨，理论上而言，其评价结果往往容易被大家接受。但实际上，在其具体的使用过程中，一方面应用在研究中的时间并不长，整体完善性有待提高。更为关键的是，其分析过程所需要的原始数据的获得和处理在科学性方面还有待达成进一步共识。此外，在具有更强主观性的社会问题等方面，客观的指标权重赋予方法的科学性往往要弱于主观权重赋权法。由于主观赋权法和客观赋权法存在的缺陷和优势，学术界希望将二者进行结合使用，实现彼此补充，提高指标权重设置的科学性，进而提高评价结果的科学性和有效性，这种方法就是主客观综合赋权法。相关的应用也有文献资料可查。从理论层面分析来看，由于结合了主观与客观赋权法的优点，对提高指标权重的科学性具有一定的作用，这也是这种方法设置的初衷。但两种方法的结合也不可避免地具有两种方法的缺陷，尤其是针对一些并不适合采取主观赋权法或者是客观赋权法的评价对象而言，强行将两种方法结合在一起使用，就相当于画了一只“纸老虎”，外强中干，经不起推敲，可靠性值得商榷。

由于各种指标权重的赋权法都具有自身的优缺点，因此，在具体选择过程中就要求研究人员结合自身的特点，充分认识评价对象的本质，选择适合的指标权重赋予办法，尽可能实现科学有效的评价。

（二）指标权重设计的方法选择

产城融合评价指标之间存在着非常紧密的关系，因此，本书选择客观赋权法，客观赋权法通过指标数据的内在信息得到指标权重，抹平了指标关联对指标权重的影响，使赋权科学、准确。进而，本书采用熵值法。熵值法是一种客观赋权法，它根据来源于客观现象的众多信息，通过分析各指标间的联系程度及指标所提供的信息量来客观地决定各指标权重，可在一定程度上避免目前一些综合评价方法中存在的因主观赋权所带来的指标权重偏差。而且，本书有省级、市级、县级等不同空间尺度的评价对象，样本量巨大，完全满足熵权法计算的要求，具备选用熵值法确权的基本条件。

熵最早来源于热力学，它在热力学中是用来说明运动过程不可逆性的物理量，像温度、体积一样，熵是物质系统状态的一个函数，把它理解为不确定性程度的度量，就容易得多。在信息熵理论中，熵可以度量获得的数据所提供的有用信息量。熵的获得，意味着信息的丢失。按照熵思想，人们在决策中获得信息的多少和质量，是决策的精度和可靠性大小的决定因素之一。而熵在应用于不同决策过程时获得的评价或案例的效果是一个很理想的尺度。熵值法是一种定性分析和定量分析相结合、定性问题定量化的实用决策方法。作为权数的熵权，有其特殊的意义，它并不是在决策或评估过程问题中某指标的实际意义上的重要性系数，而是在给定被评价对象集后各种指标值确定的情况下，各指标在竞争意义上的相对激烈程度系数。

熵是系统无序程度的度量，值越小，表征某项指标值变异程度越大，该指标提供的信息量越大，其权重越大，反之，权重越小。本书采用熵值法可以有效克服指标变量间信息重叠和人为确定权重的主观性，有效实现多元评价指标体系下对评价目标的综合测评。该方法具体步骤如下：

第一，构建原始指标矩阵。由 m 个研究区域，n 项综合评价指标，构建原始指标矩阵 $X=\{x_{ij}\}_{m\times n}$，其中，x_{ij}为区域 i 的第 j 项指标值。

第二，指标无量纲化。为消除指标量纲差异而带来的影响，将指标划分为正负向两类进行无量纲处理，其中，

$x_{ij}=(x_{ij}-\min(x_{ij}))/(\max(x_{ij})-\min(x_{ij}))$，为正向指标；$x_{ij}=(\max(x_{ij})-x_{ij})/(\max(x_{ij})-\min(x_{ij}))$，为负向指标。

第三，指标同度量化。

$$p_{ij}=x_{ij}/\sum_{i=1}^{m}x_{ij} \tag{5-1}$$

第四，计算第 j 项指标的熵值 H_j。

$$H_j=-k\sum_{i=1}^{n}p_{ij}\ln p_{ij} \tag{5-2}$$

式中，$k>0$，lnp_{ij} 为自然对数，$H_j>0$。若此时 x_{ij} 对于给定的 j 均相等，则有 $p_{ij}=1/m$，此时，H_j 取极大值，即：

$$H_j=-k\sum_{i=1}^{m}\left(\frac{1}{m}\right)\ln\left(\frac{1}{m}\right)=k\ln m \tag{5-3}$$

设 $k=1/lnm$，则有 $0\leqslant H_j\leqslant 1$。

第五，计算第 j 项指标的差异性系数 F_j。对于第 j 项指标 x_{ij}，其差异性越小，则 H_j 越大，表明该指标对于区域间比较的作用越小；指标值差异性越大，则 H_j 越小，则此时该指标对于区域间比较的作用也越大；当 x_{ij} 无差异时，$H_j=1$，此时该指标无意义。由此，差异性系数的公式定义如下：

$$F_j=1-H_j \tag{5-4}$$

第六，确定权重 λ_j。

$$\lambda_j=F_j/\sum_{j=1}^{n}F_j \tag{5-5}$$

第七，综合评价指数测算。由熵值法确定了权重后，对指标标准化值进行加权求和，即可得到产城融合的综合发展水平：

$$U_s=\sum_{j=1}^{n}\lambda_{sj}u_{sj} \tag{5-6}$$

式中，U_s 为 S 子系统的综合评价指数，反映该子系统的综合发展水平；u_{sj} 为 S 子系统的第 j 项指标值；λ_{sj} 为指标权重。

二、改进后的产城融合度评价模型构建

近年来，随着产城融合理念的不断深入，学术界逐渐从产业园区、开发区、高新区、城市新区等不同角度和层面开始探索建立评价产城融合的有效指标体系，并应用相关分析方法测度产城融合程度。但是，在统计学

中并没有产城融合度这一指标，且直接测度存在一定的困难，因此本研究借助物理学的耦合度原理，以产城耦合协调度作为产城融合度的替代值。根据我国现阶段产城融合的现状和特点，把产城融合看成是一个系统，而这个系统由产业、城镇和人口三个子系统构成，且这三个子系统之间通过各自要素产生相互作用、彼此相互影响的程度定义为融合协调度，由发展度（T）、耦合度（C）和融合协调度（D）三部分组成。

（一）发展度模型

发展度是指产城融合水平的综合评价指数，用来考察不同系统发展水平对整个系统协调发展的贡献程度，由产业支撑发展水平（U_1）、城镇化发展水平（U_2）和人口集聚发展水平（U_3）三个指数构成，也反映了产城融合的整体水平和效益，其函数为：

$$T = \alpha U_1 + \beta U_2 + \gamma U_3 \tag{5-7}$$

式中，α、β、γ 为待定系数。它们的权重由之前熵值法计算权重时所得。

（二）耦合度模型

鉴于产城融合在不同发展时期和阶段，每个城市的产业支撑子系统、城镇化子系统和人口集聚子系统都有交错、动态和不平衡的特性，有可能会出现 3 个子系统发展水平均较低，但三者却高度协调的状态。为了科学反映产城融合及产业支撑、城镇化和人口集聚三个子系统之间的实际情况，就要构建系统间交互耦合的耦合度模型，这样不仅可以评判 3 个系统之间交互耦合的协调程度，而且还能反映产城融合及产业支撑、城镇化和人口集聚三个子系统之间发展水平的相对高低。因此，本研究借助物理学的耦合度原理，构建“产城融合的耦合度”测度模型，以定量测度产城融合及三个子系统协调发展水平耦合程度大小，其具体公式如下：

$$C = \left\{ \frac{\left(\prod_{i=1}^{n} U_i\right)}{\prod\limits_{\substack{i=1,2,\cdots,n-1 \\ j=i+1,i+2,\cdots,n}} (U_i + U_j)} \right\}^{1/n} \tag{5-8}$$

式中，C 为耦合度；U_i为各个子系统综合评价指数的乘积，U_j是除 U_i 外的任一子系统；n 为子系统总数，由于本书由产业支撑、城镇化和人口集聚 3 个子系统构成，故 $n=3$。

（三）融合协调度模型

耦合度用以反映各个子系统之间交互作用的程度，无法判断该耦合是否为良性，难以较好地反映产城融合水平的差异，因此本书引入融合协调度的概念。融合协调度是在耦合度的基础上进一步表现出三个子系统之间总体上的发展水平，以更好地判别产业支撑、城镇化和人口集聚三个子系统之间交互耦合的状况，度量三个子系统协调发展水平的高低，从而更好地判别产城融合的综合协调发展状况。其公式如下：

$$D = \sqrt{C \times T} \tag{5-9}$$

式中，D 为融合协调度；C 为耦合度；T 为发展度，即产城融合综合评价指数。

（四）分类标准

耦合度与融合协调度均是量化地反映若干系统之间的耦合协调情况，因此，耦合度与融合协调度的大小反映了各系统间不同的耦合协调发展程度。对于耦合度与协调度的划分，目前学术界尚无统一的标准，因此，借鉴相关研究成果，结合本研究的实际情况，将耦合度划分为 4 个阶段，而将融合协调度划分为 6 个层次，具体如表 5 -7 所示。

表 5 -7 耦合度与融合协调度类别划分标准

	取值范围	所处阶段
耦合度（C）	$0 < C \leq 0.3$	低水平耦合阶段
	$0.3 < C \leq 0.5$	颉颃阶段
	$0.5 < C \leq 0.8$	磨合阶段
	$0.8 < C < 1$	高水平耦合阶段
融合协调度（D）	$0 < D \leq 0.2$	严重失调
	$0.2 < D \leq 0.3$	轻度失调
	$0.3 < D \leq 0.5$	发展调和型
	$0.5 < D \leq 0.6$	初级融合协调型
	$0.6 < D \leq 0.8$	中级融合协调型
	$0.8 < D \leq 1$	高级融合协调型

第六章

不同空间尺度下中国产城融合评价

第一节
中国省域尺度产城融合评价

一、数据采集

本书选择中国31个省、自治区、直辖市为研究单位，测度2000—2015年中国产城融合协调度。书中涉及指标的原始数据均来自2001—2016年《中国统计年鉴》，对个别省份、个别年份、个别指标缺少统计数据的情况，作者选择前后两年数值进行均值填补，整体数据全面、科学、有效。

二、产城融合总体时序演化特征分析

基于熵值法、融合协调度模型，本研究经过计算得到2000—2015年中国产城融合的综合评价指数、耦合度、融合协调度，本研究将其定义为综合评价指数（T）、耦合度（C）、融合协调度（D）。为反映三者的动态变化及更直观的比较三个子系统的综合发展情况，本书计算得到2000—

2015 年产城融合的综合评价指数、耦合度和融合协调度的均值，并将时间序列有序的分为 2000—2004 年、2005—2009 年和 2010—2015 年三个阶段，分别计算其综合评价指数、耦合度与融合协调度均值，以便更好地体现融合协调性的阶段性特征，详见表 6 - 1。

（一）产城融合综合评价指数（T）

表 6 - 1 的数据显示，从全国范围来看，综合评价指数（T）平均值普遍都不是很高。但是随着时间的推移，总体上呈现出上升的趋势，呈现出明显的阶段性特征。首先，在第一个阶段（2000—2004 年）的平均值都比较低，平均值范围在 0.050 ≤ T < 0.3，排名前三的分别是上海（0.269）、北京（0.257）、天津（0.204），而综合评价指数平均值最低的是西藏（0.050）。

其次，第二个阶段（2005—2009 年）的平均值都有所上升，但总体来说也不是很高，平均值范围在 0.093 ≤ T < 0.4，在这一阶段，广东省、江苏、山东的综合评价指数的平均值变化幅度都比较大，增长速度分别达到 95.8%、93.1%、107.5%。广东省从第一阶段的 0.189 上升为第二阶段的 0.370，成为第一名。江苏省从第一阶段的 0.189 上升为第二阶段的 0.362，成为第二名。山东省则从第一阶段的 0.161 上升为 0.334 排名第五。北京、上海、天津的综合评价指数平均值变化幅度都不是很大，总体来看上海的增速最慢只有 30.1%。但是天津的排名已经下滑到第 7 名。在这一阶段的前三名分别为广东（0.370）、江苏（0.362）、上海（0.350），最低的仍是西藏（0.093）。

表 6 - 1　2000—2015 年中国产城融合的综合评价指数、耦合度与融合协调度

	2000—2004 年平均值			2005—2009 年平均值			2010—2015 年平均值			2000—2015 年平均值		
	T	C	D	T	C	D	T	C	D	T	C	D
北京	0.257	0.434	0.333	0.341	0.445	0.389	0.417	0.454	0.435	0.343	0.445	0.389
天津	0.204	0.468	0.308	0.286	0.462	0.363	0.393	0.467	0.428	0.301	0.466	0.370
河北	0.139	0.497	0.262	0.221	0.497	0.331	0.373	0.498	0.430	0.252	0.497	0.347
山西	0.117	0.495	0.240	0.190	0.491	0.305	0.289	0.486	0.374	0.204	0.490	0.310
内蒙古	0.088	0.495	0.208	0.168	0.492	0.286	0.279	0.491	0.370	0.185	0.493	0.293
辽宁	0.153	0.491	0.273	0.245	0.494	0.346	0.392	0.496	0.441	0.271	0.493	0.359

续表

	2000—2004 年平均值			2005—2009 年平均值			2010—2015 年平均值			2000—2015 年平均值		
	T	C	D	T	C	D	T	C	D	T	C	D
吉林	0. 113	0. 487	0. 233	0. 178	0. 482	0. 292	0. 289	0. 483	0. 373	0. 199	0. 484	0. 304
黑龙江	0. 117	0. 495	0. 240	0. 181	0. 485	0. 296	0. 270	0. 477	0. 359	0. 195	0. 485	0. 302
上海	0. 269	0. 485	0. 361	0. 350	0. 479	0. 409	0. 427	0. 476	0. 451	0. 354	0. 480	0. 410
江苏	0. 189	0. 496	0. 305	0. 362	0. 497	0. 422	0. 639	0. 498	0. 563	0. 412	0. 497	0. 439
浙江	0. 185	0. 491	0. 300	0. 323	0. 493	0. 398	0. 493	0. 493	0. 493	0. 344	0. 492	0. 403
安徽	0. 092	0. 493	0. 213	0. 160	0. 491	0. 279	0. 307	0. 495	0. 388	0. 194	0. 493	0. 299
福建	0. 145	0. 471	0. 261	0. 221	0. 477	0. 324	0. 371	0. 485	0. 423	0. 254	0. 478	0. 342
江西	0. 100	0. 486	0. 219	0. 175	0. 484	0. 290	0. 297	0. 489	0. 380	0. 197	0. 486	0. 301
山东	0. 161	0. 497	0. 281	0. 334	0. 498	0. 406	0. 609	0. 498	0. 549	0. 383	0. 498	0. 421
河南	0. 119	0. 492	0. 240	0. 227	0. 498	0. 335	0. 413	0. 499	0. 452	0. 263	0. 496	0. 349
湖北	0. 124	0. 487	0. 245	0. 202	0. 481	0. 311	0. 361	0. 489	0. 419	0. 237	0. 486	0. 331
湖南	0. 101	0. 495	0. 224	0. 176	0. 493	0. 293	0. 320	0. 495	0. 397	0. 207	0. 494	0. 310
广东	0. 189	0. 499	0. 306	0. 370	0. 499	0. 428	0. 617	0. 499	0. 554	0. 406	0. 499	0. 437
广西	0. 076	0. 482	0. 191	0. 136	0. 485	0. 256	0. 251	0. 486	0. 348	0. 160	0. 484	0. 270
海南	0. 074	0. 474	0. 186	0. 119	0. 464	0. 235	0. 189	0. 445	0. 290	0. 131	0. 460	0. 240
重庆	0. 094	0. 480	0. 212	0. 159	0. 475	0. 274	0. 273	0. 479	0. 361	0. 182	0. 478	0. 287
四川	0. 092	0. 496	0. 213	0. 173	0. 497	0. 292	0. 328	0. 497	0. 403	0. 206	0. 497	0. 309
贵州	0. 065	0. 468	0. 173	0. 118	0. 481	0. 238	0. 209	0. 482	0. 316	0. 135	0. 477	0. 247
云南	0. 076	0. 466	0. 189	0. 123	0. 495	0. 246	0. 216	0. 489	0. 324	0. 143	0. 484	0. 257
西藏	0. 050	0. 489	0. 156	0. 093	0. 478	0. 210	0. 134	0. 451	0. 245	0. 095	0. 471	0. 206
陕西	0. 115	0. 491	0. 237	0. 195	0. 487	0. 308	0. 315	0. 484	0. 390	0. 215	0. 487	0. 316
甘肃	0. 087	0. 481	0. 202	0. 141	0. 485	0. 261	0. 208	0. 480	0. 315	0. 149	0. 482	0. 263
青海	0. 083	0. 492	0. 201	0. 119	0. 489	0. 240	0. 172	0. 482	0. 288	0. 127	0. 487	0. 246
宁夏	0. 073	0. 492	0. 188	0. 126	0. 474	0. 243	0. 180	0. 465	0. 289	0. 130	0. 476	0. 243
新疆	0. 093	0. 494	0. 214	0. 150	0. 486	0. 269	0. 223	0. 477	0. 326	0. 159	0. 485	0. 273

再者，第三阶段（2010—2015 年）的平均值和前面两阶段相比总的来说也是在上升，平均值范围是 $0.134 \leqslant T < 0.7$，平均值的最高值已经超过 0. 6，增速最大的是安徽达到 91. 9%，其次是四川增速达 89. 6%，再者是广西增速达 84. 6%。上海和北京的增速都非常慢，其中上海增速最慢，只有 22%，而北京也只有 22. 3%；综合评价指数平均值最高的江苏达到

0.639，第二名是广东（0.617），第三名是山东（0.609），平均值最低仍是西藏，只有0.134。

从2000—2015年的平均值来看，最高不超过0.410，前三名分别是广东（0.406）、上海（0.354）、北京（0.343），西藏最低，只有0.095。

（二）产城融合耦合度（C）

表6-1的数据显示，3个阶段的耦合度（C）的平均值都比较平稳，变化幅度不大。第一阶段（2000—2004年），耦合度前三名，分别为广东（0.499）、河北和山东（0.497）、江苏和四川（0.496），而耦合度的平均值最低的是北京，只有（0.434）。以耦合度的平均值对应划分标准，这一阶段是处在颉颃阶段。

第二阶段（2005—2009年）与第一阶段相比虽然数值上变化不大，但超过一半以上的省份耦合度相比上一阶段是下降的，只有河北与广东两省的耦合度平均值表现出不变的状态。耦合度排名前三的分别为广东（0.499）、山东和河南（0.498）、河北和江苏（0.497），而耦合度平均值最低的仍旧是北京（0.445）。说明在这一阶段很多城市没有注重产城融合协调发展。从全国来看，产城融合的耦合度即产业支撑、城镇化和人口集聚三个子系统之间的协调能力在下降，城市发展中存在一定的问题。我们以得到的平均值来对应耦合度划分标准，这一阶段仍是处于颉颃阶段。

第三阶段（2010—2015年）与第二阶段相比，耦合度的平均值保持不变的有4个省，分别为浙江、山东、广东、四川。耦合度排名前三的分别是河南和广东（0.499）、河北和江苏和山东（0.498）、四川（0.497），耦合度平均值最低的是海南（0.445）。说明在这一阶段已经注意到城市发展中存在的一系列问题，开始注重产城融合，也就是注重产业支撑、城镇化和人口集聚三个子系统之间的协调发展，采取积极的措施，从全国范围来看起到了一定的作用。结合我国的发展实际，在这一阶段，国家也是非常重视城市的发展。在党的十八届三中全会通过的《中共中央关于全面深化改革若干重大问题的决定》中重点强调“坚持走中国特色新型城镇化道路”，指出要“推进以人为核心的城镇化”以及“产业和城镇要融合发展”。之后在2013年的经济工作会议上提出的六大任务中，把加快城镇化的建设速度纳入其中，接着又发布《国家新型城镇化规划（2014—2020）》。仍旧以这一阶段得到的耦合度平均值对应耦合度的划分标准，从全国范围来看仍是处于颉颃阶段。

从2000—2015年平均值来看，耦合度的平均值范围为0.45≤C≤0.499，耦合度平均值排名前三的分别为广东（0.499）、山东（0.498）、河北和江苏和四川（0.497）。耦合度平均值最低的是北京（0.445）。以这个平均值对应耦合度的划分标准是处于颉颃阶段。

（三）产城融合协调度（D）

从全国范围来看，产域融合协调度的平均值都不是很高，但是总体来说，融合协调度都在上升。第一阶段（2000—2004年）融合协调的平均水平整体都比较偏低，范围为0.156≤D≤0.361。达到0.300以上的有6个省份，分别为上海（0.361）、北京（0.333）、天津（0.308）、广东（0.306）、江苏（0.305）、浙江（0.300）；融合协调度平均值最低的是西藏（0.156）。在这一阶段以融合协调度的平均值对应划分标准，北京、天津、上海、江苏、浙江、广东6个省域属于发展调和阶段，而广西、海南、贵州、云南、西藏、宁夏6个省域则是属于严重失调，其他的19个省域则是属于轻度失调阶段。

第二阶段（2005—2009年）融合协调度的平均值仍然不是很高，但是整体都有所上升。其中上升幅度比较大的有山东增速为44.5%，广东增速为39.9%，河南增速为39.6%，江苏增速为38.4%，贵州和内蒙古的融合协调度增速也达到了37.6%和37.5%。而北京、上海和天津的增速都是非常慢的，上海增速最低，为13.3%，其次是北京增速16.8%，天津增速17.9%；融合协调度的平均值达到0.400以上的有4个省份，分别为广东（0.428）、江苏（0.422）、上海（0.409）、山东（0.406），广东和江苏融合协调度的排名已经超过第一阶段的上海、北京和天津。融合协调度最低的是西藏（0.210）。以该阶段的融合协调度的平均值对应划分标准，发展调和型的省份已经从第一阶段的6个上升为14个，在这一阶段已经不存在严重失调的省份，而其余17个省份都属于轻度失调。

第三阶段（2010—2015年）融合协调度的平均值又往上升了一个台阶，范围为0.245≤D≤0.563，融合协调度达到0.500以上的有3个省，分别为江苏（0.563）、广东（0.554）、山东（0.549），增速整体来说比上一阶段有所放缓，增速最快的是安徽39.1%，然后是四川38%，接下来是广西35.9%和湖南35.5%。上海的增速最慢，只有10.3%，再者是北京，增速为11.8%。融合协调度最低的还是西藏，只有0.245。在这一阶段，江苏、广东、山东3个省份已经从上一阶段的发展调和型上升为初级融合协调型，发展调和型从上一阶段的14个省份增加到24个省份，轻度失调从上一阶段的17个省份已经下降到只有4个省份。说明在这一阶段由于国家对新型城镇化发展的极为重视，不同的省份也积极走产城融合道路，在新城的建设、老城的改造或者产业园区的建设中，融入人本导向，使得城（镇）化与产业、人协调融合发展取得了一定的成就。但是总体来说融合度并不高，在这一阶段中级融合型和高级融合型的城市并没有出现。

从2000—2015年融合协调度的平均值来看，平均值达到0.400以上的有4个，分别为江苏（0.439）、广东（0.437）、山东（0.421）、上海（0.410），融合协调度平均值最低的是西藏（0.206）。总体来看发展调和型的省份有19个，而其余12个省份则属于轻度失调型。因此从平均水平来看我国城市的融合协调度是极低的，发展程度不高。

为便于对比，取每一年度各个指数的平均值进行变化趋势的观察与分析。见图6-1。

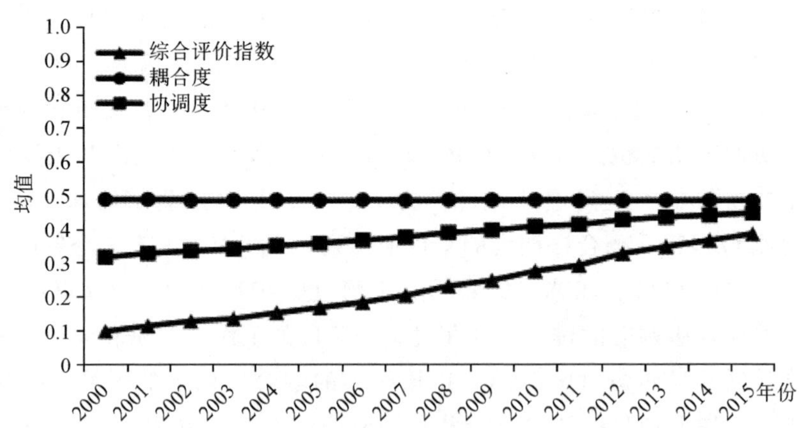

图6-1 中国省域单元产城融合综合评价指数、耦合度和融合协调度均值变化

由图6-1可以很直观地看出，在考察期2000—2015年的16年间，中国省域单元产城融合综合评价指数表现出非常明显的逐年上升趋势，具体从2000年的0.0964增加到2015年的0.3839，提高了3.98倍。也就是说，在过去的16年间，中国省域单元产城融合综合水平有了非常显著的提升，按照目前中国产业升级转型以及实施的城市化建设战略，可以预见，在未来的一段时期内，其整体产城融合水平仍会保持持续稳步增长的态势。从产城融合度的时序变化发现，在考察期的16年间，其保持了与产城融合综合水平同样的变化趋势，协调度均值从2000年的0.3156增加到2015年的0.4454。由此可以说明，在考察期内，中国省域之间的互动发展表现出越来越良好的状态，互相成就，协同共进。这16年的具体产城融合值均处于0.3~0.5，也就是说，中国省域产城处于发展调和阶段。而观察产城之间的耦合度均值变化曲线，其在考察期内基本保持了稳定的水平，2000年为0.4873，2015年为0.4819。就耦合度分类标准，这一耦合度水平处于颉颃发展阶段，即中国产城之间处于不相上下、互相抗衡的发展状态。概括而言，在考察期的16年间，中国产城之间基本保持稳定的互动依赖的发展态势，且彼此之间的相互协调性得到了很好的改善，也就是说，二者之间在相互依赖的发展中关系更加协调，整体产城融合水平得到了显著提升。

三、产城融合总体空间格局演化特征分析

为了进一步剖析产城融合的空间格局特征及动态演化，本书选择2000年、2005年、2010年和2015年4个时间断面，以综合评价指数、耦合度和协调度为观测值指标，可以看出中国产城融合空间格局总体特征。

（一）中国产城融合综合评价指数

在2000—2015年的16年间，中国产城融合综合评价指数的变化表现出明显的空间变化趋势。宏观层面，考察期内的中国产城融合综合评价指数主要表现出由东向西逐渐降低的空间演变趋势。产城融合综合评价指数高值区出现在东南沿海区域，内陆中部腹地逐渐降低，中国西部、西北部及西南部分地区成为产城融合综合评价指数的低值区。从各区域所含省份来看，山东省、江苏省、浙江省、福建省、广东省都是产城融合综合评价指数较高的省份，到2015年，又增加了河北省、河南省、湖北省，可以将其看成是第一梯队。东北区域的黑龙江、吉林、辽宁三省，中南部的江西省、湖南省、安徽省，陕西省、四川省以及北部的山西省和内蒙古自治区，可以划归为第二梯队。这些省份的产城融合综合评价指数相对较低，但整体也表现出了逐渐上升的趋势。产城融合综合评价指数最低

的区域集中在中国西部和西南部，主要是甘肃省、青海省、新疆维吾尔自治区、西藏自治区、云南省和广西壮族自治区，这些省份可以划为第三梯队。

从上述结果来看，中国产城融合的空间分布符合中国经济东、中、西部的整体宏观发展特征，东部沿海省份一直以来不论是从经济总量、人口规模，还是经济发展速度、产业多元化等方面来看，都是中国经济发展的排头兵。而西部地区由于先天气候条件恶劣，人口密度较低，产业结构单一，经济发展缺乏引擎，其一直以来都是中国全域开发重点扶持的地区，西部大开发战略的实施、天路修建都体现了政府开发西部的决心，这也是为什么尽管在梯队分布上西部主要省份仍处于第三梯队，但实际从具体数值上，其产城融合综合评价指数已经有一定提升的重要原因。

（二）中国产城融合耦合度

整体而言，所考察的31个省域单元的产城融合仍然处于颉颃发展的耦合阶段，但各省份产城融合的颉颃发展存在一定的差异。2000年，处于颉颃发展较高水平的省份主要有新疆、内蒙古、黑龙江、吉林、辽宁、河北、山西、陕西、山东、安徽、江苏、浙江、四川、湖北、湖南、广东、广西、宁夏和上海市，共计19个省域单元。另外，处于颉颃发展阶段较低水平的省份主要有甘肃、青海、西藏、福建、江西、河南、贵州、重庆、海南和天津，共计10个省域单元。云南省和北京市则处于颉颃发展阶段低水平。空间分布上基本形成以西北、东北、东南为外围的半包围结构。到2005年，原处于颉颃发展相对较低水平的西藏、青海、河南、云南的产城融合水平得到提升，相反，黑龙江、陕西、湖北、广西的产城融合水平出现了下降趋势。而到2010年和2015年，处于颉颃发展较高水平的省份基本保持了稳定，2010年主要有辽宁、内蒙古、北京、河内、山西、山东、河南、安徽、江苏、浙江、湖北、湖南、江西、广东、四川、云南；2015年则减少了云南、山西，增加了福建。而在2000年和2005年处于产城融合颉颃发展较高水平的西部省份、东北部分省份、中部部分省份产城融合水平均出现了不同程度的下降，使得其在2010年和2015年的可视化直观图上显现出青色的标识。而从2010年和2015年31个省份产城融合的空间分布上，则表现出显著的东西分别集聚的特征。

（三）中国产城融合协调度

同样，中国产城融合协调的空间发展特征还是非常明显的。在考察期的16年间，中国产城融合协调发展的整体水平在不断提升。首先在2000年，全国省份中，除北京市和上海市的产城融合处于发展调和水平之外，其他29个省份的产城融合均处于严重失调或轻度失调状态，并且产城融合协调发展的东西部差异非常显著，中西部的省份基本都处于严重失调状态，东南沿海省份、中部部分省份以及东北三省均处于轻度失调状态。到2005年，原来处于轻度失调水平的部分省份，开始迈入发展调和阶段，这些省份主要有辽宁、天津、河北、山东、河南（2000年为严重失调状态）、江苏、浙江、广东；同时，原来处于严重失调状态的新疆、甘肃、内蒙古、青海、宁夏、四川、云南、重庆、贵州、广西以及安徽、江西、海南，其产城融合协调逐渐上升为轻度失调水平。到了2010年，中国产城融合整体协调发展取得了非常显著的效果。除西部地区的西藏、青海、甘肃、宁夏以及西南的云南、四川，南部的海南省产城融合协调发展处于轻度失调水平，广东、江苏产城融合协调发展处于初级协调水平之外，其余中国22个省份产城融合均处于发展调和阶段，整体协调发展水平上了一个新台阶。到2015年，处于产城融合轻度失调水平的省份只有海南和西藏，而处于初级协调阶段的省份在2010年基础上增加了浙江、山东、河南，加上原来的广东和江苏，共计5个省份。其余24个省份的产城融合协调发展均处于发展调和阶段。从整体四个节点中国产城融合的空间变化特征来看，其协调发展水平的提升表现出一定的东部先行，逐渐向中部、西部渗透的规律，这也使我们有理由相信，在未来，东部沿海城市的产城融合协调水平也必然走在中国产城融合的先锋位置，并逐步实现中国产城融合协调发展水平的全面提升。而尽管目前，31个省份中处于产城融合高级协调发展阶段的省份还没有出现，但随着我国产城进一步融合发展相关战略的实施以及政策保障制度的推行，相信在不远的将来，处于高级协调阶段的中国产城融合省份也将在东部沿海城市中率先产生，并在数量和水平上逐步增加和提高，实现中国产城融合协调发展水平的全面提升。

四、产城融合分项时空格局演化特征分析

依据融合协调模型，对全国 31 个省份样本产业支撑、城镇化与人口集聚三个一级指标之间的融合协调状况进行系统运算，得到 2000—2015 年产城融合协调度的均值，并将时间序列有序地分为 2000—2004 年、2005—2009 年和 2010—2015 年三个阶段，分别计算其融合协调度均值，详见表 6－2。

表 6－2　　2000—2015 年中国产城融合分项的融合协调度

	2000—2015 年平均值			2000—2004 年平均值			2005—2009 年平均值			2010—2015 年平均值		
	产业支撑	城镇化	人口集聚	产业支撑	城镇化	人口集聚	产业支撑	城镇化	人口集聚	产业支撑	城镇化	人口集聚
北京	0.256	0.351	0.519	0.326	0.370	0.603	0.372	0.393	0.638	0.322	0.373	0.590
天津	0.300	0.273	0.455	0.348	0.316	0.539	0.413	0.364	0.604	0.358	0.321	0.537
河北	0.314	0.236	0.290	0.365	0.309	0.386	0.437	0.433	0.475	0.376	0.333	0.390
山西	0.252	0.205	0.273	0.321	0.275	0.383	0.367	0.355	0.473	0.317	0.283	0.382
内蒙古	0.210	0.200	0.245	0.298	0.276	0.351	0.376	0.357	0.431	0.300	0.283	0.348
辽宁	0.282	0.271	0.344	0.362	0.340	0.428	0.440	0.441	0.504	0.366	0.357	0.430
吉林	0.226	0.215	0.294	0.283	0.276	0.385	0.363	0.352	0.474	0.295	0.285	0.390
黑龙江	0.254	0.218	0.286	0.284	0.287	0.371	0.317	0.374	0.448	0.287	0.298	0.373
上海	0.381	0.340	0.496	0.408	0.374	0.566	0.444	0.387	0.602	0.413	0.368	0.558
江苏	0.371	0.268	0.354	0.471	0.380	0.477	0.565	0.539	0.571	0.475	0.405	0.474
浙江	0.358	0.262	0.389	0.431	0.360	0.498	0.487	0.462	0.589	0.429	0.368	0.498
安徽	0.250	0.166	0.238	0.298	0.248	0.347	0.396	0.383	0.457	0.320	0.273	0.354
福建	0.342	0.194	0.338	0.354	0.268	0.443	0.420	0.390	0.538	0.375	0.291	0.446
江西	0.255	0.173	0.260	0.294	0.251	0.370	0.382	0.352	0.472	0.315	0.264	0.374
山东	0.353	0.256	0.304	0.458	0.379	0.428	0.552	0.538	0.528	0.460	0.400	0.427
河南	0.297	0.209	0.228	0.365	0.327	0.349	0.455	0.464	0.469	0.378	0.341	0.356
湖北	0.268	0.211	0.310	0.314	0.279	0.416	0.407	0.411	0.525	0.334	0.307	0.424
湖南	0.269	0.194	0.252	0.310	0.274	0.354	0.401	0.395	0.458	0.331	0.294	0.361
广东	0.374	0.278	0.354	0.469	0.414	0.452	0.543	0.562	0.555	0.467	0.427	0.460
广西	0.233	0.145	0.232	0.273	0.221	0.324	0.346	0.331	0.420	0.288	0.239	0.331
海南	0.174	0.194	0.229	0.210	0.212	0.328	0.249	0.242	0.437	0.213	0.218	0.338
重庆	0.268	0.161	0.268	0.281	0.229	0.387	0.351	0.331	0.492	0.303	0.246	0.389

续表

	2000—2015 年平均值			2000—2004 年平均值			2005—2009 年平均值			2010—2015 年平均值		
	产业支撑	城镇化	人口集聚	产业支撑	城镇化	人口集聚	产业支撑	城镇化	人口集聚	产业支撑	城镇化	人口集聚
四川	0.261	0.189	0.240	0.319	0.281	0.343	0.406	0.419	0.447	0.333	0.304	0.350
贵州	0.233	0.104	0.179	0.261	0.179	0.297	0.309	0.283	0.409	0.270	0.194	0.302
云南	0.284	0.139	0.129	0.282	0.220	0.261	0.317	0.317	0.382	0.296	0.231	0.265
西藏	0.129	0.158	0.147	0.194	0.171	0.284	0.224	0.178	0.359	0.185	0.170	0.269
陕西	0.264	0.194	0.262	0.309	0.281	0.374	0.376	0.377	0.479	0.320	0.290	0.378
甘肃	0.209	0.163	0.217	0.250	0.229	0.313	0.295	0.290	0.403	0.254	0.231	0.316
青海	0.229	0.186	0.212	0.255	0.200	0.316	0.299	0.243	0.389	0.264	0.212	0.311
宁夏	0.155	0.148	0.229	0.203	0.204	0.340	0.257	0.240	0.429	0.208	0.200	0.339
新疆	0.222	0.191	0.251	0.252	0.271	0.325	0.290	0.335	0.411	0.257	0.270	0.334

（一）产业支撑融合协调度

表 6－2 的数据表明，产业支撑融合协调度在三个阶段平均值整体呈现上升的趋势，但是协调度不是很高，且云南的第二阶段的产业支撑融合协调度的平均值较第一阶段有所下降。

第一阶段（2000—2004 年）产业支撑融合协调度的平均值超过 0.300 以上的省份有 8 个，分别为上海（0.381）、广东（0.374）、江苏（0.371）、浙江（0.358）、山东（0.353）、福建（0.342）、河北（0.314）、天津（0.300），对应融合度的划分标准，其均属于发展调和型。属于轻度失调的有 20 个，北京以该阶段的平均值来看也是属于轻度失调。其余 3 个属于严重失调，分别为海南（0.174）、宁夏（0.155）、西藏（0.129）。

第二阶段（2005—2009 年）产业支撑协调度较上一阶段已经有所上升，且平均值超过 0.400 的有 5 个，分别为江苏（0.471）、广东（0.469）、山东（0.458）、浙江（0.431）、上海（0.408）。在这一阶段，江苏已经从上一阶段的排名第三上升为第一，超过上海，上海排名下滑到第五。从增速方面看，增速最快的是西藏，增速为 50.4%，其次是内蒙古，达到 41.9%，第三是宁夏，达到 31%。在这期间云南较上一阶段的平均值出现了 －7% 的增速。属于发展调和型的省份已经从上一阶段的 8

个增加到16个，属于轻度失调的省份从上一阶段的20个减少到14个，而属于严重失调的就还只有西藏一个。

第三阶段（2010—2015年）较上一阶段的产业支撑融合协调度又上升了一个台阶，其中融合协调度的值超过0.500的有3个，分别为江苏（0.565）、山东（0.552）、广东（0.543），这3个省份是属于初级融合协调型，属于发展调和型的已经从上一阶段的16个增加到22个，属于轻度失调的从上一阶段的14个减少到6个。这一阶段的增速的最高值较上一阶段有所放缓，增速最快的是安徽32.9%，然后是江西29.9%，再者是湖北29.6%，而上海的增速最慢，只有8.8%。

从2000—2015年融合协调度的平均值来看，整体水平仍然不高，其中平均值超过0.400以上的有5个，分别为江苏（0.475）、广东（0.467）、山东（0.460）、浙江（0.429）、上海（0.413）。属于发展调和型的有20个，属于轻度失调的有10个，属于严重失调的有1个，是西藏（0.185）。

（二）城镇化建设融合协调度

根据表6-2中的数据显示，从整体来看，城镇化建设的融合协调度整体不高，但在三个阶段中总体呈上升趋势。

第一个阶段（2000—2004年）城镇化的融合协调度的平均值整体水平偏低，且超过0.300的只有2个，分别为北京（0.351）、上海（0.340）。以该阶段的城镇化建设的融合协调度平均值对应划分标准，属于发展调和型的有3个，属于轻度失调的有12个，而属于严重失调的有16个。在该阶段城镇化建设融合协调度最低的是贵州（0.104）。

第二阶段（2005—2009年）城镇化建设融合协调度平均值较第一阶段整体有上升，在这一阶段融合协调度超过0.400的有1个，是广东（0.414）。在0.3与0.4之间的有9个，分别为江苏（0.380）、山东（0.379）、上海（0.374）、北京（0.370）、浙江（0.360）、辽宁（0.340）、河南（0.327）、天津（0.316）、河北（0.309）。可以看出广东已经超过北京和上海成为第一名。西藏的城镇化融合协调度最低，只有0.171；从增速方面来看，增长最快的是贵州，达到72.1%，第二是云南，达到58.3%，第三是河南，达到56.5%。增速最慢的是北京，只有5.4%，上海的增速也只有10%；以该阶段的融合协调度的平均值对应划分标准，可以看出属于发展调和型的从上一阶段的3个增加到9个，轻度失调的从上一阶段的12个增加到20个，严重失调从上一阶段的16个减少到只有2个，分别为西藏（0.171）、贵州（0.179）。

第三阶段（2010—2015年）城镇化建设融合协调度较上一阶段上升了一个层次，融合协调度的平均值超过0.500的有3个，分别为广东（0.562）、江苏（0.539）、山东（0.538），这3个已经超过北京、上海发展为初级融合协调型，属于发展调和型的从上一阶段的9个增加到22个，属于轻度失调的从上一阶段的12个减少到5个，属于严重失调的只有1个，为西藏。从增速看，在该阶段增速最快的是贵州，达到58.1%，其次是安徽，达到54.4%，再者是广西，增速为49.8%，而上海和北京的增速都非常慢，只有3.5%和6.2%。

从2000—2015年的城镇化建设的融合协调度来看，整体水平仍然不高，其中城镇化的融合协调度平均值超过0.400的有3个，分别为广东（0.427）、江苏（0.405）、山东（0.400）。这样整体来看属于发展协调型的有12个，属于轻度失调的有17个，而属于严重失调的有2个，分别为西藏（0.170）和贵州（0.194）。

（三）人口集聚融合协调度

根据表6-2的数据显示，从整体来看人口集聚融合协调度的平均值较高，以3个阶段来看整体呈上升的趋势。

第一阶段（2000—2004年）人口集聚融合协调度的平均值超过0.400的有3个，分别为北京（0.519）、上海（0.496）、天津（0.455），以该阶段的平均值对应划分标准，属于初级融合协调型的有1个，为北京，属于发展调和型的有9个，属于轻度失调的有18个，属于严重失调的有3个，分别为云南（0.129）、西藏（0.147）、贵州（0.179）。

第二阶段（2005—2009年）较上一阶段的人口融合协调度有所上升，其中平均值超过0.500的有3个，分别为北京（0.603）、上海（0.566）、天津（0.539）。在该阶段北京从初级融合协调型发展为中级融合协调型，而上海（0.566）和天津（0.539）则从上一阶段的发展调和型发展为初级融合协调型。属于发展调和型的从上一阶段的9个增加到25个，而属于轻度失调的则从上一阶段的18个减少到3个。从增速方面来看，较上一阶段增速最快的是云南，达到102.3%，其次是西藏增速达到93.2%，增速第3的是贵州，达到65.9%。增速较慢的是上海（14.1%）、北京（20%）、天津（18.5%）。

第三阶段（2010—2015年）较上一阶段的人口融合协调度也是在增加，从该阶段的平均值来看整体的人口融合协调度水平较高。平均值超过0.600的有3个，分别为北京（0.638）、天津（0.604）、上海（0.602），在该阶段天津超过了上海发展为中级融合协调型省份，中级融合协调型的省份从上一阶段的1个增加到3个。初级融合型从上一阶段的2个增加到7个，发展协调型减少到21个；从增速方面看，总体来说较上一阶段有所减缓，增速最快的是云南，增速为46.4%，其次是贵州，增速为37.7%，再次是河南，增速为34.4%。

从2000—2015年的人口融合协调度的平均值看，整体水平还是较高的，初级融合型的有3个，分别为北京（0.590）、上海（0.558）、天津（0.537），发展调和型的有26个，轻度失调型的有2个，分别为云南（0.265）、西藏（0.269）。

第二节 中国市级尺度产城融合评价

一、数据采集

选择中国285个地级及以上城市为研究样本，样本充分，时间序列为2003—2014年。之所以选择2003年为开端，主要是考虑2002年，党的十六大报告明确提出加快城镇化进程之后，2003年正式提出了统筹城乡发展的城镇化发展观，当年的城镇化率第一次超过了工业化率，标志着我国城镇化建设里程碑的正式奠基。截至2014年，主要是因为有些城市数据统计发布稍缓，2015年数据的全面性无法保证。涉及指标的原始数据均来自于对应年份《中国城市统计年鉴》，并均为全市数据，对个别城市个别年份个别指标没有统计的情况，选择前后两年数值进行均值后填补，整体数据全面、科学、有效。

二、产城融合总体时空格局演化特征分析

为了更好地揭示产城融合的演变规律，选取 2003 年、2008 年、2014 年为时间节点，利用公式，计算各时间节点、各地级及以上城市产城融合综合指数、耦合度和融合协调度（见表 6－3），篇幅所限，仅将直辖市和省会城市列入表格。

表 6－3　　三个时点产城融合总体指数情况

地区	2003 年			2008 年			2014 年		
	综合指数	耦合度	融合度	综合指数	耦合度	融合度	综合指数	耦合度	融合度
北京市	0.1462	0.4898	0.2676	0.2674	0.4948	0.3637	0.3118	0.4995	0.3946
天津市	0.1050	0.4677	0.2216	0.2227	0.4523	0.3174	0.3072	0.4563	0.3744
石家庄市	0.0579	0.4854	0.1677	0.1103	0.4728	0.2283	0.1377	0.4785	0.2567
太原市	0.0465	0.4951	0.1517	0.0866	0.4961	0.2073	0.0881	0.4986	0.2096
呼和浩特市	0.0342	0.4914	0.1296	0.0673	0.4929	0.1822	0.0760	0.4931	0.1936
沈阳市	0.0644	0.4935	0.1783	0.1467	0.4697	0.2625	0.1802	0.4798	0.2940
长春市	0.0572	0.4806	0.1657	0.1018	0.4731	0.2194	0.1308	0.4756	0.2494
哈尔滨市	0.0495	0.4966	0.1567	0.0812	0.4926	0.2000	0.0956	0.4985	0.2183
上海市	0.2182	0.4676	0.3194	0.4261	0.4600	0.4427	0.3809	0.4804	0.4278
南京市	0.0824	0.4823	0.1993	0.1564	0.4834	0.2749	0.1906	0.4907	0.3059
杭州市	0.0869	0.4757	0.2033	0.1783	0.4620	0.2870	0.1862	0.4883	0.3015
合肥市	0.0431	0.4882	0.1450	0.0828	0.4798	0.1993	0.1258	0.4737	0.2441
福州市	0.0580	0.4879	0.1683	0.0993	0.4796	0.2182	0.1291	0.4898	0.2515
南昌市	0.0436	0.4901	0.1462	0.0802	0.4862	0.1975	0.1014	0.4917	0.2233
济南市	0.0635	0.4892	0.1763	0.1159	0.4877	0.2378	0.1227	0.4994	0.2475
郑州市	0.0594	0.4892	0.1705	0.1197	0.4835	0.2406	0.1725	0.4770	0.2869
武汉市	0.0724	0.4933	0.1890	0.1476	0.4810	0.2664	0.1878	0.4900	0.3034
长沙市	0.0491	0.4945	0.1558	0.1006	0.4894	0.2218	0.1547	0.4874	0.2745
广州市	0.1260	0.4924	0.2491	0.2423	0.4842	0.3425	0.2661	0.4944	0.3627
南宁市	0.0324	0.4948	0.1265	0.0549	0.4786	0.1621	0.0796	0.4956	0.1986
海口市	0.0348	0.4938	0.1311	0.0554	0.4976	0.1660	0.0601	0.4966	0.1728
重庆市	0.0718	0.4665	0.1830	0.1472	0.4621	0.2608	0.2480	0.4702	0.3414
成都市	0.0674	0.4806	0.1800	0.1308	0.4806	0.2507	0.1832	0.4938	0.3008
贵阳市	0.0398	0.4957	0.1405	0.0594	0.4917	0.1709	0.0751	0.4993	0.1936
昆明市	0.0449	0.4927	0.1487	0.0779	0.4725	0.1919	0.0882	0.4994	0.2099

续表

地区	2003 年			2008 年			2014 年		
	综合指数	耦合度	融合度	综合指数	耦合度	融合度	综合指数	耦合度	融合度
西安市	0.0564	0.4944	0.1670	0.0958	0.4953	0.2179	0.1280	0.4981	0.2525
兰州市	0.0420	0.4920	0.1437	0.0647	0.4870	0.1775	0.0934	0.4708	0.2097
西宁市	0.0284	0.4796	0.1167	0.0449	0.4726	0.1456	0.0517	0.4980	0.1604
银川市	0.0470	0.4414	0.1440	0.0484	0.4844	0.1531	0.0566	0.4925	0.1670
乌鲁木齐市	0.0392	0.4959	0.1395	0.0679	0.4922	0.1828	0.0771	0.4992	0.1962

（一）产城融合综合发展指数

在考察的三个时点，所考察城市的产城融合综合发展指数从 2003 年的 0.037 上升到 2008 年的 0.063，至 2014 年更增长到 0.076，呈直线上升趋势。这说明在过去的一定时期之内，中国 285 个城市的产城融合状况不断改善提高。2014 年综合发展指数大于 0.305 的城市主要有北京市（0.312）、上海市（0.381）、天津市（0.307）；2008 年只有上海市（0.426）；而 2003 年所考察 285 个城市的产城融合综合发展指数均低于 0.305。考察处于［0.219，0.305］区间的产城融合指数所对应的城市，2014 年主要有佛山市（0.221）、广州市（0.266）、深圳市（0.289）、苏州市（0.299）、重庆市（0.248）五个城市；2008 年为北京市（0.267）、广州市（0.242）、深圳市（0.287）、苏州市（0.274）、天津市（0.223）五个城市；2003 年则为零。而从三个考察时点产城融合综合发展指数的对比也可以发现，处于相对较高水平的城市数量越来越多，而处于最低水平（小于 0.053）的城市数量大幅减少（2003 年 267 个，2008 年 168 个，2014 年 117 个），中国 285 个城市产城融合综合发展指数呈现不断上升趋势，可以说，随着中国经济可持续发展战略的不断深化，产城融合逐步走上有序健康道路。

（二）产城融合耦合度

三个考察时点的产城融合耦合度，2003 年为 0.473，2008 年为 0.462，2014 年为 0.470。三个时点产城融合耦合度虽然变化不大，但呈波动下降趋势。2003 年中国产城耦合度指数大于 0.491 的城市主要有广州（0.492）、海口（0.494）、昆明（0.493）等共计 30 个。2008 年此类城市数量为包括北京（0.495）、太原（0.496）、西安（0.495）等共计9个；2014年则为北京（0.499）、包头（0.497）、成都（0.494）等共计30个。而该指数处于［0.476，0.491］的城市，2003年有105个，2008年有40个，2014年有76个。而从耦合度指数最小区域（小于0.448）所对应的城市数量来看，2003年为24个，2008年有49个，2014年有28个。从对比三个时点的变化发现，中国产业与城镇化发展之间的耦合度在考察时点发生了很大的波动，主要表现为较高耦合水平的城市数量变化较大，基本在2008年表现出数量上的大幅下降或者上升，这也体现了产业与城镇化之间的相互依赖程度在过去一段时期的波动变化。

（三）产城融合协调度

三个时点的产城融合协调度总体呈上升趋势，2003年为0.128，2008年为0.164，2014年为0.181。在大于0.355的范围内，2003年为零，2008年有北京（0.364）、上海（0.444）、深圳（0.369）三个城市；2014年则有北京市（0.395）、天津市（0.374）、上海市（0.428）、苏州市（0.364）、广州市（0.363）和深圳市（0.366）6个城市。而处于［0.204，0.355］的城市三个时点依次为2003年6个，主要包括北京（0.268）、广州（0.249）、上海（0.319）、深圳（0.259）、苏州（0.221）、天津（0.222）；2008年共包括天津市（0.317）、长春市（0.219）等共计39个城市，2014年则共有62个城市。而最小区间（小于0.139）的城市数量2003年为214个，2008年为84个，2014年为29个。从三个时点融合协调度指数变化对比可以看出，从整体来看，东部沿海城市普遍处于较高协调水平，但是随着中国经济发展方式的转变以及产业与城市协调发展要求的不断深化，中国所考察285个城市的产业协调发展程度得到了显著提升，逐步走上健康发展的轨道。

三、产城融合分项时空格局演化特征分析

同样，选取2003年、2008年、2014年为时间节点，利用公式，计算各时期各地级单元的产业支撑协调度指数、城镇化融合协调度指数与人口集聚融合协调度指数，分析全国产城融合各分指标在地级市层面的时空特征。

（一）产业支撑融合协调度

三个时点的产业支撑融合协调度指数从2003年的0.203上升至2008年的0.261，进而上升至2014年的0.288，整体上升趋势显著。2003年，产业协调指数大于0.425的城市只有上海市（0.436），而处于第二梯队（0.355～0.425）的城市则只有深圳市（0.372）、苏州市（0.377）。处于第三梯队（0.279～0.354）的城市为以北京（0.333）、广州（0.342）、天津（0.344）为代表的共计17个城市。到2008年，处于同样三个梯队的城市分别为以北京（0.445）、广州（0.451）为代表的8个城市；以杭州（0.424）、南京（0.387）为代表的18个城市；以及以长沙（0.319）、郑州（0.347）为代表的54个城市。到2014年，三个梯队城市数量分别为以北京（0.449）、广州（0.442）为代表的第一梯队共9个城市；以南京（0.404）、武汉（0.395）为代表的第二梯队共计33个城市；以福州（0.354）、昆明（0.279）为代表的96个城市。从三个时点产业支撑融合协调度指数不同水平所包含城市数量比较来看，各个层次城市数量均有明显增长，这也表明在过去的十几年中，中国285个城市的产业支撑融合协调发展程度越来越高，产业健康持续发展状况不断改进。

（二）城镇化建设融合协调度

从所考察三个时点的城镇化融合协调度指数，2003年为0.113，2008年为0.148，2014年则为0.163，整体同样呈现上升趋势。三个时点城镇化建设融合协调度指数处于较高融合协调水平的城市数量同样处于不断上升趋势，而处于较低融合协调水平的城市数量不断减少，同样说明本书所考察的285个城市城镇化建设融合协调发展水平不断提升。

（三）人口集聚融合协调度

从人口集聚融合协调度指数来看，2003年与2008年相比，人口协调度指数较高水平城市的数量不断扩大。但到2014年，人口协调度指数大幅下降，整体水平较低，这和中国人口结构变化的实际情况是一致的。中国人口数量的变化经历了特点鲜明的几个阶段，在20世纪80年代之前，中国人口一直处于无计划增长状态，这个时期中国人口的数量奠定了整个国家未来人口发展的基础。尽管在80年代之后制定了有效的人口计划生育政策，但计划的实施效果有一定的滞后性，这也使得在此之后一段时期内中国仍然出现人口的高增长。随后的人口虽然也表现出增长态势，但增长缓慢，人口老龄化逐渐显现，这对于整个社会的可持续发展影响显著。

总体而言，中国产城融合的三个关键指标中，产业支撑、城镇化建设的融合协调发展状况在不断改善，人口集聚融合协调度在2014年出现较大幅度的波动下降。

四、区域尺度层面产城融合时空格局演化特征分析

为了更好地揭示产城融合的演变规律，选取2003年、2008年、2014年为时间节点，充分考虑地区差异，将285个城市分成直辖市、东、中、西部地区，分别考察其耦合、协调度（见表6－4），绘制发展动态图（见图6－2）。

（一）从各区域产城融合宏观层面来看

结合表6－4、图6－2发现，不管是较为发达的直辖市城市和其他东部地区，还是经济发展相对缓慢、人口密度较低的中、西部地区，整体上均属于颉颃耦合类型，并处于较低水平协调发展阶段。具体而言，直辖市城市的三大要素指数、耦合度与融合协调度数值均较高，三个时点耦合度均达到0.49，距离以0.5分界点的磨合阶段仅半步之遥，而融合协调度也分别达到了0.3、0.3、0.4。虽然其耦合类型与融合协调类型仍然处于颉颃和较低水平协调的状态，但毋庸置疑的是，在中国产城融合的过程中，直辖市城市必然走在先锋队的位置，率先进入高耦合阶段，实现发展调和、初中级融合协调发展。尤其是在2014年，直辖市城市产城融合协调度达到0.4的水平，实现了突破性增长，可以说已经进入了发展调和型阶段，这也是中国新型城镇化建设战略指导下取得的显著成果。东、中、西部的产业支撑指数差别不大，但城镇化建设、人口集聚方面，东部地区明显要高于中、西部地区。在三大地区三个指数之间的耦合度、协调度方面，虽然所属的耦合类型与协调发展阶段相同，但从实际水平上看，东部地区同样要高于中、西部地区。这一结果和中国各区域发展的实际情况以及发展战略是一致的。

表 6-4　　2003—2014 年中国地区间产城融合演化情况

地区	年份	产业支撑指数	城镇化建设指数	人口集聚指数	耦合度	耦合类型	协调度	协调类型
直辖市	2003	0.15	0.21	0.21	0.49	颉颃	0.30	低度协调
	2008	0.39	0.29	0.26	0.49	颉颃	0.30	低度协调
	2014	0.24	0.43	0.35	0.49	颉颃	0.40	低度协调
东部地区	2003	0.06	0.04	0.03	0.48	颉颃	0.15	低度协调
	2008	0.11	0.07	0.04	0.47	颉颃	0.18	低度协调
	2014	0.14	0.07	0.06	0.47	颉颃	0.21	低度协调
中部地区	2003	0.07	0.03	0.02	0.45	颉颃	0.14	低度协调
	2008	0.11	0.05	0.03	0.45	颉颃	0.17	低度协调
	2014	0.12	0.07	0.04	0.46	颉颃	0.19	低度协调
西部地区	2003	0.07	0.02	0.02	0.42	颉颃	0.13	低度协调
	2008	0.11	0.04	0.03	0.42	颉颃	0.16	低度协调
	2014	0.12	0.04	0.02	0.41	颉颃	0.16	低度协调

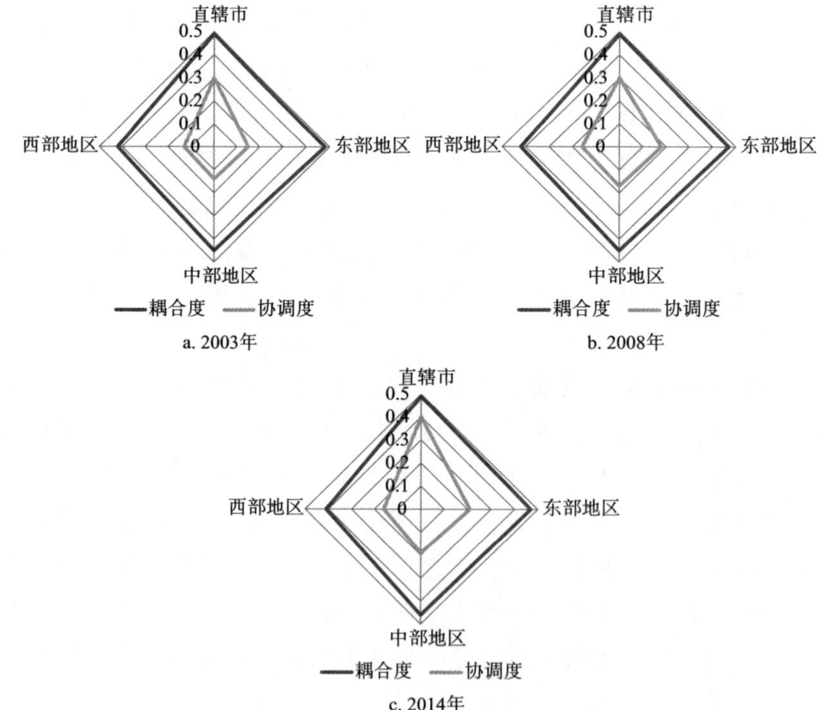

图 6-2　中国直辖市、中、东、西部产城融合耦合度与协调度（2003 年、2008 年、2014 年）

作者认为，直辖市城市一直以来都是中国政治、经济、文化中心，人口密度大，城镇化建设迅速，产业体系完善。东部地区所辖的区域主要是中国的东部沿海城市，其地理位置优越，交通便利，商业发达，物流优势显著，尽管国土面积不足全国的五分之一，但人口却占了近一半，区内GDP更是达到全国GDP的五分之三。中部地区则主要承担着我国动力、原材料供给区的责任，近全国一半的耕地面积承担着40%以上的粮食供给，40%的肉类产品、45%的淡水产品同样来自于中部地区。从交通方面来看，虽然不具备东部沿海城市承接海内外的能力，但地处中国腹地，有着承东启西、接北进南、汇聚八方的枢纽优势，也造就了许多全国交通咽喉要道。一直以来，西部地区幅员辽阔，土地面积占全国土地面积的一半以上，但人口数量仅占五分之一左右，典型的地广人稀。相比较于东部地区发达的商贸流通业和中部地区初级产品交易为主的产业支撑特征，西部地区则主要依靠其丰富的天然气、稀有金属等矿藏资源构筑自己的优势产业体系。相较而言，发达地区由于完善的基础设施、社会保障体系、良好的生活环境等因素，人口集聚能力较强，经济发展快，加快了城镇化扩张速度。西部地区由于交通、宜居等方面的原因，居住人口主要以少数民族为主，吸引外来人口的能力较弱，人口集聚水平较低，对城镇化建设的支撑作用较弱，这也是西部地区产城融合三个指数中城镇化建设指数、人口集聚指数相对较低的重要原因。

（二）从各区域产城融合要素情况来看

1. 产业支撑指数

由图6－3可见，中国四个区域的产业支撑指数普遍高于城镇化建设和人口集聚指数，且东、中、西部地区表现出产业支撑指数逐年提高的态势。需要指出的是，直辖市城市在2003年产业支撑指数最低，到2008年，指数飞速上涨，而到了2014年，这一状态又发生颠覆式的变化，产业支撑指数处于三者之中的最低水平。分析认为，直辖市城市在长期扶持政策、完善制度的支持下，已经形成非常健康的产业发展体系，为城市发展奠定了坚实的物质基础。而随着中国经济的快速增长及产业结构不断调整，直辖市城市及发达地区的城市用地紧张问题进一步凸显，劳动力成本不断提高，企业商务成本、资源环境约束等矛盾都制约着企业发展的步伐。到2008年，中国逐渐出台产业转移相关政策，部分制造企业开始从城市中心迁往城市郊区或次发达地区，这一行为一方面降低了企业运营成本，同时有利于城市环境改善。相较于制造业的迁出，第三产业发展更加繁荣，但不得不承认的是，中国“二、三、一”产业的发展模式充分显示了第二产业在国民经济中的重要地位，而制造业的迁出很大程度上降低了第二产业对经济的支撑，第三产业所创造 GDP 的数量还有待进一步提升，这也是到 2013 年直辖市城市产业支撑指数反而降低的主要原因。而从东、中、西部之间的产业转移来看，随着我国中西部地区经济的发展、内需市场的扩大及产业结构的整体提升，东部地区对中西部地区的产业转移已经突破传统产业的范畴，逐步向电子信息、装备制造、新能源等高端产业跨越；与此同时，中国东西部之间的产业转移逐渐打破东部向中西部单向转移的态势，东部发达地区科技、人才以及总部企业集聚的优势，使得中西部优秀龙头企业纷纷开始将企业总部和研发基地迁往东部区域。事实上，中国经济发展东部带动中西部的同时，中西部的良好发展也有效实现了对东部转移产业的承接，呈现出石化、有色金属等部分产业沿海化布局的趋势。整体来看，中国产业发展已经进入全面优化产业链布局、转移和转型协调的新阶段。

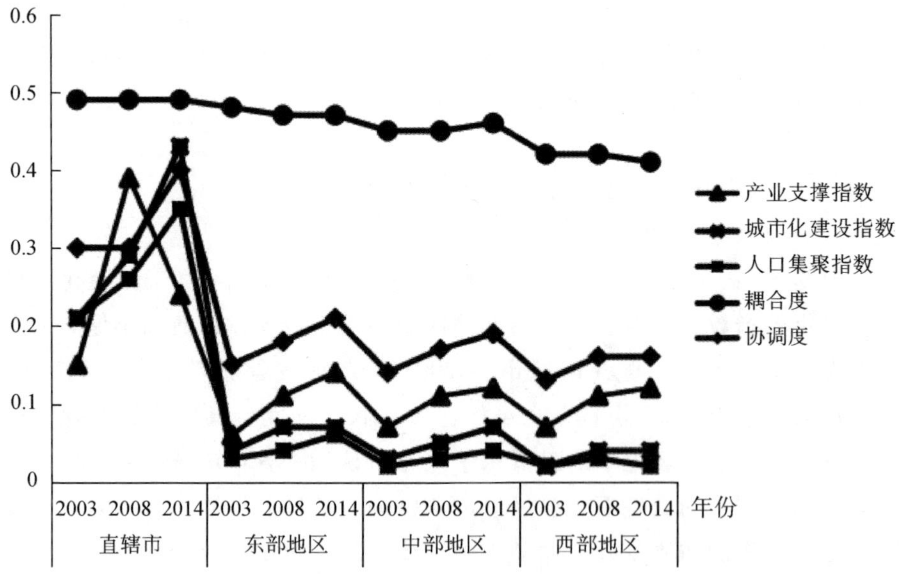

图 6-3　中国各区域产城融合维度发展指数及耦合协调度（2003 年、2008 年、2014 年）

2. 城镇化建设指数

由图6－3可见，产城融合中的城镇化建设指数基本保持居中水平，并表现出稳定的逐年增长趋势。随着人均收入水平的提高，人们对于生活环境、生活条件的高品质需求不断攀升，宽敞的城市生活空间、先进的信息技术支持、优质的社会医疗保障等高端需求对城镇化的发展提出了更高的要求，结合城镇化建设政策的相继出台，中国城镇化建设取得了稳步而长足的进步。

3. 人口集聚指数

在三个节点中，除直辖市城市外，中、东、西部的人口集聚指数一直处于产城融合三要素的最低水平，但保持持续稳定上升。这也说明，在中国城镇化扩张过程中，城市人口集聚功能不断发挥，不仅非农业人口比例持续上升，城市新融入人口收入水平、教育支出水平也不断提升，融入城市能力不断增强，尤其是随着西部大开发战略的深化实施，西部广袤地域的交通条件、生活水平、生产条件等均取得了很大改变。比较而言，直辖市城市的人口集聚指数同样表现出稳步上升的态势，但从其在直辖市城市产城融合三要素中的排序变化来看，除了在2008年处于最低位置之外，2003年和2014年均处于第二位，事实上，直辖市城市产城融合三要素的排序变化符合大型城市综合发展的基本特征，其城市发展的基础规模基数奠定了其在后期城镇化建设中仍然能够保持较高水平并实现人口的进一步集聚的基础。

比较发现，直辖市城市与中、东、西部的城镇化建设指数与人口集聚指数呈现出相对一致的发展规律和走势。事实上，城镇化的推进本质而言是一个人口不断集聚的过程，在这一过程中，产业规划与发展是否能够跟上城市空间扩张，生产要素集聚与辐射吸收效应的发挥，促进人口的进一步集聚，则主要体现了三者之间协调发展的程度。观察其耦合度与协调度的具体变化状况，四个区域的产城融合三要素的耦合度基本处于平稳态势，并具有微弱的下降趋势，协调度则表现出明显的不断提高趋势，但水平相对较低，仍处于低度协调阶段。这也充分说明，在中国新型城镇化建设的过程中，城镇化建设、产业支撑以及人口集聚三要素之间的彼此有效互促共进机制还有待进一步形成。

第三节 中国县域尺度产城融合评价

一、数据采集

以浙江省67个县域单元为研究对象，涵盖浙江省的56个县、县级市和11个地级市辖区，不包括2013年撤县设区的上虞市和绍兴县，所需数据时间跨度为2004—2014年，并分别选择2004年、2009年、2014年3个时间断面进行产城融合分析。书中涉及指标的原始数据均来自2005—2015年《浙江统计年鉴》，并对行政区划调整的区域进行了相应的合并处理，对个别市县个别年份个别指标缺少统计的情况，作者选择前后两年数值进行均值后填补，从而保证数据的连续性和科学有效。

二、浙江省县域单元产城融合总体时空格局演化特征分析

基于熵值法、融合协调度模型，本书进一步计算得到2004—2014年浙江县域单元产城融合的耦合度、融合协调度。为反映三者的动态变化及更直观的比较两个子系统的综合发展情况，选择2004年、2009年、2014年3个时间断面进行耦合、融合协调度分析，以便体现融合协调性的阶段性特征（详见表6-5）。

表6-5　浙江省县域单元产城耦合协调度评价结果

县域	2004年				2009年				2014年			
	耦合度	耦合阶段	协调度	协调程度	耦合度	耦合阶段	协调度	协调程度	耦合度	耦合阶段	协调度	协调程度
杭州市辖区	0.495	颉颃	0.421	发展调和	0.498	颉颃	0.561	初级协调	0.498	颉颃	0.671	中级协调
富阳市	0.442	颉颃	0.201	轻度失调	0.471	颉颃	0.219	轻度失调	0.483	颉颃	0.259	轻度失调

续表

县域	2004年				2009年				2014年			
	耦合度	耦合阶段	协调度	协调程度	耦合度	耦合阶段	协调度	协调程度	耦合度	耦合阶段	协调度	协调程度
临安市	0.436	颉颃	0.181	严重失调	0.474	颉颃	0.191	严重失调	0.488	颉颃	0.227	轻度失调
建德市	0.425	颉颃	0.167	严重失调	0.477	颉颃	0.178	严重失调	0.488	颉颃	0.205	轻度失调
桐庐县	0.429	颉颃	0.176	严重失调	0.473	颉颃	0.189	严重失调	0.484	颉颃	0.219	轻度失调
淳安县	0.393	颉颃	0.149	严重失调	0.462	颉颃	0.154	严重失调	0.489	颉颃	0.182	严重失调
宁波市辖区	0.490	颉颃	0.364	发展调和	0.485	颉颃	0.435	发展调和	0.483	颉颃	0.535	初级协调
余姚市	0.466	颉颃	0.222	轻度失调	0.488	颉颃	0.244	轻度失调	0.495	颉颃	0.286	轻度失调
慈溪市	0.468	颉颃	0.237	轻度失调	0.485	颉颃	0.253	轻度失调	0.493	颉颃	0.314	发展调和
奉化市	0.440	颉颃	0.189	严重失调	0.473	颉颃	0.201	轻度失调	0.489	颉颃	0.219	轻度失调
象山县	0.473	颉颃	0.168	严重失调	0.480	颉颃	0.190	严重失调	0.495	颉颃	0.222	轻度失调
宁海县	0.447	颉颃	0.176	严重失调	0.470	颉颃	0.185	严重失调	0.485	颉颃	0.220	轻度失调
温州市辖区	0.471	颉颃	0.345	发展调和	0.492	颉颃	0.371	发展调和	0.499	颉颃	0.373	发展调和
瑞安市	0.472	颉颃	0.246	轻度失调	0.490	颉颃	0.258	轻度失调	0.496	颉颃	0.270	轻度失调
乐清市	0.458	颉颃	0.244	轻度失调	0.473	颉颃	0.254	轻度失调	0.483	颉颃	0.265	轻度失调
洞头县	0.420	颉颃	0.174	严重失调	0.406	颉颃	0.178	严重失调	0.451	颉颃	0.176	严重失调
永嘉县	0.451	颉颃	0.210	轻度失调	0.477	颉颃	0.198	严重失调	0.488	颉颃	0.227	轻度失调
平阳县	0.471	颉颃	0.231	轻度失调	0.481	颉颃	0.209	轻度失调	0.497	颉颃	0.227	轻度失调

续表

县域	2004年				2009年				2014年			
	耦合度	耦合阶段	协调度	协调程度	耦合度	耦合阶段	协调度	协调程度	耦合度	耦合阶段	协调度	协调程度
苍南县	0.479	颉颃	0.211	轻度失调	0.479	颉颃	0.248	轻度失调	0.499	颉颃	0.233	轻度失调
文成县	0.397	颉颃	0.162	严重失调	0.379	颉颃	0.150	严重失调	0.432	颉颃	0.150	严重失调
泰顺县	0.410	颉颃	0.167	严重失调	0.390	颉颃	0.150	严重失调	0.438	颉颃	0.155	严重失调
嘉兴市辖区	0.476	颉颃	0.238	轻度失调	0.494	颉颃	0.276	轻度失调	0.495	颉颃	0.324	发展调和
平湖市	0.467	颉颃	0.221	轻度失调	0.492	颉颃	0.241	轻度失调	0.490	颉颃	0.283	轻度失调
海宁市	0.482	颉颃	0.236	轻度失调	0.492	颉颃	0.247	轻度失调	0.493	颉颃	0.292	轻度失调
桐乡市	0.462	颉颃	0.220	轻度失调	0.494	颉颃	0.254	轻度失调	0.491	颉颃	0.291	轻度失调
嘉善县	0.463	颉颃	0.203	轻度失调	0.489	颉颃	0.230	轻度失调	0.490	颉颃	0.265	轻度失调
海盐县	0.462	颉颃	0.198	严重失调	0.486	颉颃	0.197	严重失调	0.489	颉颃	0.261	轻度失调
湖州市辖区	0.480	颉颃	0.239	轻度失调	0.488	颉颃	0.255	轻度失调	0.494	颉颃	0.303	发展调和
德清县	0.444	颉颃	0.192	严重失调	0.476	颉颃	0.201	轻度失调	0.482	颉颃	0.249	轻度失调
长兴县	0.454	颉颃	0.193	严重失调	0.480	颉颃	0.208	轻度失调	0.492	颉颃	0.265	轻度失调
安吉县	0.422	颉颃	0.176	严重失调	0.464	颉颃	0.187	严重失调	0.499	颉颃	0.245	轻度失调
绍兴市辖区	0.487	颉颃	0.263	轻度失调	0.496	颉颃	0.288	轻度失调	0.481	颉颃	0.452	发展调和
诸暨市	0.442	颉颃	0.211	轻度失调	0.474	颉颃	0.246	轻度失调	0.475	颉颃	0.298	轻度失调
嵊州市	0.442	颉颃	0.186	严重失调	0.476	颉颃	0.194	严重失调	0.493	颉颃	0.225	轻度失调
新昌县	0.434	低度	0.182	严重失调	0.467	颉颃	0.186	严重失调	0.483	颉颃	0.221	轻度失调

续表

县域	2004年				2009年				2014年			
	耦合度	耦合阶段	协调度	协调程度	耦合度	耦合阶段	协调度	协调程度	耦合度	耦合阶段	协调度	协调程度
金华市辖区	0.470	颉颃	0.226	轻度失调	0.480	颉颃	0.242	轻度失调	0.493	颉颃	0.283	轻度失调
兰溪市	0.459	颉颃	0.187	严重失调	0.475	颉颃	0.176	严重失调	0.481	颉颃	0.215	轻度失调
东阳市	0.448	颉颃	0.202	轻度失调	0.474	颉颃	0.205	轻度失调	0.495	颉颃	0.239	轻度失调
义乌市	0.461	颉颃	0.232	轻度失调	0.485	颉颃	0.265	轻度失调	0.492	颉颃	0.305	发展调和
永康市	0.434	颉颃	0.202	轻度失调	0.473	颉颃	0.210	轻度失调	0.489	颉颃	0.253	轻度失调
武义县	0.407	颉颃	0.165	严重失调	0.449	颉颃	0.166	严重失调	0.470	颉颃	0.195	严重失调
浦江县	0.425	颉颃	0.178	严重失调	0.462	颉颃	0.179	严重失调	0.484	颉颃	0.204	轻度失调
磐安县	0.406	颉颃	0.129	严重失调	0.445	颉颃	0.132	严重失调	0.471	颉颃	0.151	严重失调
衢州市辖区	0.469	颉颃	0.196	严重失调	0.490	颉颃	0.211	轻度失调	0.495	颉颃	0.244	轻度失调
江山市	0.451	颉颃	0.164	严重失调	0.471	颉颃	0.168	严重失调	0.483	颉颃	0.195	严重失调
常山县	0.418	颉颃	0.154	严重失调	0.441	颉颃	0.147	严重失调	0.462	颉颃	0.163	严重失调
开化县	0.405	颉颃	0.135	严重失调	0.446	颉颃	0.136	严重失调	0.464	颉颃	0.156	严重失调
龙游县	0.449	颉颃	0.169	严重失调	0.472	颉颃	0.164	严重失调	0.480	颉颃	0.188	严重失调
舟山市辖区	0.466	颉颃	0.220	轻度失调	0.490	颉颃	0.250	轻度失调	0.497	颉颃	0.289	轻度失调
岱山县	0.472	颉颃	0.159	严重失调	0.481	颉颃	0.177	严重失调	0.494	颉颃	0.197	严重失调
嵊泗县	0.485	颉颃	0.191	严重失调	0.498	颉颃	0.195	严重失调	0.494	颉颃	0.204	轻度失调
台州市辖区	0.481	颉颃	0.251	轻度失调	0.492	颉颃	0.282	轻度失调	0.484	颉颃	0.385	发展调和

续表

县域	2004 年				2009 年				2014 年			
	耦合度	耦合阶段	协调度	协调程度	耦合度	耦合阶段	协调度	协调程度	耦合度	耦合阶段	协调度	协调程度
温岭市	0.482	颉颃	0.235	轻度失调	0.491	颉颃	0.243	轻度失调	0.499	颉颃	0.277	轻度失调
临海市	0.461	颉颃	0.198	严重失调	0.483	颉颃	0.209	轻度失调	0.495	颉颃	0.241	轻度失调
玉环县	0.473	颉颃	0.223	轻度失调	0.494	颉颃	0.227	轻度失调	0.495	颉颃	0.267	轻度失调
三门县	0.448	颉颃	0.141	严重失调	0.443	颉颃	0.160	严重失调	0.476	颉颃	0.180	严重失调
天台县	0.434	颉颃	0.178	严重失调	0.462	颉颃	0.185	严重失调	0.490	颉颃	0.199	严重失调
仙居县	0.389	颉颃	0.163	严重失调	0.428	颉颃	0.161	严重失调	0.481	颉颃	0.180	严重失调
丽水市辖区	0.420	颉颃	0.186	严重失调	0.462	颉颃	0.201	轻度失调	0.490	颉颃	0.225	轻度失调
龙泉市	0.385	颉颃	0.141	严重失调	0.439	颉颃	0.145	严重失调	0.470	颉颃	0.165	严重失调
青田县	0.381	颉颃	0.153	严重失调	0.448	颉颃	0.162	严重失调	0.467	颉颃	0.189	严重失调
云和县	0.337	颉颃	0.137	严重失调	0.411	颉颃	0.143	严重失调	0.452	颉颃	0.161	严重失调
庆元县	0.330	颉颃	0.122	严重失调	0.405	颉颃	0.131	严重失调	0.455	颉颃	0.146	严重失调
缙云县	0.404	颉颃	0.159	严重失调	0.447	颉颃	0.155	严重失调	0.459	颉颃	0.179	严重失调
遂昌县	0.384	颉颃	0.134	严重失调	0.423	颉颃	0.145	严重失调	0.460	颉颃	0.163	严重失调
松阳县	0.413	颉颃	0.109	严重失调	0.437	颉颃	0.130	严重失调	0.456	颉颃	0.152	严重失调
景宁县	0.335	颉颃	0.120	严重失调	0.396	颉颃	0.138	严重失调	0.463	颉颃	0.148	严重失调

（一）产城融合耦合度

2004 年浙江省各县域单元耦合度区间在［0.33，0.495］，全省的耦合度平均值为 0.441，且整体来看都是处在颉颃阶段。耦合度最高的是杭州市辖区，其耦合度为 0.495，处在颉颃阶段。耦合度最低的是庆元县，其耦合度只有 0.330，低于全省耦合度的平均值 0.441，但仍然是处在颉颃阶段。

2009 年浙江省各县域单元的耦合度区间在［0.379，0.498］，全省的耦合度平均值为 0.467，相比 2004 年来看，整体耦合度有所提升，但也都是处在颉颃阶段。其中耦合度最高的是杭州市辖区和嵊泗县，其耦合度为 0.498，处在颉颃阶段。并且嵊泗县相比 2004 年来看其耦合度略有上升（2004 年耦合度为 0.485）。耦合度最低的是文成县，其耦合度为 0.379，低于全省的平均水平 0.467，相比 2004 年其耦合度有所下降（2004 年耦合度为 0.397）；而耦合度值在 2009 年上升幅度最大的是庆元县，从 2014 年的 0.33 上升到 2009 年的 0.405。除此之外宁波市辖区、三门县、洞头县、文成县、泰顺县 5 个市县域的耦合度相比 2004 年还有所下降，耦合度下降幅度最大的是泰顺县，从 2004 年的 0.41 下降到 2009 年的 0.39。

2014 年各县域单元耦合度区间在［0.432，0.499］，相比较 2009 年，耦合度整体也在上升，但是也都处在颉颃阶段。其中耦合度最高的是温州市辖区、苍南县、安吉县、温岭市，耦合度值都是 0.499，都是处在颉颃阶段。相比 2009 年，温州市辖区的耦合度有所上升（2009 年耦合度为 0.492）。温岭市相比 2009 年耦合度值有所上升（2009 年耦合度为 0.491）。苍南县相比 2009 年其耦合度也是有所上升（2009 年苍南县耦合度 0.479）。安吉县相比 2009 年来看，其耦合度上升幅度比较大（2009 年耦合度为 0.464）。而耦合度最低的仍是文成县，其耦合度值为 0.432，低于全省的平均水平 0.483，虽相比 2009 年耦合度上升幅度比较大（2009 年文成县耦合度为 0.379），但是仍是处在颉颃阶段。耦合度在 2014 年上升幅度最大的是景宁县，从 2009 年的 0.396 上升到 2014 年的 0.463。而宁波市辖区、平湖市、桐乡市、嵊泗县、台州市辖区、绍兴市辖区 6 个市县区域的耦合度都有所下降，下降幅度最大的是绍兴市辖区，从 2009 年的 0.494 下降到 2014 年的 0.481。

为了进一步分析产城融合的空间格局特征及动态演化，本书利用 Arc-

GIS 软件，对 3 个时间节点的浙江省县域单元产城融合耦合度进行空间可视化处理（见图 6－4）。

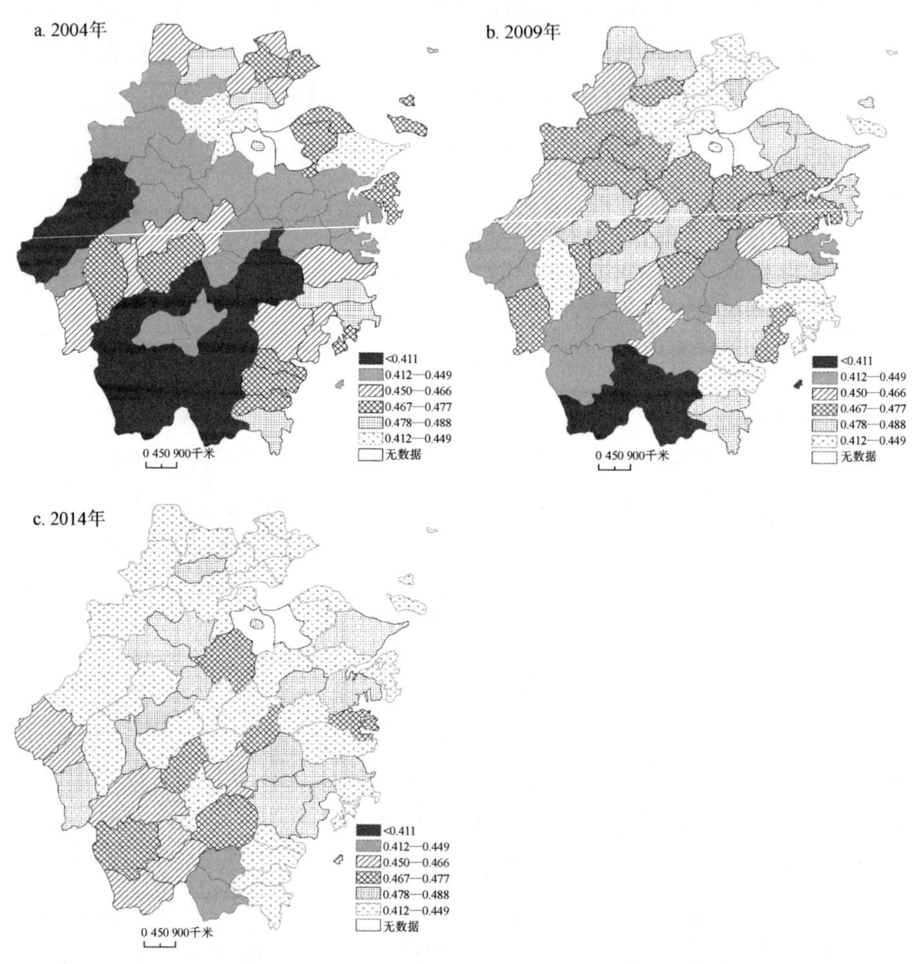

图 6－4　2004—2014 年浙江省县域单元产城耦合度空间分布格局

从图 6－4 我们可以看出，2004 年、2009 年、2014 年这 3 个时间节点上，整体来看浙江省各县域单元产城融合耦合度虽在一定程度上有所增长，但其发展态势并没有呈现出明显变化，发展比较平稳。没有处于中高水平产城耦合度阶段的县域单元，也没有处于低水平产城耦合度阶段的县域单元。各县域单元的产城融合耦合度都处在中下等水平阶段，即其耦合度区间都是［0.301，0.500］，均处在颉颃阶段。

（二）产城融合协调度

根据上表6-5可知，从县域单元的产城融合协调度来看，2004年浙江各县域单元产城融合协调度在［0.109，0.421］，整体来看这67个县域区域的协调度不是很高，全省的协调度的平均值为0.196。协调度最高的是杭州市辖区，其协调度为0.421，产城融合协调度处在发展调和阶段，相比全省的平均水平而言发展的还是不错。其次是宁波市辖区和温州市辖区的协调度分别为0.364、0.345，产城融合处在发展调和阶段。其他县域单元都处在轻度失调和严重失调阶段。而协调度最低的是松阳县，其协调度为0.109，产城融合协调度处在严重失调的阶段。

2009年各县域单元产城融合协调度在［0.130，0.561］，相比2004年整体的协调度有所上升，城市的产城融合协调层次也在往上跃进，全省的平均值是0.210，比2004年的平均值稍微高些。协调度最高的仍是杭州市辖区，其协调度为0.561，产城融合协调度处在初级协调阶段，相比2004年产城融合水平往上跃进了一个层次，相比全省的平均发展水平较好。其次仍是宁波市辖区和温州市辖区，其协调度分别为0.435、0.371，相比2004年协调度都有所上升，但是其产城融合协调度仍是处在发展调和阶段，相比全省的平均发展水平比较好。其余的县域单元产城融合度都处在轻度失调和严重失调阶段。协调度最低的也是松阳县，其协调度为0.130，产城融合协调度处在严重失调阶段。

2014年各县域单元的产城融合协调度在［0.146，0.671］，相比2009年的产城融合协调度的整体水平有所上升，城市的产城融合协调度再次跃上一个台阶，全省的产城融合协调度平均值为0.244，相比2009年平均值有所提升。其中杭州市辖区仍是协调度最高的，其协调度为0.671，产城融合协调度已经是中级协调。而宁波市辖区的协调度为0.535，产城融合协调程度已经从发展调和上升为初级协调阶段。温州市辖区的协调度为0.373，仍然是处在发展调和阶段。除此之外相比2009年，又增加了6个县域单元产城融合协调度上升为发展调和阶段，它们分别为绍兴市辖区、台州市辖区、嘉兴市辖区、慈溪市、义乌市、湖州市辖区，其协调度分别为0.452、0.385、0.324、0.314、0.305、0.303。这些城市相比全省的平均发展水平都比较好。其余的县域单元都处在轻度失调和严重失调阶段。其中协调度最低的是庆元县，协调度为0.146，产城融合协调度处在严重失调阶段，协调度虽较2009年有所上升（2009年协调度为0.131，产城融合协调度处在严重失调阶段）但与全省的平均发展水平相比差距也较大。有待进一步提高。

为了进一步剖析产城融合的空间格局特征及动态演化，本研究利用ArcGIS软件，对3个时间节点的浙江省县域单元产城融合协调度进行空间可视化处理（见图6－5）。

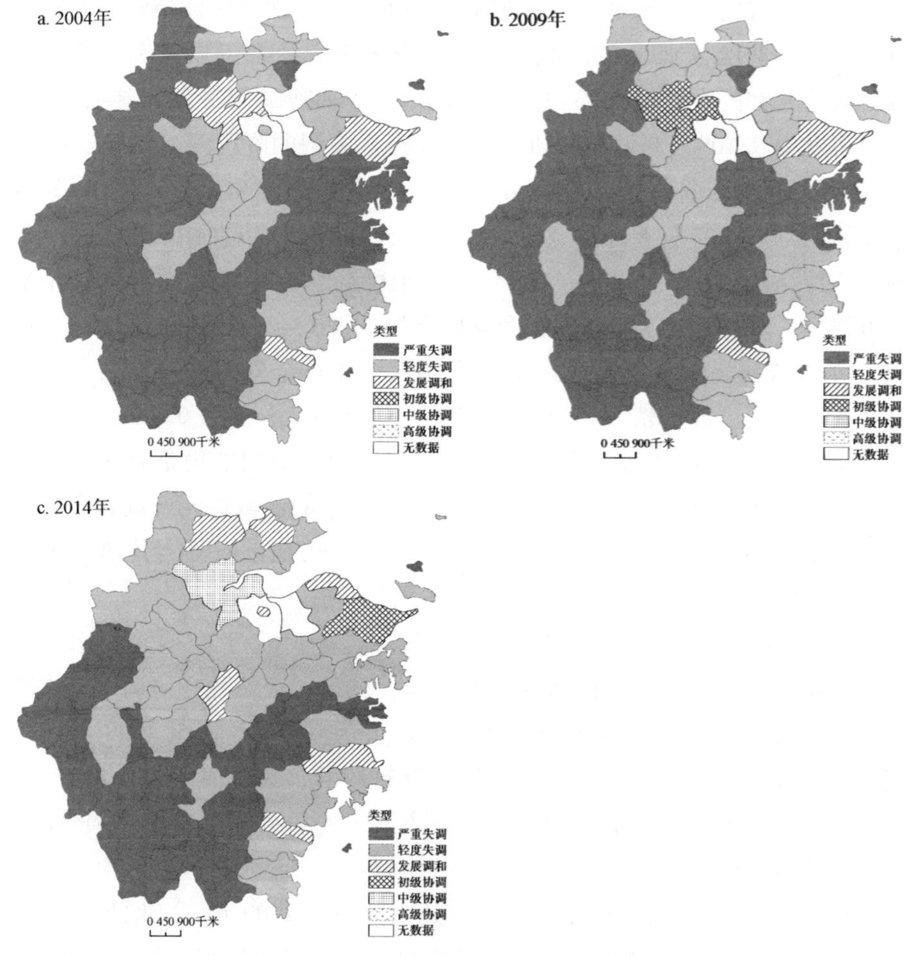

图6－5　2004—2014年浙江省县域单元产城融合协调度空间分布格局

由图6－5可知，在2004年、2009年、2014年这三个时间节点上，浙江省各县域单元产城融合协调度处在发展调和以上区域占所研究区域的比重分别为4.48%、4.48%、13.4%，浙江各县域单元的产城融合协调程度整体来看是在不断上升与优化，高层次的协调在不断往外扩散。浙江省西部的产城融合协调程度严重低于浙江省其余区域的产城融合协调度，协调程度比较好的区域基本分布在东北方向，其产城融合整体发展态势是“北高南低，东高西低”。其中，在2004年，浙江省的产城融合整体协调程度不高，处在发展调和阶段有3个区域，分别为杭州市辖区、宁波市辖区和温州市辖区。而绍兴市辖区、台州市辖区、瑞安市、乐清市等一共24个县域单元的产城融合协调度是处在轻度失调阶段，集中分布在浙江省的中部和东南部。海盐县、临海市、衢州市辖区、长兴县等40个县域单元产城融合协调度是处在严重失调阶段，主要分布在浙江省的西部、西南和延伸到东部的一定区域。2009年浙江省各县域产城融合协调整体水平往上提升，杭州市辖区的产城融合协调度已经发展为初级协调阶段，宁波市辖区和温州市辖区还仍然处在发展调和阶段。而产城融合协调度处在轻度失调阶段的县域单元一共有29个，主要分布在浙江省的北部、中部和东部区域。其中衢州市辖区、临海市、长兴县、奉化市、德清县和丽水市辖区6个县域单元从严重失调阶段进入轻度失调阶段。而同时永嘉县产城融合协调度从轻度失调阶段下降为严重失调阶段。产城融合协调度处在严重失调阶段的有永嘉县、海盐县、嵊泗县、嵊州市等35个县市，较2004年在数量上减少了5个。其主要分布在浙江省的西部、西南部和延伸到东部的少部分地区。

2014年浙江省的各县域单元产城融合协调程度较2009年又往上跃进了一个台阶，协调度的高值区域在不断扩大。杭州市辖区已经发展为中级协调阶段，宁波市辖区的产城融合协调从发展调和阶段发展成为初级协调阶段。产城融合协调度处在发展调和阶段已经增加到了7个，除了温州市辖区之外，绍兴市辖区、台州市辖区、嘉兴市辖区、慈溪市、义乌市、湖州市辖区县市从2009年的轻度失调阶段进入发展调和阶段。产城融合协调度处在轻度失调阶段的县市从2009年的29个增加到36个，这些县市主要分布在浙江省的北部，中部和东部地区。其中海盐县、安吉县、临安市、永嘉县、嵊州市、象山县、新昌县、宁海县、桐庐县、兰溪市、建德市、浦江县、嵊泗县等13个县市从2009年的严重失调阶段进入轻度失调阶段。在此时间节点上产城融合协调度严重失调阶段的县市从2009年的35个已经降低到22个，严重失调的区域范围在不断缩小，主要分布在浙江省的西南部区域。

三、浙江省县域单元产城融合分项时空格局演化特征分析

为深入探讨浙江县域产城融合分项空间格局演变特征，依据融合协调模型，对浙江省67个县市样本产业支撑、城镇化与人口集聚内部的耦合、融合协调状况进行系统运算，选择2004年、2009年、2014年3个时间断面进行耦合、融合协调度分析。

（一）产业支撑耦合协调度

依据融合协调模型，对浙江省67个县市样本产业支撑内部的耦合、融合协调状况进行系统运算，选择2004年、2009年、2014年3个时间断面进行耦合、融合协调度分析，详见表6-6。

表6-6　浙江省县域单元产业支撑耦合度与融合协调度

县域	2004年				2009年				2014年			
	耦合度	耦合阶段	协调度	协调程度	耦合度	耦合阶段	协调度	协调程度	耦合度	耦合阶段	协调度	协调程度
杭州市辖区	0.243	低度	0.349	发展调和	0.505	磨合	0.599	初级协调	0.732	磨合	0.796	中级协调
富阳市	0.045	低度	0.102	严重失调	0.049	低度	0.111	严重失调	0.089	低度	0.180	严重失调
临安市	0.037	低度	0.094	严重失调	0.030	低度	0.083	严重失调	0.054	低度	0.130	严重失调
建德市	0.029	低度	0.080	严重失调	0.021	低度	0.064	严重失调	0.037	低度	0.104	严重失调
桐庐县	0.026	低度	0.068	严重失调	0.024	低度	0.070	严重失调	0.046	低度	0.119	严重失调
淳安县	0.022	低度	0.079	严重失调	0.015	低度	0.061	严重失调	0.025	低度	0.085	严重失调
宁波市辖区	0.175	低度	0.275	轻度失调	0.365	颉颃	0.473	发展调和	0.555	磨合	0.645	中级协调
余姚市	0.055	低度	0.120	严重失调	0.058	低度	0.130	严重失调	0.090	低度	0.179	严重失调
慈溪市	0.065	低度	0.136	严重失调	0.064	低度	0.137	严重失调	0.124	低度	0.220	轻度失调
奉化市	0.042	低度	0.102	严重失调	0.040	低度	0.111	严重失调	0.046	低度	0.123	严重失调

续表

县域	2004年				2009年				2014年			
	耦合度	耦合阶段	协调度	协调程度	耦合度	耦合阶段	协调度	协调程度	耦合度	耦合阶段	协调度	协调程度
象山县	0.017	低度	0.054	严重失调	0.027	低度	0.081	严重失调	0.042	低度	0.109	严重失调
宁海县	0.027	低度	0.073	严重失调	0.029	低度	0.082	严重失调	0.052	低度	0.127	严重失调
温州市辖区	0.117	低度	0.214	轻度失调	0.132	低度	0.242	轻度调和	0.143	低度	0.254	轻度失调
瑞安市	0.073	低度	0.153	严重失调	0.067	低度	0.157	严重失调	0.085	低度	0.183	严重失调
乐清市	0.066	低度	0.140	严重失调	0.059	低度	0.132	严重失调	0.097	低度	0.193	严重失调
洞头县	0.039	低度	0.113	严重失调	0.035	低度	0.119	严重失调	0.035	低度	0.113	严重失调
永嘉县	0.049	低度	0.113	严重失调	0.035	低度	0.095	严重失调	0.053	低度	0.136	严重失调
平阳县	0.048	低度	0.116	严重失调	0.042	低度	0.120	严重失调	0.046	低度	0.130	严重失调
苍南县	0.043	低度	0.110	严重失调	0.038	低度	0.113	严重失调	0.044	低度	0.124	严重失调
文成县	0.034	低度	0.114	严重失调	0.031	低度	0.112	严重失调	0.026	低度	0.096	严重失调
泰顺县	0.042	低度	0.120	严重失调	0.029	低度	0.103	严重失调	0.028	低度	0.101	严重失调
嘉兴市辖区	0.065	低度	0.140	严重失调	0.079	低度	0.167	严重失调	0.132	低度	0.238	轻度失调
平湖市	0.049	低度	0.109	严重失调	0.042	低度	0.101	严重失调	0.091	低度	0.181	严重失调
海宁市	0.050	低度	0.111	严重失调	0.052	低度	0.119	严重失调	0.102	低度	0.196	严重失调
桐乡市	0.057	低度	0.124	严重失调	0.058	低度	0.133	严重失调	0.103	低度	0.198	严重失调
嘉善县	0.039	低度	0.095	严重失调	0.039	低度	0.098	严重失调	0.072	低度	0.157	严重失调
海盐县	0.027	低度	0.068	严重失调	0.026	低度	0.070	严重失调	0.060	低度	0.138	严重失调

续表

县域	2004年				2009年				2014年			
	耦合度	耦合阶段	协调度	协调程度	耦合度	耦合阶段	协调度	协调程度	耦合度	耦合阶段	协调度	协调程度
湖州市辖区	0.061	低度	0.133	严重失调	0.066	低度	0.142	严重失调	0.114	低度	0.214	轻度失调
德清县	0.043	低度	0.103	严重失调	0.032	低度	0.084	严重失调	0.077	低度	0.163	严重失调
长兴县	0.038	低度	0.096	严重失调	0.037	低度	0.097	严重失调	0.082	低度	0.169	严重失调
安吉县	0.038	低度	0.096	严重失调	0.034	低度	0.097	严重失调	0.050	低度	0.127	严重失调
绍兴市辖区	0.089	低度	0.186	严重失调	0.096	低度	0.201	轻度失调	0.375	颉颃	0.479	发展调和
诸暨市	0.057	低度	0.122	严重失调	0.066	低度	0.137	严重失调	0.143	低度	0.243	轻度失调
嵊州市	0.037	低度	0.092	严重失调	0.030	低度	0.086	严重失调	0.043	低度	0.116	严重失调
新昌县	0.037	低度	0.091	严重失调	0.032	低度	0.092	严重失调	0.055	低度	0.136	严重失调
金华市辖区	0.056	低度	0.136	严重失调	0.057	低度	0.143	严重失调	0.078	低度	0.177	严重失调
兰溪市	0.036	低度	0.092	严重失调	0.022	低度	0.066	严重失调	0.052	低度	0.127	严重失调
东阳市	0.044	低度	0.102	严重失调	0.043	低度	0.117	严重失调	0.058	低度	0.146	严重失调
义乌市	0.079	低度	0.168	严重失调	0.077	低度	0.180	严重失调	0.099	低度	0.209	轻度失调
永康市	0.051	低度	0.112	严重失调	0.042	低度	0.102	严重失调	0.074	低度	0.161	严重失调
武义县	0.037	低度	0.094	严重失调	0.026	低度	0.077	严重失调	0.045	低度	0.118	严重失调
浦江县	0.038	低度	0.093	严重失调	0.028	低度	0.080	严重失调	0.042	低度	0.115	严重失调
磐安县	0.011	低度	0.040	严重失调	0.011	低度	0.044	严重失调	0.017	低度	0.065	严重失调
衢州市辖区	0.035	低度	0.096	严重失调	0.035	低度	0.098	严重失调	0.062	低度	0.149	严重失调

续表

县域	2004年				2009年				2014年			
	耦合度	耦合阶段	协调度	协调程度	耦合度	耦合阶段	协调度	协调程度	耦合度	耦合阶段	协调度	协调程度
江山市	0.023	低度	0.068	严重失调	0.020	低度	0.065	严重失调	0.036	低度	0.103	严重失调
常山县	0.028	低度	0.083	严重失调	0.018	低度	0.065	严重失调	0.027	低度	0.090	严重失调
开化县	0.008	低度	0.037	严重失调	0.012	低度	0.051	严重失调	0.022	低度	0.080	严重失调
龙游县	0.026	低度	0.076	严重失调	0.018	低度	0.061	严重失调	0.034	低度	0.102	严重失调
舟山市辖区	0.055	低度	0.131	严重失调	0.068	低度	0.159	严重失调	0.098	低度	0.198	严重失调
岱山县	0.013	低度	0.049	严重失调	0.021	低度	0.065	严重失调	0.028	低度	0.085	严重失调
嵊泗县	0.023	低度	0.072	严重失调	0.016	低度	0.059	严重失调	0.016	低度	0.070	严重失调
台州市辖区	0.067	低度	0.140	严重失调	0.097	低度	0.197	严重失调	0.120	低度	0.225	轻度失调
温岭市	0.058	低度	0.129	严重失调	0.055	低度	0.130	严重失调	0.066	低度	0.154	严重失调
临海市	0.042	低度	0.103	严重失调	0.040	低度	0.106	严重失调	0.059	低度	0.142	严重失调
玉环县	0.044	低度	0.102	严重失调	0.032	低度	0.085	严重失调	0.058	低度	0.135	严重失调
三门县	0.013	低度	0.047	严重失调	0.024	低度	0.081	严重失调	0.028	低度	0.092	严重失调
天台县	0.038	低度	0.102	严重失调	0.035	低度	0.109	严重失调	0.034	低度	0.109	严重失调
仙居县	0.041	低度	0.107	严重失调	0.030	低度	0.097	严重失调	0.029	低度	0.098	严重失调
丽水市辖区	0.051	低度	0.129	严重失调	0.045	低度	0.131	严重失调	0.055	低度	0.144	严重失调
龙泉市	0.019	低度	0.065	严重失调	0.016	低度	0.063	严重失调	0.024	低度	0.084	严重失调
青田县	0.032	低度	0.088	严重失调	0.023	低度	0.074	严重失调	0.042	低度	0.115	严重失调

续表

县域	2004 年				2009 年				2014 年			
	耦合度	耦合阶段	协调度	协调程度	耦合度	耦合阶段	协调度	协调程度	耦合度	耦合阶段	协调度	协调程度
云和县	0. 025	低度	0. 070	严重失调	0. 020	低度	0. 071	严重失调	0. 026	低度	0. 087	严重失调
庆元县	0. 007	低度	0. 040	严重失调	0. 013	低度	0. 056	严重失调	0. 017	低度	0. 068	严重失调
缙云县	0. 031	低度	0. 089	严重失调	0. 021	低度	0. 069	严重失调	0. 039	低度	0. 110	严重失调
遂昌县	0. 017	低度	0. 054	严重失调	0. 019	低度	0. 070	严重失调	0. 026	低度	0. 089	严重失调
松阳县	0. 000	低度	0. 004	严重失调	0. 009	低度	0. 046	严重失调	0. 022	低度	0. 075	严重失调
景宁县	0. 015	低度	0. 054	严重失调	0. 017	低度	0. 071	严重失调	0. 014	低度	0. 066	严重失调

1. 产业支撑耦合度分析

由表 6 -6 可以知道，2004 年浙江省各县域单元的产业支撑耦合度在［0. 000，0. 243］，全省耦合度的平均值为 0. 045，整体来看其耦合度还处在比较低的发展水平，各县域的产业支撑耦合都是处在低度耦合阶段。耦合度在 0. 100 以上的有 3 个区域，分别为杭州市辖区、宁波市辖区和绍兴市辖区，其中杭州市辖区的耦合度最高，为 0. 243，远大于其全省平均值，但处在低度耦合阶段。宁波市辖区的耦合度为 0. 175，处在低度耦合阶段。其余各县域的产业支撑耦合度都是小于 0. 100，其中耦合度最低的是松阳县，其耦合度为 0. 000，处在低度耦合阶段。2009 年浙江省的各县域的产业支撑耦合度整体在不断优化提升，产业支撑耦合度在［0. 009，0. 505］，全省的耦合度平均值为 0. 051，较 2004 年上升一点。相比 2004 年产业支撑耦合阶段的高层次在往上跃进。产业支撑耦合度达到 0. 100 以上的有 3 个市辖区，其中杭州市辖区的耦合度最高为 0. 505，较 2004 年的提高幅度比较大，从 2004 年的低度耦合阶段跃进为磨合阶段。其次是宁波市辖区，其耦合度为 0. 365，从 2004 年的低度耦合阶段跃进为颉颃阶段。温州市辖区的产业耦合度为 0. 132，但是仍是处在低度耦合阶段，其余 64 个县市区域的产业支撑耦合度都小于 0. 100，且都是处在低度耦合阶段。耦合度最低的仍是松阳县，其耦合度为 0. 009，较 2004 年的耦合度略升一点。

2014 年浙江省各县域单元的产业支撑耦合度整体水平仍是在优化升级，其产业支撑耦合度在［0.014，0.732］，高值区在增加，全省的平均耦合度为0.081，较2009 年有所提升。耦合度值大于0.100 的县市区域增加到了 11 个。其中杭州市辖区的耦合度最高，为0.732，较2009 年的提高幅度较大，但是仍然处在磨合阶段。其次是宁波市辖区，其产业支撑耦合度为0.555，较 2009 年的提高幅度较大，从颉颃阶段进入磨合阶段。再者是绍兴市辖区，其产业支撑耦合度为0.375，从低度耦合阶段进入颉颃阶段。这些区域的耦合度都远远大于全省的平均耦合水平。其余的64 个县市区域的产业支撑耦合度都是处在低度耦合阶段，耦合度最低的是景宁县，其耦合度为0.014，比全省的平均耦合度值略高一点。

为了进一步剖析浙江省县域单元产业支撑内部发展的空间格局特征及动态演化，本研究利用 ArcGIS 软件，对 3 个时间节点的浙江省县域单元产业支撑耦合度进行空间可视化处理（见图 6 -6）。

根据图 6 -6 可知，在 2004 年、2009 年、2014 年这 3 个时间节点上，整体上浙江省各县域单元的产业支撑耦合度在一定程度上有所提升。2004 年浙江省各县域的产业支撑耦合度都在［0，0.3000］，都处在低度耦合阶段。2009 年，产业支撑耦合度处在［0.501，0.800］的区域有杭州市辖区，其是处在磨合阶段。处在［0.301，0.500］的区域有宁波市辖区，其产业支撑耦合度是处在颉颃阶段。其余 65 个县域的产业支撑耦合度区间在［0，0.300］，都处在低度耦合阶段。2014 年较 2009 年产业支撑耦合度的中高值区在增加，产业支撑耦合度处在［0.501，0.800］的县域单元有杭州市辖区和宁波市辖区，其都是处在磨合阶段。产业支撑耦合度处在［0.301，0.500］的区域只有绍兴市辖区，其他地区均处在颉颃阶段。其余的 64 个县域的产业支撑耦合度都是处在［0，0.300］，都是处在低度耦合阶段。表明浙江省县域的整体产业支撑耦合度水平还不是很高，绝大部分都处在低度耦合阶段。

2. 产业支撑融合协调度

根据表 6 -6 的相关数据可以知道，2004 年从整体来看浙江省各县域单元的产业支撑协调度不高，处在［0.004，0.349］，全省的协调度平均值为 0.105。协调度最高的是杭州市辖区，其值为 0.349，产业支撑协调程度处在发展调和阶段。其次是宁波市辖区和温州市辖区，其协调度分别

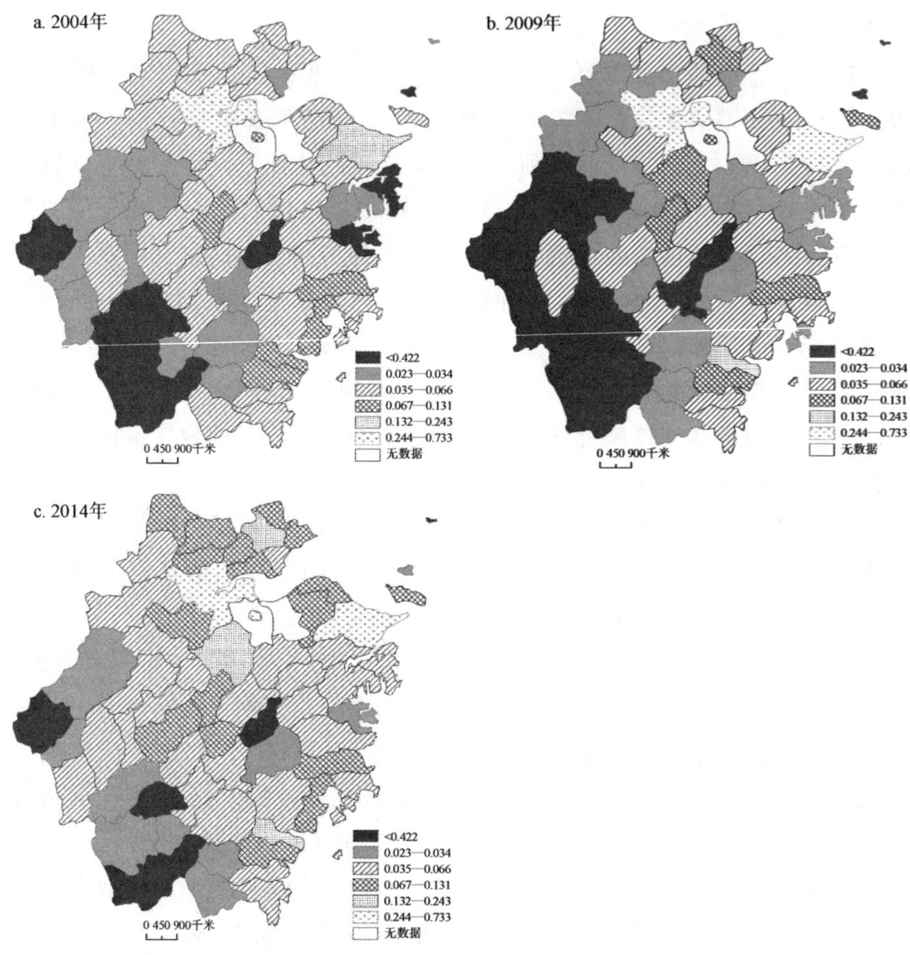

图 6-6　浙江省县域单元产业支撑耦合度空间分布图

为0.275和0.214，产业支撑协调程度都处在轻度失调阶段。其余的64个县域的产业支撑协调程度都处在严重失调阶段，其中最低的是松阳县，其值为0.004。

2009年浙江省各县域的整体产业协调度程度在优化，高值区的协调层次在向上迈进。产业支撑协调度区间为［0.044，0.599］，全省值为0.115。协调度最高的是杭州市辖区，其协调度为0.599，协调程度从2004年的发展调和进入初级协调阶段，其次是宁波市辖区，其协调度为0.473，产业支撑协调程度从2004年的轻度失调跃进为发展调和阶段。这两个区域的协调度远高于全省的平均协调水平。温州市辖区和绍兴市辖区的协调度分别为0.242和0.201，都是处在轻度失调阶段。其余63个县域的产业支撑协调程度都处在严重失调阶段，其中最低的是磐安县，其值为0.044，较2004年的0.040略有上升。

2014年整体来看浙江省各县域的产业协调度在上升，且高值区的产业协调度在向更高层次跃进。产业协调度区间为［0.065，0.796］，全省的平均协调度为0.160，较2009年有所上升。协调度最高的是杭州市辖区，其值为0.796，从2009年的初级协调上升为中级协调。其次为宁波市辖区，较2009年的协调层次上升了一个阶段，其协调度为0.645，产业支撑协调度从2009年的发展调和上升为中级协调阶段。再者是绍兴市辖区，其协调度为0.479，产业支撑协调程度从2009年轻度失调上升为发展调和阶段。这三者的协调度远高于全省的平均水平。温州市辖区的协调度为0.254，较2009年只有微小的上升，仍是处在轻度失调阶段，此阶段还增加了诸暨市、嘉兴市辖区、台州市辖区、慈溪市、湖州市辖区、义乌市，其协调度都在0.200以上。协调度最低的仍是磐安县，其协调度为0.065，较2009年的协调度略有上升，其产业支撑协调程度处在严重失调阶段。

为了进一步剖析浙江县域单元产业支撑内部发展的空间格局特征及动态演化，本研究利用ArcGIS软件，对3个时间节点的浙江省县域单元产业支撑融合协调度进行空间可视化处理（见图6－7）。

根据图6－7可以知道，在2004年、2009年、2014年3个时间节点上，从整体来看浙江省各县域单元的产业支撑融合协调度的高层次融合协调区域在往外扩散，其主要分布在浙江省的东北部区域。处在轻度失调阶段区域占所研究的区域比重依次为4.48%、5.97%、14.93%。这说明浙江省的产业支撑融合协调度在不断地改善和优化。2004年杭州市辖区的产业支撑融合协调度处在发展调和阶段，宁波市辖区和温州市辖区处在轻度失调阶段。产业支撑融合协调度处在严重失调阶段的有64个区域。2009年产业支撑融合协调度往更好层次上跃进。杭州市辖区从发展调和阶段进入初级协调阶段，宁波市辖区从轻度失调阶段进入发展调和阶段。温州市辖区仍然处在轻度失调阶段，绍兴市辖区则从严重失调阶段进入轻度失调阶段。台州市辖区、义乌市、嘉兴市辖区、舟山市辖区等63个县域单元的产业支撑融合协调程度较2004年没有发生明显变化，仍然处在严重失调阶段。

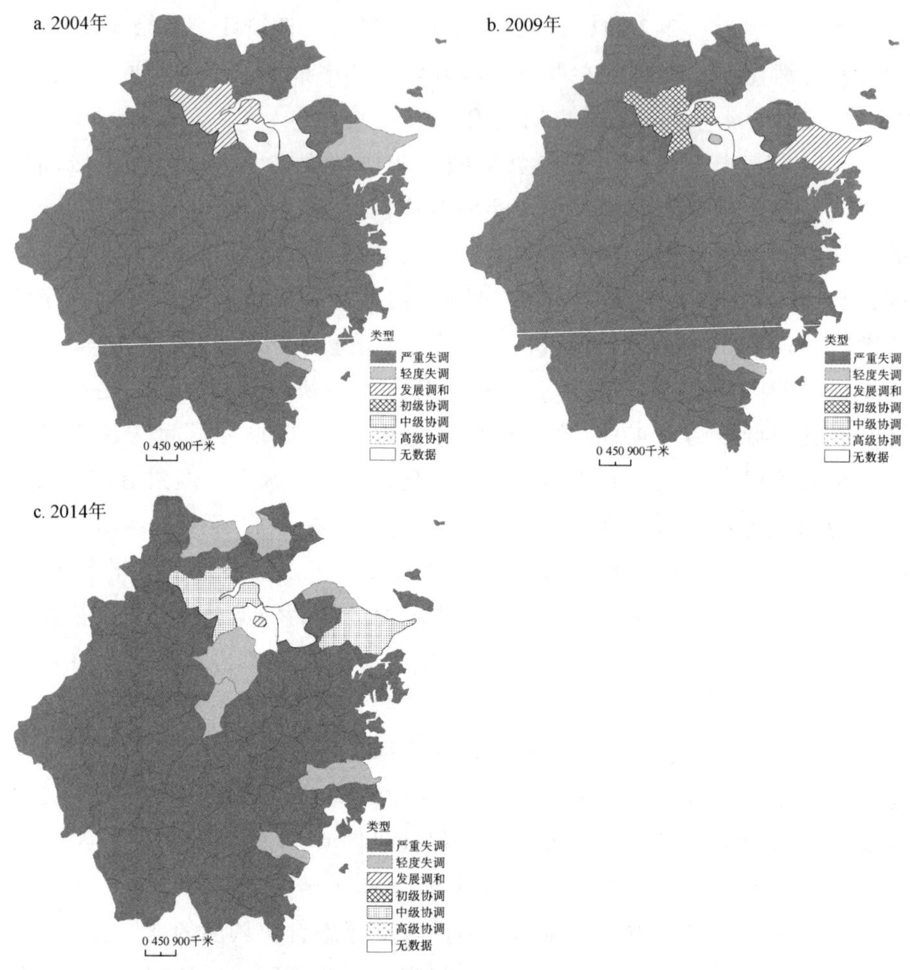

图 6－7　浙江省县域单元产业支撑融合协调度空间分布图

2014 年整体来看，浙江省各县域的产业支撑融合协调程度仍是在往更好的协调层次上跃进。杭州市辖区从初级协调阶段进入中级协调阶段，而宁波市辖区的产业支撑融合协调程度发生了比较大的飞跃，直接从发展调和阶段跃升到中级协调阶段。绍兴市辖区的产业支撑融合协调度也从 2009 年的轻度失调阶段进入发展调和阶段。此外，除了温州市辖区较上一阶段仍处在轻度失调阶段外，诸暨市、嘉兴市辖区、台州市辖区、慈溪市、湖州市辖区、义乌市这 6 个县域单元从严重失调阶段进入轻度失调阶段。其余 57 个县域单元的产业支撑融合协调程度较 2009 年并没有发生明显变化，仍然处在严重失调阶段。

（二）城镇化建设耦合协调度

依据融合协调模型，对浙江省67个县域单元样本城镇化内部的耦合、融合协调状况进行系统运算，选择2004年、2009年、2014年3个时间断面进行耦合、融合协调度分析，详见表6-7。

表6-7 浙江省县域单元城镇化建设耦合度与融合协调度

县域	2004年				2009年				2014年			
	耦合度	耦合阶段	协调度	协调程度	耦合度	耦合阶段	协调度	协调程度	耦合度	耦合阶段	协调度	协调程度
杭州市辖区	0.466	颉颃	0.402	发展调和	0.489	颉颃	0.540	初级协调	0.498	颉颃	0.625	中级协调
富阳市	0.375	颉颃	0.155	严重失调	0.395	颉颃	0.201	轻度失调	0.427	颉颃	0.248	轻度失调
临安市	0.353	颉颃	0.134	严重失调	0.427	颉颃	0.171	严重失调	0.436	颉颃	0.224	轻度失调
建德市	0.373	颉颃	0.116	严重失调	0.418	颉颃	0.161	严重失调	0.438	颉颃	0.196	严重失调
桐庐县	0.344	颉颃	0.121	严重失调	0.411	颉颃	0.163	严重失调	0.382	颉颃	0.195	严重失调
淳安县	0.382	颉颃	0.090	严重失调	0.387	颉颃	0.133	严重失调	0.442	颉颃	0.187	严重失调
宁波市辖区	0.490	颉颃	0.356	发展调和	0.485	颉颃	0.412	发展调和	0.478	颉颃	0.495	发展调和
余姚市	0.404	颉颃	0.202	轻度失调	0.439	颉颃	0.244	轻度失调	0.450	颉颃	0.290	轻度失调
慈溪市	0.402	颉颃	0.229	轻度失调	0.400	颉颃	0.251	轻度失调	0.456	颉颃	0.324	发展调和
奉化市	0.361	颉颃	0.145	严重失调	0.411	颉颃	0.184	严重失调	0.397	颉颃	0.206	轻度失调
象山县	0.330	颉颃	0.142	严重失调	0.383	颉颃	0.178	严重失调	0.446	颉颃	0.229	轻度失调
宁海县	0.340	颉颃	0.138	严重失调	0.380	颉颃	0.170	严重失调	0.411	颉颃	0.213	轻度失调
温州市辖区	0.424	颉颃	0.365	发展调和	0.458	颉颃	0.400	发展调和	0.483	颉颃	0.419	发展调和

续表

县域	2004 年				2009 年				2014 年			
	耦合度	耦合阶段	协调度	协调程度	耦合度	耦合阶段	协调度	协调程度	耦合度	耦合阶段	协调度	协调程度
瑞安市	0.363	颉颃	0.223	轻度失调	0.400	颉颃	0.266	轻度失调	0.427	颉颃	0.284	轻度失调
乐清市	0.359	颉颃	0.240	轻度失调	0.393	颉颃	0.280	轻度失调	0.432	颉颃	0.289	轻度失调
洞头县	0.243	低度	0.177	严重失调	0.288	低度	0.215	轻度失调	0.355	颉颃	0.197	严重失调
永嘉县	0.351	颉颃	0.165	严重失调	0.418	颉颃	0.178	严重失调	0.481	颉颃	0.229	轻度失调
平阳县	0.286	低度	0.194	严重失调	0.337	颉颃	0.201	轻度失调	0.417	颉颃	0.248	轻度失调
苍南县	0.264	低度	0.173	严重失调	0.327	颉颃	0.253	轻度失调	0.387	颉颃	0.259	轻度失调
文成县	0.160	低度	0.073	严重失调	0.317	颉颃	0.113	严重失调	0.376	颉颃	0.139	严重失调
泰顺县	0.187	低度	0.076	严重失调	0.377	颉颃	0.115	严重失调	0.428	颉颃	0.141	严重失调
嘉兴市辖区	0.390	颉颃	0.221	轻度失调	0.424	颉颃	0.284	轻度失调	0.438	颉颃	0.324	发展调和
平湖市	0.346	颉颃	0.201	轻度失调	0.359	颉颃	0.242	轻度失调	0.368	颉颃	0.270	轻度失调
海宁市	0.390	颉颃	0.229	轻度失调	0.362	颉颃	0.251	轻度失调	0.373	颉颃	0.288	轻度失调
桐乡市	0.332	颉颃	0.197	严重失调	0.392	颉颃	0.263	轻度失调	0.381	颉颃	0.284	轻度失调
嘉善县	0.292	低度	0.165	严重失调	0.356	颉颃	0.220	轻度失调	0.367	颉颃	0.248	轻度失调
海盐县	0.287	低度	0.160	严重失调	0.303	颉颃	0.197	严重失调	0.372	颉颃	0.246	轻度失调
湖州市辖区	0.426	颉颃	0.222	轻度失调	0.406	颉颃	0.253	轻度失调	0.448	颉颃	0.301	发展调和
德清县	0.345	颉颃	0.148	严重失调	0.338	颉颃	0.176	严重失调	0.389	颉颃	0.225	轻度失调
长兴县	0.354	颉颃	0.154	严重失调	0.375	颉颃	0.193	严重失调	0.467	颉颃	0.269	轻度失调

续表

县域	2004年				2009年				2014年			
	耦合度	耦合阶段	协调度	协调程度	耦合度	耦合阶段	协调度	协调程度	耦合度	耦合阶段	协调度	协调程度
安吉县	0.349	颉颃	0.121	严重失调	0.381	颉颃	0.161	严重失调	0.495	颉颃	0.253	轻度失调
绍兴市辖区	0.339	颉颃	0.275	轻度失调	0.360	颉颃	0.322	发展调和	0.488	颉颃	0.411	发展调和
诸暨市	0.381	颉颃	0.171	严重失调	0.438	颉颃	0.236	轻度失调	0.439	颉颃	0.282	轻度失调
嵊州市	0.347	颉颃	0.142	严重失调	0.355	颉颃	0.176	严重失调	0.416	颉颃	0.222	轻度失调
新昌县	0.331	颉颃	0.132	严重失调	0.355	颉颃	0.162	严重失调	0.400	颉颃	0.204	轻度失调
金华市辖区	0.399	颉颃	0.189	严重失调	0.413	颉颃	0.218	轻度失调	0.463	颉颃	0.278	轻度失调
兰溪市	0.371	颉颃	0.161	严重失调	0.333	颉颃	0.165	严重失调	0.415	颉颃	0.211	轻度失调
东阳市	0.333	颉颃	0.161	严重失调	0.362	颉颃	0.188	严重失调	0.436	颉颃	0.246	轻度失调
义乌市	0.373	颉颃	0.194	严重失调	0.409	颉颃	0.246	轻度失调	0.446	颉颃	0.303	发展调和
永康市	0.331	颉颃	0.154	严重失调	0.366	颉颃	0.192	严重失调	0.438	颉颃	0.248	轻度失调
武义县	0.348	颉颃	0.111	严重失调	0.362	颉颃	0.136	严重失调	0.395	颉颃	0.173	严重失调
浦江县	0.317	颉颃	0.128	严重失调	0.337	颉颃	0.152	严重失调	0.430	颉颃	0.196	严重失调
磐安县	0.291	低度	0.079	严重失调	0.321	颉颃	0.105	严重失调	0.356	颉颃	0.132	严重失调
衢州市辖区	0.424	颉颃	0.159	严重失调	0.443	颉颃	0.208	轻度失调	0.456	颉颃	0.247	轻度失调
江山市	0.373	颉颃	0.125	严重失调	0.372	颉颃	0.153	严重失调	0.403	颉颃	0.183	严重失调
常山县	0.346	颉颃	0.109	严重失调	0.328	颉颃	0.126	严重失调	0.362	颉颃	0.151	严重失调
开化县	0.335	颉颃	0.084	严重失调	0.389	颉颃	0.116	严重失调	0.400	颉颃	0.141	严重失调

续表

县域	2004年				2009年				2014年			
	耦合度	耦合阶段	协调度	协调程度	耦合度	耦合阶段	协调度	协调程度	耦合度	耦合阶段	协调度	协调程度
龙游县	0.358	颉颃	0.129	严重失调	0.346	颉颃	0.149	严重失调	0.371	颉颃	0.176	严重失调
舟山市辖区	0.359	颉颃	0.183	严重失调	0.426	颉颃	0.252	轻度失调	0.417	颉颃	0.303	发展调和
岱山县	0.219	低度	0.118	严重失调	0.251	低度	0.152	严重失调	0.266	低度	0.177	严重失调
嵊泗县	0.136	低度	0.121	严重失调	0.149	低度	0.148	严重失调	0.214	低度	0.173	轻度失调
台州市辖区	0.397	颉颃	0.243	轻度失调	0.411	颉颃	0.292	轻度失调	0.465	颉颃	0.427	发展调和
温岭市	0.297	低度	0.221	轻度失调	0.327	颉颃	0.271	轻度失调	0.406	颉颃	0.330	发展调和
临海市	0.365	颉颃	0.163	严重失调	0.388	颉颃	0.207	轻度失调	0.442	颉颃	0.251	轻度失调
玉环县	0.271	低度	0.183	严重失调	0.299	低度	0.224	轻度失调	0.377	颉颃	0.274	轻度失调
三门县	0.263	低度	0.103	严重失调	0.339	颉颃	0.154	严重失调	0.430	颉颃	0.201	轻度失调
天台县	0.346	颉颃	0.126	严重失调	0.362	颉颃	0.162	严重失调	0.410	颉颃	0.201	轻度失调
仙居县	0.331	颉颃	0.098	严重失调	0.348	颉颃	0.132	严重失调	0.437	颉颃	0.184	严重失调
丽水市辖区	0.407	颉颃	0.126	严重失调	0.424	颉颃	0.169	严重失调	0.442	颉颃	0.215	轻度失调
龙泉市	0.355	颉颃	0.082	严重失调	0.345	颉颃	0.114	严重失调	0.360	颉颃	0.146	严重失调
青田县	0.335	颉颃	0.089	严重失调	0.360	颉颃	0.130	严重失调	0.373	颉颃	0.165	严重失调
云和县	0.307	颉颃	0.060	严重失调	0.315	颉颃	0.089	严重失调	0.340	颉颃	0.117	严重失调
庆元县	0.272	低度	0.056	严重失调	0.320	颉颃	0.086	严重失调	0.353	颉颃	0.116	严重失调
缙云县	0.298	低度	0.099	严重失调	0.340	颉颃	0.132	严重失调	0.381	颉颃	0.166	严重失调

续表

县域	2004 年				2009 年				2014 年			
	耦合度	耦合阶段	协调度	协调程度	耦合度	耦合阶段	协调度	协调程度	耦合度	耦合阶段	协调度	协调程度
遂昌县	0.339	颉颃	0.076	严重失调	0.361	颉颃	0.103	严重失调	0.375	颉颃	0.134	严重失调
松阳县	0.310	颉颃	0.071	严重失调	0.319	颉颃	0.103	严重失调	0.355	颉颃	0.131	严重失调
景宁县	0.287	低度	0.055	严重失调	0.286	低度	0.084	严重失调	0.310	颉颃	0.118	严重失调

1. 城镇化建设耦合度

根据表 6－7 可知，2004 年浙江省各县域单元的城镇化建设耦合度区间在［0.136，0.490］，全省城镇化耦合度的平均值为 0.338，整体来看其城镇化建设的耦合度处在中下阶段，处在颉颃阶段的浙江省的县域单元一共有 51 个，处在低度耦合阶段的一共有 16 个县域单元。耦合度最高的是宁波市辖区，其值为 0.49，耦合度最低的是嵊泗县，其值为 0.136。

2009 年浙江省各县域单元的城镇化建设耦合度区间在［0.149，0.489］，全省城镇化建设耦合度的平均值为 0.369，较 2004 年的平均值有所提高，但提高幅度不大。整体来看其耦合度水平仍然是处在中下水平，较 2004 年处在颉颃阶段的县域单元增加了 11 个，处在低度耦合阶段的县域单元减少到只有 5 个。城镇化建设耦合度最高的变为杭州市辖区，其值为 0.489，处在颉颃阶段。城镇化建设耦合度最低的仍是嵊泗县，其值为 0.149，较 2004 年只有微小变动。

2014 年浙江省各县域单元的城镇化建设耦合度区间在［0.214，0.498］，全省的城镇化建设耦合度的平均值为 0.409，整体耦合度较 2009 年都有所提升。城镇化建设耦合度处在颉颃阶段的县域单元增加到 65 个，而处在低度耦合阶段的县域单元减少到只有 2 个。耦合度最高的仍是杭州市辖区，其耦合度为 0.498，处在颉颃阶段。处在低度耦合阶段的县域单元为岱山县和嵊泗县，其值分别为 0.266 和 0.214。

为了进一步剖析浙江县域单元城镇化建设内部发展的空间格局特征及动态演化，本研究利用 ArcGIS 软件，对 3 个时间节点的浙江省县域单元城镇化建设耦合度进行空间可视化处理（见图 6－8）。

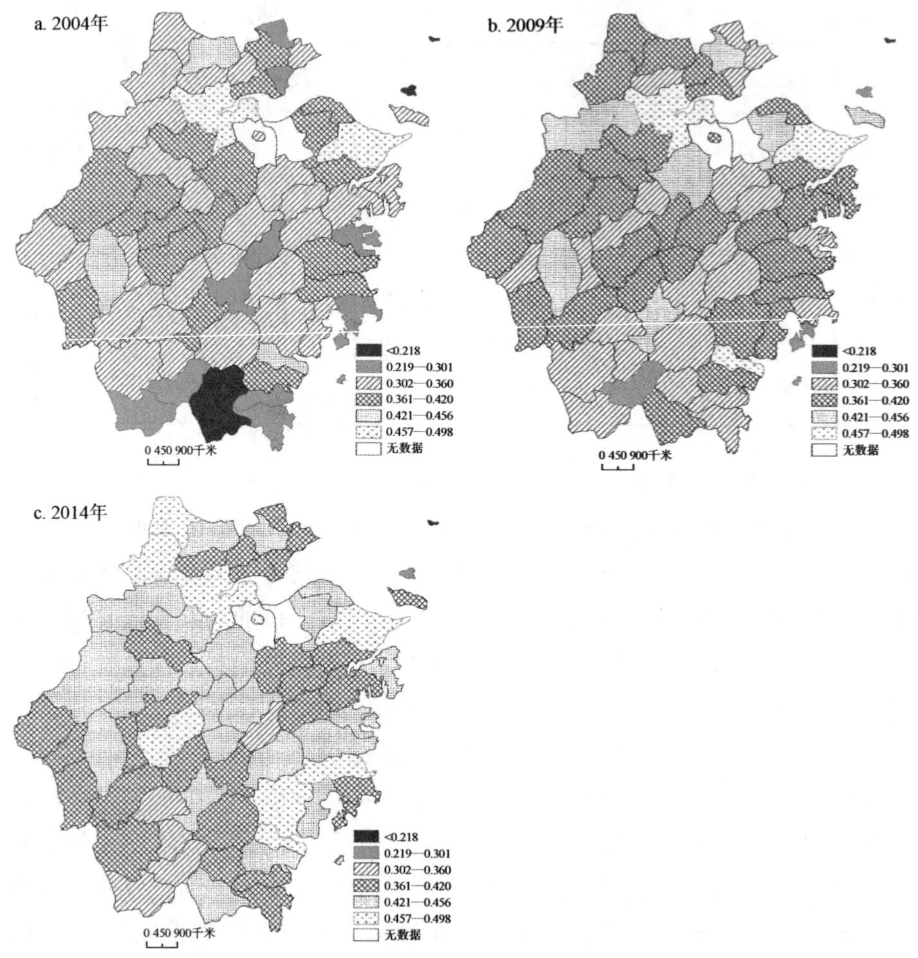

图 6 - 8　浙江省县域单元城镇化建设耦合度空间分布图

由图 6 - 8 可知，在 2004 年、2009 年、2014 年这三个时间节点上，浙江省各县域单元城镇化建设的低耦合度区域范围在不断缩小，正在向高一层次迈进。整体来看浙江省各县域单元的耦合度不高，县域单元没有处在中高值耦合区的，主要都处在中低耦合区，且城镇化的低值耦合区主要处在浙江省的南部区域。2004 年浙江省县域单元的城镇化耦合度处在［0，0.3000］的县市有缙云县、温岭市、嘉善县、磐安县等 16 个，其城镇化建设耦合度都是处在低度耦合阶段。主要分布在浙江省的南部区域，其次东部、中部和东北部有少数分布。处在［0.301，0.500］区间的县市有宁波市辖区、杭州市辖区、湖州市辖区、温州市辖区、衢州市辖区等共 51 个，其都处在颉颃阶段。

2009 年浙江省各县域单元城镇化的耦合度处在［0，0.3000］的区域从 2004 年的 16 个减少到 5 个，分别为玉环县、洞头县、景宁县、岱山县、嵊泗县。耦合度处在［0.301，0.500］的区域增加到 62 个，有杭州市辖区、宁波市辖区、温州市辖区、衢州市辖区、余姚市等县域单元，说明浙江省整体城镇化的耦合度在不断提升，但是处在中高耦合阶段的区域也没有，耦合度的整体水平也不高。

2014 年，浙江省各县域建设城镇化单元耦合度处在［0，0.3000］的只有岱山县和嵊泗县 2 个区域，玉环县、洞头县和景宁县这 3 个县域单元已经从低度耦合阶段迈进颉颃阶段，其余县域单元较 2009 年没有发生明显变化，因此处在此阶段的县域单元增加到 65 个。同时，也不存在处在中高值耦合区域的县域单元，说明浙江省各县域单元城镇化建设耦合度仍在不断优化，但是整体水平仍然不高，城镇化建设耦合情况发展得不够好，还需通过各种措施使其不断地优化升级，往中高值区发展。

2. 城镇化建设融合协调度

由表 6－7 可知，2004 年浙江省各县域单元城镇化协调度处在［0.055，0.402］，浙江省的城镇化协调度平均值为 0.1567。协调度最高的是杭州市辖区，其值为 0.492，城镇化的协调度处在发展调和阶段。协调度大于 0.300 的除了杭州市辖区还有温州市辖区、宁波市辖区一共 3 个区域，其协调度分别为 0.365、0.356，都处在发展调和阶段，这 3 个区域的协调度远高于全省平均水平。城镇化协调度最低的是景宁县，其协调度只有 0.055，处在严重失调阶段，与全省的平均水平虽是处在同一个阶段，但是远小于全省的城镇化建设协调度的平均值。

2009 年浙江省各县域的城镇化协调度在［0.084，0.540］，全省城镇化协调度的平均值为 0.196，较 2004 年有所提高，且协调度层次也较 2004 年上升一个阶段。协调度最高的仍是杭州市辖区，其值为 0.54，城镇化协调度从发展调和上升为初级协调阶段。协调度大于 0.300 的除了杭州市辖区，还有宁波市辖区、温州市辖区、绍兴市辖区，其协调度分别为 0.412、0.400 和 0.322，城镇化建设的协调度都处在发展调和阶段，高于全省的平均协调水平。协调度最低也还是景宁县，其值为 0.084，远低于全省的协调度平均值，处在严重失调阶段。

2014 年，浙江省各县域单元的城镇化协调度在［0.116，0.625］，全省的城镇化协调度的平均值为 0.238，较 2009 年的平均水平上升了一个台阶。协调度最高的是杭州市辖区，其值为 0.625，城镇化的协调度从初级协调上升到中级协调。协调度大于 0.300 的新增了 6 个县域单元区，即宁波市辖区（0.495），台州市辖区（0.427），温州市辖区（0.419）、绍兴市辖区（0.411）、温岭市（0.330）等一共 10 个，其城镇化建设的协调度都是处在发展调和阶段，都高于全省的平均协调水平。协调度最低的是庆元县，其值为 0.116，低于全省的平均协调水平，处在严重失调阶段。

为了进一步剖析浙江县域单元城镇化建设内部发展的空间格局特征及动态演化，本研究利用 ArcGIS 软件，对 3 个时间节点的浙江省县域单元城镇化建设融合协调度进行空间可视化处理（见图 6-9）。

由图 6-9 可知，在 2004 年、2009 年、2014 年，这 3 个时间节点上，整体上浙江省的各县域的城镇化建设的协调度都有一定程度的增长。中上等协调区域范围在不断地往外扩散，随着年份的增加，协调程度在不断地优化发展，处在发展调和以上区域占所研究区域的比重分别为 4.48%、5.97%、16.42%。这表明浙江省各县域的城镇化建设的协调度在不断地改善与优化发展，协调度是越来越密切。且中上等协调区域整体上呈现出“北高南低，东高西低”的发展态势。

在 2004 年，城镇化建设的协调度处在发展调和阶段的县域单元有 3 个，分别为杭州市辖区、温州市辖区和宁波市辖区。城镇化协调度处在轻度失调的有绍兴市辖区、台州市辖区、乐清市、慈溪市、海宁市等一共 11 个县域单元。城镇化建设的协调度处在严重失调的有桐乡市、平阳县、义乌市、金华市辖区、舟山市辖区等一共 53 个县域单元。

在 2009 年，杭州市辖区从发展调和阶段上升为初级协调阶段，绍兴市辖区从轻度失调进入发展调和阶段。处在轻度失调阶段增加到了 23 个县域单元，其中桐乡市、苍南县、舟山市辖区、义乌市、诸暨市、玉环县、嘉善县、金华市辖区、洞头县、衢州市辖区、临海市、平阳县、富阳市从严重失调进入轻度失调阶段。其他县域单元没有发生明显变化，处在严重失调阶段的区域在不断缩小，减少到 40 个。

在 2014 年杭州市辖区城镇化建设的协调度进入中级协调阶段。城镇化建设的协调度处在发展调和阶段的增加到 10 个，其中台州市辖区、温岭市、慈溪市、嘉兴市辖区、义乌市、舟山市辖区、湖州市辖区从轻度失

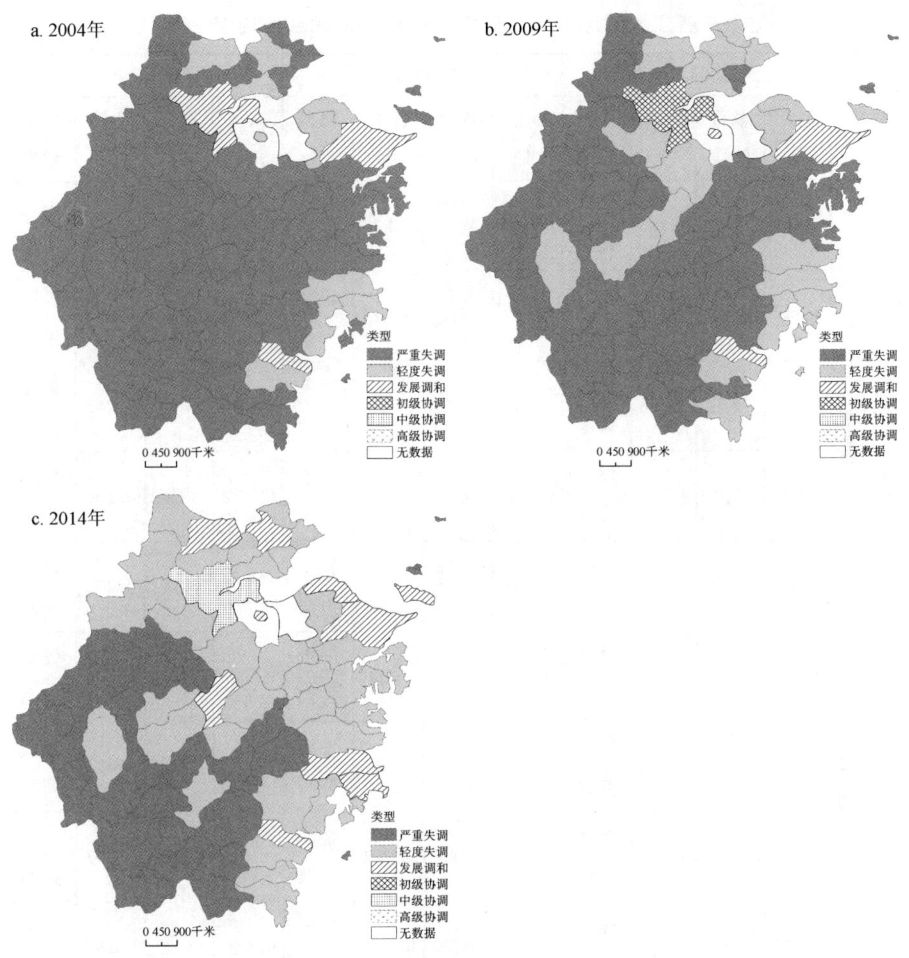

图6-9　浙江省县域单元城镇化建设融合协调度空间分布图

调上升到发展调和。而洞头县从轻度失调下降到严重失调阶段。处在轻度失调阶段的县域单元又增加到32个，其新增县域单元有长兴县、安吉县、永康市、海盐县、东阳市等一共16个县域单元。同时城镇化建设的协调度处在严重失调阶段的减少到24个，其主要分布在浙江省的西南部。

（三）人口集聚耦合协调度

依据融合协调模型，对浙江67个县域样本人口集聚内部的耦合、融合协调状况进行系统运算，选择2004年、2009年、2014年3个时间断面进行耦合、融合协调度分析，详见表6-8。

表 6－8　浙江省县域单元人口集聚耦合度与融合协调度

县域	2004年				2009年				2014年			
	耦合度	耦合阶段	协调度	协调程度	耦合度	耦合阶段	协调度	协调程度	耦合度	耦合阶段	协调度	协调程度
杭州市辖区	0.444	颉颃	0.486	发展调和	0.490	颉颃	0.573	初级协调	0.501	磨合	0.690	中级协调
富阳市	0.348	颉颃	0.214	轻度失调	0.407	颉颃	0.243	轻度失调	0.450	颉颃	0.274	轻度失调
临安市	0.329	颉颃	0.208	轻度失调	0.392	颉颃	0.230	轻度失调	0.424	颉颃	0.245	轻度失调
建德市	0.272	低度	0.205	轻度失调	0.328	颉颃	0.231	轻度失调	0.372	颉颃	0.250	轻度失调
桐庐县	0.301	颉颃	0.222	轻度失调	0.333	颉颃	0.262	轻度失调	0.341	颉颃	0.275	轻度失调
淳安县	0.253	低度	0.167	严重失调	0.343	颉颃	0.180	严重失调	0.399	颉颃	0.201	轻度失调
宁波市辖区	0.419	颉颃	0.382	发展调和	0.482	颉颃	0.437	发展调和	0.485	颉颃	0.475	发展调和
余姚市	0.396	颉颃	0.239	轻度失调	0.448	颉颃	0.272	轻度失调	0.463	颉颃	0.297	轻度失调
慈溪市	0.442	颉颃	0.223	轻度失调	0.483	颉颃	0.261	轻度失调	0.486	颉颃	0.289	轻度失调
奉化市	0.348	颉颃	0.220	轻度失调	0.387	颉颃	0.235	轻度失调	0.424	颉颃	0.260	轻度失调
象山县	0.366	颉颃	0.219	轻度失调	0.398	颉颃	0.230	轻度失调	0.423	颉颃	0.245	轻度失调
宁海县	0.376	颉颃	0.182	严重失调	0.430	颉颃	0.201	轻度失调	0.471	颉颃	0.225	轻度失调
温州市辖区	0.457	颉颃	0.307	发展调和	0.498	颉颃	0.358	发展调和	0.490	颉颃	0.363	发展调和
瑞安市	0.393	颉颃	0.226	轻度失调	0.470	颉颃	0.258	轻度失调	0.481	颉颃	0.271	轻度失调

续表

县域	2004年				2009年				2014年			
	耦合度	耦合阶段	协调度	协调程度	耦合度	耦合阶段	协调度	协调程度	耦合度	耦合阶段	协调度	协调程度
乐清市	0.383	颉颃	0.174	严重失调	0.459	颉颃	0.190	严重失调	0.435	颉颃	0.172	严重失调
洞头县	0.290	低度	0.117	严重失调	0.365	颉颃	0.133	严重失调	0.381	颉颃	0.140	严重失调
永嘉县	0.396	颉颃	0.158	严重失调	0.464	颉颃	0.186	严重失调	0.499	颉颃	0.186	严重失调
平阳县	0.317	颉颃	0.203	轻度失调	0.388	颉颃	0.231	轻度失调	0.413	颉颃	0.264	轻度失调
苍南县	0.283	低度	0.221	轻度失调	0.377	颉颃	0.258	轻度失调	0.433	颉颃	0.274	轻度失调
文成县	0.076	低度	0.072	严重失调	0.471	颉颃	0.098	严重失调	0.497	颉颃	0.096	严重失调
泰顺县	0.176	低度	0.104	严重失调	0.420	颉颃	0.105	严重失调	0.493	颉颃	0.116	严重失调
嘉兴市辖区	0.346	颉颃	0.291	轻度失调	0.385	颉颃	0.357	发展调和	0.410	颉颃	0.402	发展调和
平湖市	0.302	颉颃	0.258	轻度失调	0.308	颉颃	0.330	发展调和	0.344	颉颃	0.358	发展调和
海宁市	0.330	颉颃	0.288	轻度失调	0.378	颉颃	0.316	发展调和	0.421	颉颃	0.346	发展调和
桐乡市	0.379	颉颃	0.240	轻度失调	0.362	颉颃	0.330	发展调和	0.399	颉颃	0.356	发展调和
嘉善县	0.313	颉颃	0.250	轻度失调	0.305	颉颃	0.322	发展调和	0.327	颉颃	0.341	发展调和
海盐县	0.315	颉颃	0.243	轻度失调	0.401	颉颃	0.223	轻度失调	0.310	颉颃	0.369	发展调和
湖州市辖区	0.348	颉颃	0.282	轻度失调	0.401	颉颃	0.311	发展调和	0.417	颉颃	0.353	发展调和

续表

县域	2004 年				2009 年				2014 年			
	耦合度	耦合阶段	协调度	协调程度	耦合度	耦合阶段	协调度	协调程度	耦合度	耦合阶段	协调度	协调程度
德清县	0.306	颉颃	0.234	轻度失调	0.346	颉颃	0.261	轻度失调	0.349	颉颃	0.294	轻度失调
长兴县	0.299	低度	0.240	轻度失调	0.367	颉颃	0.262	轻度失调	0.428	颉颃	0.293	轻度失调
安吉县	0.315	低度	0.207	轻度失调	0.380	颉颃	0.227	轻度失调	0.388	颉颃	0.289	轻度失调
绍兴市辖区	0.374	颉颃	0.295	轻度失调	0.421	颉颃	0.338	发展调和	0.481	颉颃	0.442	发展调和
诸暨市	0.403	颉颃	0.201	轻度失调	0.466	颉颃	0.238	轻度失调	0.501	磨合	0.254	轻度失调
嵊州市	0.349	颉颃	0.211	轻度失调	0.392	颉颃	0.246	轻度失调	0.411	颉颃	0.285	轻度失调
新昌县	0.347	颉颃	0.203	轻度失调	0.386	颉颃	0.221	轻度失调	0.394	颉颃	0.255	轻度失调
金华市辖区	0.336	颉颃	0.270	轻度失调	0.411	颉颃	0.314	发展调和	0.481	颉颃	0.346	发展调和
兰溪市	0.299	低度	0.187	严重失调	0.368	颉颃	0.209	轻度失调	0.427	颉颃	0.227	严重失调
东阳市	0.360	颉颃	0.209	轻度失调	0.436	颉颃	0.234	轻度失调	0.479	颉颃	0.251	严重失调
义乌市	0.374	颉颃	0.285	轻度失调	0.437	颉颃	0.336	发展调和	0.453	颉颃	0.369	发展调和
永康市	0.396	颉颃	0.207	轻度失调	0.456	颉颃	0.229	轻度失调	0.486	颉颃	0.252	轻度失调
武义县	0.325	颉颃	0.166	严重失调	0.401	颉颃	0.185	严重失调	0.424	颉颃	0.193	严重失调
浦江县	0.304	颉颃	0.178	严重失调	0.396	颉颃	0.211	轻度失调	0.432	颉颃	0.221	轻度失调

续表

县域	2004年				2009年				2014年			
	耦合度	耦合阶段	协调度	协调程度	耦合度	耦合阶段	协调度	协调程度	耦合度	耦合阶段	协调度	协调程度
磐安县	0.266	低度	0.144	严重失调	0.356	颉颃	0.149	严重失调	0.404	颉颃	0.164	严重失调
衢州市辖区	0.305	颉颃	0.214	轻度失调	0.388	颉颃	0.251	轻度失调	0.450	颉颃	0.279	轻度失调
江山市	0.304	颉颃	0.176	严重失调	0.385	颉颃	0.196	严重失调	0.448	颉颃	0.219	轻度失调
常山县	0.291	低度	0.144	严重失调	0.385	颉颃	0.145	严重失调	0.435	颉颃	0.151	严重失调
开化县	0.419	颉颃	0.197	严重失调	0.404	颉颃	0.140	严重失调	0.460	颉颃	0.150	严重失调
龙游县	0.296	低度	0.176	严重失调	0.398	颉颃	0.194	严重失调	0.446	颉颃	0.199	严重失调
舟山市辖区	0.309	颉颃	0.291	轻度失调	0.354	颉颃	0.310	发展调和	0.379	颉颃	0.332	发展调和
岱山县	0.285	低度	0.222	轻度失调	0.270	低度	0.201	轻度失调	0.243	低度	0.192	严重失调
嵊泗县	0.247	低度	0.271	轻度失调	0.195	低度	0.238	轻度失调	0.162	低度	0.219	轻度失调
台州市辖区	0.419	颉颃	0.259	轻度失调	0.491	颉颃	0.286	轻度失调	0.450	颉颃	0.417	发展调和
温岭市	0.372	颉颃	0.238	轻度失调	0.476	颉颃	0.245	轻度失调	0.492	颉颃	0.271	轻度失调
临海市	0.344	颉颃	0.185	严重失调	0.422	颉颃	0.210	轻度失调	0.484	颉颃	0.229	轻度失调
玉环县	0.265	低度	0.298	轻度失调	0.298	低度	0.316	发展调和	0.289	低度	0.353	发展调和
三门县	0.272	低度	0.132	严重失调	0.441	颉颃	0.131	严重失调	0.497	颉颃	0.145	严重失调

续表

县域	2004年				2009年				2014年			
	耦合度	耦合阶段	协调度	协调程度	耦合度	耦合阶段	协调度	协调程度	耦合度	耦合阶段	协调度	协调程度
天台县	0.268	低度	0.180	严重失调	0.358	颉颃	0.204	轻度失调	0.424	颉颃	0.225	轻度失调
仙居县	0.290	低度	0.142	严重失调	0.444	颉颃	0.136	严重失调	0.488	颉颃	0.152	严重失调
丽水市辖区	0.372	颉颃	0.215	轻度失调	0.439	颉颃	0.226	轻度失调	0.475	颉颃	0.241	轻度失调
龙泉市	0.261	低度	0.168	严重失调	0.368	颉颃	0.165	严重失调	0.434	颉颃	0.178	严重失调
青田县	0.327	颉颃	0.161	严重失调	0.405	颉颃	0.189	严重失调	0.432	颉颃	0.203	轻度失调
云和县	0.245	低度	0.168	严重失调	0.326	颉颃	0.175	严重失调	0.361	颉颃	0.188	严重失调
庆元县	0.205	低度	0.164	严重失调	0.319	颉颃	0.162	严重失调	0.374	颉颃	0.170	严重失调
缙云县	0.272	低度	0.140	严重失调	0.423	颉颃	0.140	严重失调	0.479	颉颃	0.139	严重失调
遂昌县	0.269	低度	0.160	严重失调	0.349	颉颃	0.168	严重失调	0.396	颉颃	0.180	严重失调
松阳县	0.253	低度	0.150	严重失调	0.388	颉颃	0.139	严重失调	0.451	颉颃	0.144	严重失调
景宁县	0.229	低度	0.145	严重失调	0.294	低度	0.161	严重失调	0.342	颉颃	0.170	严重失调

1. 人口集聚耦合度

由表6－8可知，2004年浙江省各县域单元的人口集聚耦合度在[0.076，0.457]，全省的人口集聚耦合度的平均值为0.322，整体来看其耦合度水平不是很高，处在中下阶段。耦合度最高的是温州市辖区，其值为0.457，人口集聚耦合度处在颉颃阶段。耦合度最低的是嵊泗县，其值为0.195，人口集聚处在低度耦合阶段，与全省的平均耦合水平差距较大。

2009 年浙江省各县域单元的人口集聚耦合度在［0.098，0.573］，全省的人口集聚耦合度的平均值为 0.394，较 2004 年有所提高，但整体的平均水平仍不高。耦合度最高的仍是温州市辖区，其耦合度为 0.498，人口集聚耦合度处在颉颃阶段。耦合度最低的是嵊泗县，其耦合度为 0.195，较 2004 年的耦合度有所下降（2004 年耦合度为 0.247），人口集聚的耦合度仍处在低度耦合阶段，与全省的人口集聚平均耦合水平差距较大。

2014 浙江省各县域的人口集聚耦合度在［0.162，0.501］，全省的人口集聚耦合度的平均值为 0.422，较 2009 年有所提高。耦合度最高的是杭州市辖区和诸暨市，其耦合度都为 0.501，人口集聚耦合度都处在磨合阶段，较 2009 年耦合度上升了一个层次。耦合度最低的是嵊泗县，其耦合度为 0.162，较 2009 年有所下降，与全省的平均水平差距较大。

为了进一步剖析浙江县域人口集聚内部发展的空间格局特征及动态演化，本研究利用 ArcGIS 软件，对 3 个时间节点的浙江省县域单元人口集聚耦合度进行空间可视化处理（见图 6－10）。

由图 6－10 可知，在 2004 年、2009 年、2014 年这 3 个时间节点上，整体上各县域单元的人口集聚耦合度都有所增长，耦合度在不断地改善和优化升级。浙江省各县域单元的人口集聚耦合度低值区在不断缩小，向更高层次迈进，低值耦合区域主要分布在浙江省的西南部和中部少数区域。且在这三个时间节点上没有区域处于高值耦合区。

2004 年浙江省各县域单元的人口集聚耦合度没有区域处在中高值阶段，总体来看其耦合度不高。而处在［0，0.3000］区间的有长兴县、兰溪市、龙游县、常山县、洞头县、仙居县等一共 24 个县域单元，其人口集聚耦合度都是处在低度耦合阶段，主要分布在浙江省的西南部和中部少数区域。人口集聚耦合度处在［0.301，0.500］区间的有温州市辖区、杭州市辖区、慈溪市、宁波市辖区、开化县等一共 43 个县域单元，其耦合度都处在颉颃阶段。

2009 年浙江省各县域单元的人口集聚耦合度仍没有区域处在中高值阶段，总体来看其耦合度仍然不高。但是人口集聚耦合度处在低值阶段的县域单元在急剧减少，只剩下玉环县、景宁县、岱山县和嵊泗县共 4 个县域单元处在［0，0.3000］区间，即处在低度耦合阶段，说明人口集聚耦

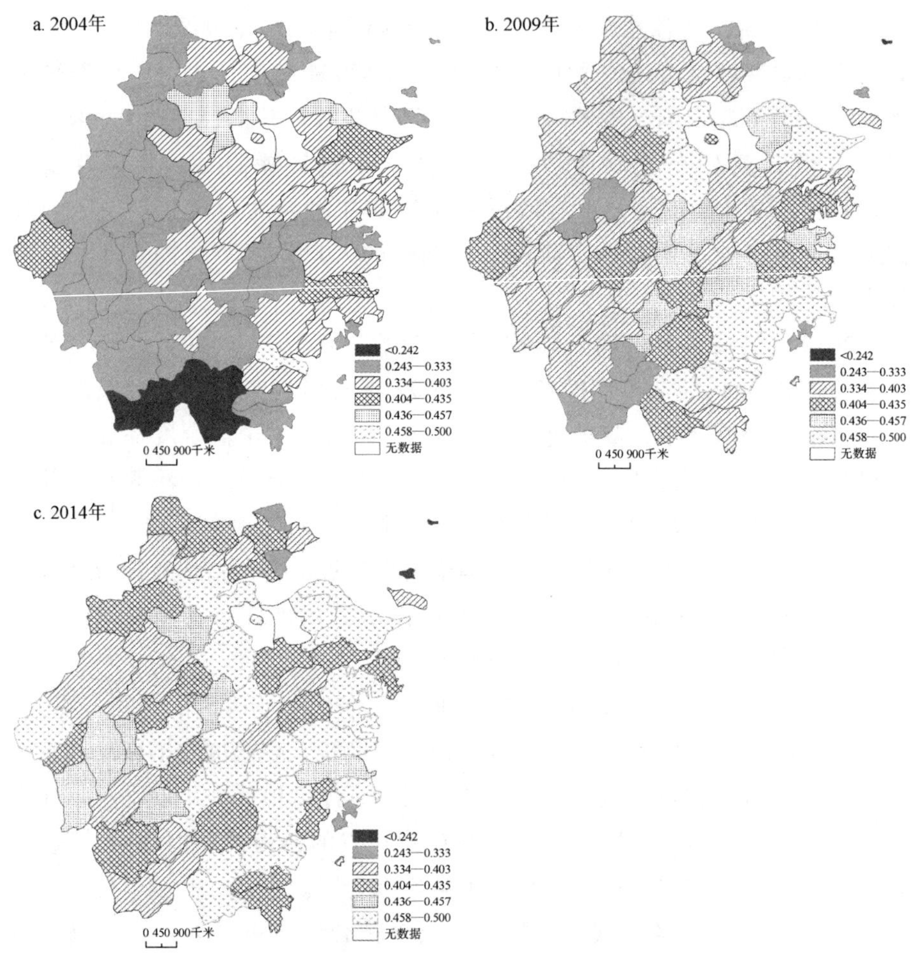

图 6－10 浙江省县域单元人口集聚耦合度空间分布图

合程度在不断得到改善。而长兴县、兰溪市、龙游县、常山县、洞头县等从低度耦合阶段进入颉颃阶段。其他县域单元的耦合程度较 2004 年并没有发生显著变化，其人口集聚耦合度仍在［0.310，0.500］，仍然处在颉颃阶段。

2014 年，浙江省各县域单元的人口集聚耦合度已经有区域向中高值区迈进。杭州市辖区和诸暨市向中高值区［0.501，0.800］迈进，处在磨合阶段。景宁县从低度耦合阶段进入颉颃阶段，一共有 62 个县域单元处在此阶段。其他县域单元的人口集聚耦合度并没有发生明显变化。

2. 人口集聚融合协调度

2004 年浙江各县域单元的人口集聚融合协调度区间在［0.072，0.486］，其全省的均值为 0.212。整体来看其人口集聚融合协调度水平不高。协调度最高的是杭州市辖区，其协调度为 0.486，人口集聚融合协调度处在发展调和阶段。处在此阶段的还有宁波市辖区和温州市辖区，其协调度分别为 0.382 和 0.307。协调度最低的是文成县，其协调度为 0.072，人口集聚融合协调度处在严重失调阶段，远低于全省的平均协调水平。

2009 年浙江省各县域的人口集聚融合协调度在［0.098，0.573］，其全省的协调度平均值为 0.235，较 2004 年有所上升，且人口集聚融合协调度在向高层次协调迈进。人口集聚融合协调度最高的是杭州市辖区，其协调度为 0.573，从发展调和阶段进入初级协调阶段，协调度得到进一步改善，远高于全省的平均协调水平。协调度最低的仍是文成县，其协调度为 0.098，比 2004 年稍有上升，其人口集聚融合协调度仍处在严重失调阶段，远低于全省的平均发展水平。

2014 年浙江省各县域单元的人口集聚融合协调度在［0.096，0.69］，全省的平均融合协调度为 0.260。协调度最高的还是杭州市辖区，其协调度为 0.690，人口集聚融合协调度从初级协调迈进中级协调阶段，远高于全省的平均发展水平。融合协调度最低的仍旧是文成县，其协调度为 0.096，较 2009 年的协调度略有下降，人口集聚融合协调度仍是处在严重失调阶段，较全省的平均发展水平存在一定的差距。

为了进一步剖析浙江县域人口集聚内部发展的空间格局特征及动态演化，本研究利用 ArcGIS 软件，对 3 个时间节点的浙江省县域单元人口集聚融合协调度进行空间可视化处理（见图 6－11）。

由图 6－11 可知，在 2004 年、2009 年、2014 年这 3 个时间节点上，浙江省各县域单元的人口集聚融合协调度随着年份的增加都出现不同程度的增长，处在发展调和阶段以上的县域单元占所研究的县域单元总数量的比重为 4.48%，20.90%，23.88%，人口集聚融合协调状况在不断地得到改善。人口集聚融合协调度处在严重失调阶段的县域单元在不断减少，其主要分布在浙江省的南部，其所占的比重仍然比较高。人口集聚融合协调度处在发展调和以上的县域单元主要分布在浙江省的北部。

2004 年杭州市辖区、宁波市辖区和温州市辖区处在其人口集聚融合

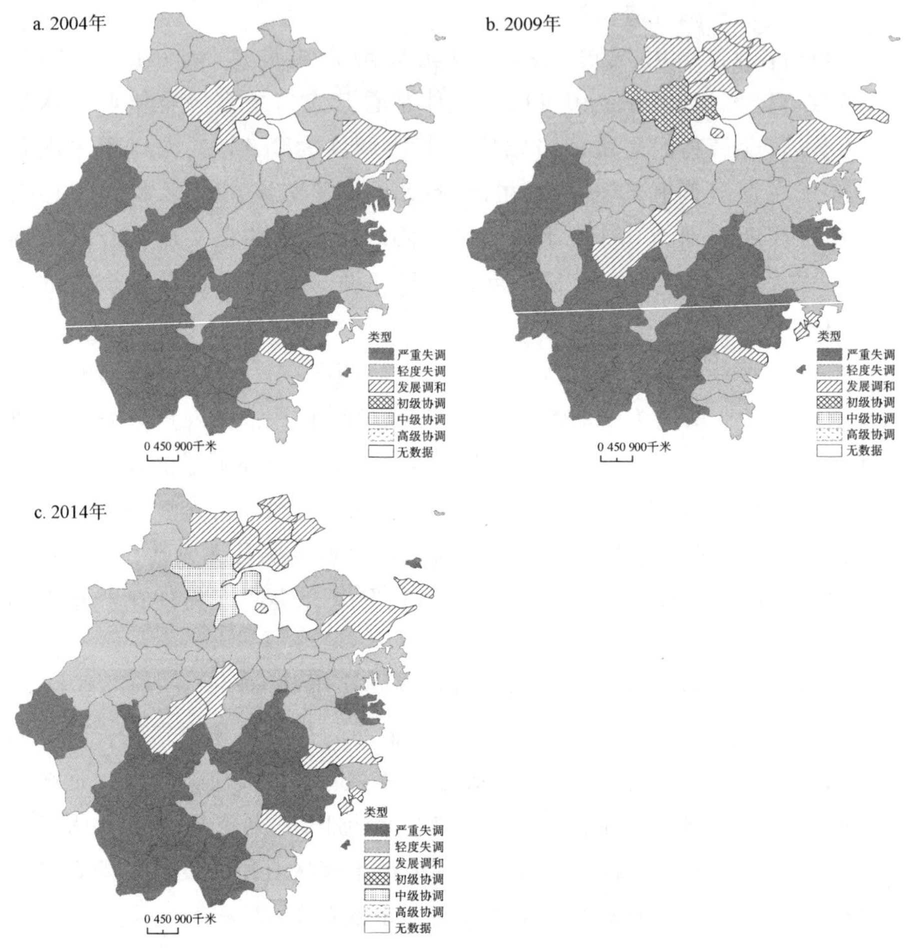

图 6－11　浙江省县域单元人口集聚融合协调度空间分布图

协调度发展调和阶段。而玉环县、绍兴市辖区、嘉兴市辖区、舟山市辖区、海宁市等一共 37 个县域单元处在轻度失调阶段。此外，开化县、兰溪市、临海市、宁海县、天台县等一共 27 个县域单元的人口集聚融合协调度处在严重失调阶段。

2009 年浙江省的人口集聚融合协调度处在严重失调的区域较 2004 年有所减少，其主要分布在浙江省的西南部。杭州市辖区从发展调和阶段进入初级协调阶段，嘉兴市辖区、绍兴市辖区、义乌市、平湖市、桐乡市等一共 11 个县域单元从轻度失调阶段进入发展调和阶段。人口集聚融合协调度处在轻度失调阶段和严重失调阶段的分别减少到 31 个和 22 个县域单元。其中浦江县、临海市、兰溪市、天台县和宁海县从严重失调阶段进入轻度失调阶段，其余县域单元的人口集聚融合度没有发生显著变化。

2014 年杭州市辖区的人口集聚融合协调度再一次向上迈进，进入中级协调阶段。发展调和阶段新增了台州市辖区和海盐县，处在此阶段的一共有 15 个。江山市、青田县和淳安县从严重失调进入轻度失调阶段，仍然有 31 个县域单元处在此阶段。龙游县、武义县、岱山县、云和县和永嘉县等一共 20 个县域单元还处在严重失调阶段，其中岱山县从 2009 年的轻度失调下降为严重失调阶段。由此可以看出人口集聚融合协调度处在严重失调阶段的县域单元所占的比重仍然比较大，还需进一步优化发展。

第四节 产城融合示例——服务业与城镇化融合发展检验

一、相关理论文献

中国的城镇化建设在过去的数十年间先后历经了起步、波动、停滞、高速和平稳发展几个阶段，最终实现城市化水平从新中国成立初期的 7.3% 上升到 2015 年的 56.1%。随着我国经济社会的不断发展，作为新形势下重要经济增长点的城镇化建设也逐渐步入关键期。在这一过程中，中国的产业结构也逐步从“二、三、一”向“三、二、一”转变，服务业开始渐渐摆脱产业经济发展中的“附庸”地位，向“主角”转变。从中国产业结构转变的轨迹来看，产业在空间上的集聚发展直接促进了人口的空间集聚，以及农业劳动力人口向非农业劳动力人口的转变，为城镇化的建设提供了坚实可靠、不可或缺的产业与人口基础。而随着科学进步与技术发展，中国传统劳动密集型产业逐渐向资本密集型、技术密集型产业转变，这使得不具备充足知识储备与技术能力的农村劳动力不得不另寻出路，服务业由于自身规模庞大、行业层次多、各类人员需求差异化等特征成为吸收剩余劳动力、提高就业水平的主体产业。服务业自身消费与供给同时进行的特点使得其在人口聚集的城镇地区具有更强的发展优势。如果说，在城镇化建设的初期，工业为其产业发展、人口集聚奠定了坚实的基础，那么，在城镇化可持续繁荣发展的过程中，服务业则成为助推城市竞争力提升的重要支点。

随着中国城镇化建设进程的不断加快，如何提高城镇化与服务业协调发展逐渐成为现实发展与学术界普遍关注的话题。中国政府在推进城镇化建设的过程中，明确提出要将其与繁荣服务业相结合，并不断拓新政策、体制，最大程度释放服务业的产业发展潜力，从国家经济、社会、产业发展的宏观战略层面，确定了服务业发展在城镇化建设中的重要地位。理论界更是加大了对城镇化与服务业如何协调互促发展的探讨研究。江小涓（2004）对服务业与经济增长的相关性进行了研究，发现城镇化水平是影响服务业增加值比重的重要因素。而在关于城镇化与服务业发展关系的探讨中，均得出了二者互为促进，互相支撑的基本结论，这也是国家将推进城镇化建设与强化服务业发展一起抓的重要原因（李为、伍世代，2015；杨敏，2014）。唐保庆、宣烨（2016）通过构建相应的模型，对1997—2013年中国27个省份城镇化与服务业关系进行了定量研究，认为城镇化的发展对于扩大服务业规模、在三次产业中比重的提高以及劳动生产效率提升方面具有十分明显的正向作用。李晓梅、何飞（2016）则认为服务业在空间上的集聚发展促进了人口集聚，从而进一步促进了城镇化的建设以及规模扩大。事实上，城镇化与服务业互促发展的理论研究与实践探索仍然处于较为初级的阶段。田侃、刘奕（2014）从发展经济学、新经济增长理论以及新经济地理学三个不同的视角对城镇化与服务业协同发展的相关文献进行了分析与评论。他们认为，尽管在发展过程中，城镇化与服务业二者互相补充、互相促进，均在对方发展过程中起着重要作用，但理论上的研究却无法有效支撑现实城镇化与服务业协调发展的实际需要，想要实现理论对实践的有效指导还任重道远。在现实中，服务业与城镇化之间的协调发展水平还处于非常低的水平，尽管互相影响，但就目前来看，二者在促进对方的有效发展上作用力不够。郭进、徐盈之（2015）在关于城镇化与服务业协调发展关系的研究中，将服务业区分成生产性服务业与生活性服务业两部分，从城镇化扭曲视角提出，一方面，扭曲的城镇化会通过增加低技能劳动力市场供给、扩大土地财政规模等因素抑制城镇创新活力，从而加剧了生产性服务业的滞后性；另一方面，通过增加低技能劳动力的市场供给、抑制城镇消费潜力等方面阻碍了生活性服务业的发展。由此，促进服务业与城镇化协调发展应该着眼于城镇化扭曲的矫正，从而成为二者之间互相促进的加速器。

事实上，中国城镇化建设发展的时间并不长，期间又经历了一段动荡时期，城镇化建设以及经济发展一度停滞，这使得尽管城镇化建设与服务业发展互相促进，但彼此协调发展水平不高，且不同地区、不同规模城镇下的服务业发展水平参差不齐，二者之间的发展步调不一致，使得彼此拉动力有限。但是不可否认，在城镇化建设不断深化以及服务业战略地位大幅提升的当今，二者之间的有效协调发展情况已经得到了较大改善，并且表现出一定的规律性。浙江省作为长三角经济区重要的一极，2015 年全省常住人口城镇化率达到 65.8%，在全国居于前列，服务业与城镇化的发展速度都很快，如何促进服务业与城镇化快速发展过程中的互相协调融合，对于实现新型城镇化建设，促进产城融合意义重大。

二、指标体系构建与研究方法

（一）指标体系构建

通过研究现有成果发现，城镇化和服务业均为综合性指标且各自发展水平的衡量指标有很多，要客观反映两个系统的发展情况，必须遵循系统性、客观性、动态性以及数据的可获得性等原则进行指标体系构建。本书依据城镇化的内涵选取经济、空间和社会等 3 个二级指标来表征城镇化发展水平综合指数，依据服务业的测度标准选取发展规模、经济效益、增长速度和行业结构等 4 个二级指标刻画服务发展水平综合指数（见表 6－9）。

表 6－9　　浙江县域城镇化与服务业综合评价指标体系

目标层	准则层	指标层
城镇化系统	经济城镇化	人均 GDP（元/人）；全社会固定资产投资额（亿元）；人均地方财政一般预算收入（元/人）
	空间城镇化	城市人口密度（人/平方千米）；境内公里里程（千米）
	社会城镇化	社区服务设施数（个）；拥有医生数（人）；移动电话用户数（万户）

续表

目标层	准则层	指标层
服务业系统	发展规模	人均服务业增加值（元/人）；人均服务业固定资产投资（元/人）；服务业从业人数比重（%）
	经济效益	服务业劳动生产率（元/人）；服务业固定资产投资效益（%）
	增长速度	服务业增加值增长速度（%）；服务业固定资产投资增长速度（%）
	行业结构	服务业增加值占地区 GDP 比重（%）；服务业固定资产投资比重（%）；生产性服务业从业人数比重（%）

（二）研究方法与数据采集

1. 研究方法

同样运用熵值法测算指标权重，对指标权重进行赋值。在此基础上利用加权求和方法对服务业与城镇化融合发展综合指数进行测度；利用耦合协调模型对服务业与城镇化融合发展水平进行量化分析。

2. 数据来源

以浙江省 67 个县域单元为研究对象，涵盖浙江省的 56 个县、县级市和 11 个地级市辖区，不包括 2013 年撤县设区的上虞市和绍兴县，所需数据时间跨度为 2004—2014 年，并分别选择 2004 年、2009 年、2014 年 3 个时间节点进行耦合协调度分析，数据均来自 2005—2015 年的《浙江统计年鉴》，并对行政区划调整的区域进行了相应的合并处理，从而保证数据的连续性。

三、服务业与城镇化融合发展的时空格局演化特征分析

（一）服务业与城镇化融合发展综合指数分析

运用熵值法对原始数据进行运算处理，得出县域城镇化与服务业发展水平综合指数，并进行直观化显现（见图 6 - 12）。从图 6 - 12 对比发现，总体上看，所考察各县域单元在三个时间节点上服务业与城镇化发展综合指数的差异明显，服务业发展综合指数平均值为 1.4319，城镇化发展综合指数平均值为 0.6650，二者发展差异化显著，且从各县域城市来看，基本处于服务业发展综合指数高于城镇化发展综合指数的状态。一方面，

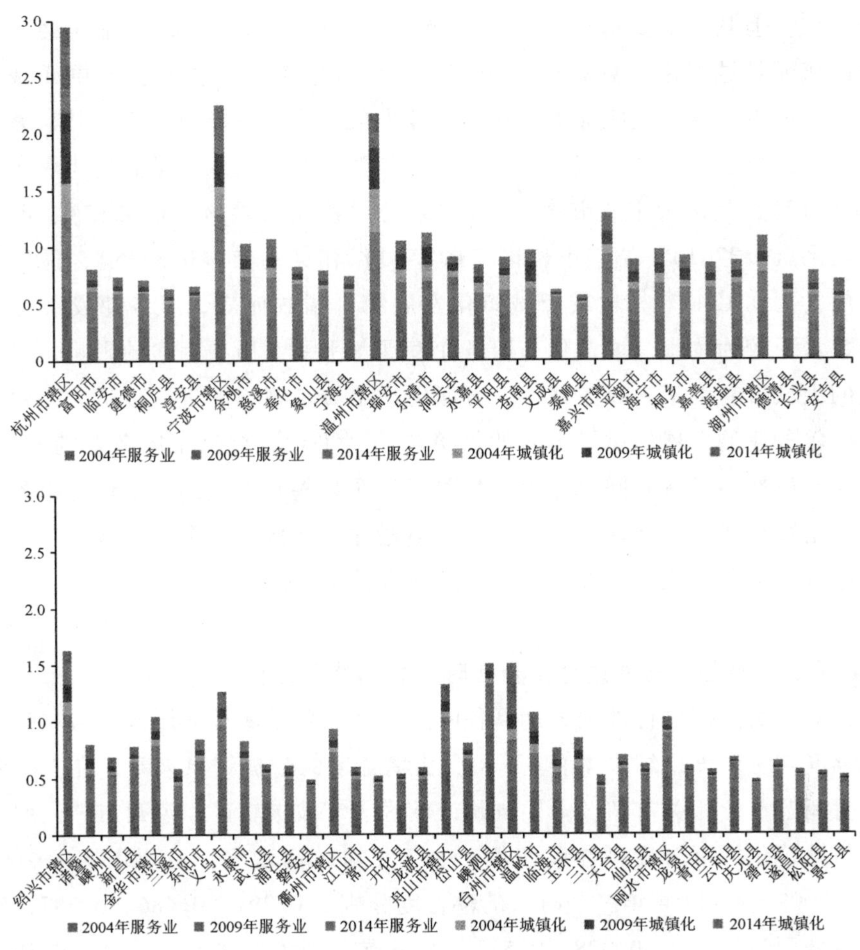

图 6－12　县域服务业与城镇化发展综合指数

随着全球经济一体化发展对物流业提出的迫切需求，具有优越物流发展基础设施资源的浙江省，从 2004 年，国家发布了《关于促进我国现代物流业发展的意见》，并且明确了现代物流业作为国家重点扶持行业的发展方针以来，物流产业发展政府支持力度不断加大，制度政策不断完善，物流发展软硬环境相结合，促进了全省物流业的繁荣进步，取得了令人瞩目的成就。而同时物流业发展所产生的产业联动效应，为整个经济的发展注入了巨大的动力，经济发展水平的提高也促进了城镇化的进程。

分层面来看，从城镇化发展综合水平来看，指数最高的为杭州市辖区，三个时间节点的平均指数为 0.5607，温州市辖区的城镇化指数居于第二位，但其水平要远远低于杭州市辖区，仅为0.3488，而排在最后一位的庆元县城镇化指数只有0.0125，可以说整个浙江省的县域单元城镇化水平两极分化，差距显著。在服务业发展综合发展指数层面，其显著性差异仍然显著。其中，服务业发展综合指数三个时点水平最高的为嵊泗县(0.4417)，其次为宁波市辖区（0.4302）、杭州市辖区（0.4232）、温州市辖区（0.3761）、绍兴市辖区（0.3560）和义乌市（0.3235），最低的三门县为0.1343。相比较于城镇化发展综合指数而言，服务业发展综合指数水平较为均衡。城镇化与服务业发展水平受到历史因素的影响，且繁荣的大城市有助于人口集聚，一方面促进了城市规模的进一步扩大，同时又为服务业的发展提供了重要的供给与消费平台，促进了服务业的发展。因此，虽然在考察时间节点中，某些城市在某些时点上的城镇化与服务业综合指数存在上下波动的实际情况，但这并不能掩盖整个浙江省所考察县域服务业与城镇化综合发展水平不断提升的事实。

（二）服务业与城镇化耦合度时空演化特征分析

对原始数据进行处理，计算各时间节点、各县域单元服务业与城镇化耦合度与协调度，结果见表6-10。从耦合度的数据结果来看，在三个考察时间节点，相关市辖区中，杭州市辖区、宁波市辖区、温州市辖区服务业与城镇化的耦合度排在前三位，处于相对较高水平。杭州市辖区2004年、2009年、2014年三个时点的耦合度分别为0.291、0.486、0.687，宁波市分别为0.250、0.328、0.532，温州市分别为0.335、0.335、0.398，均呈现出不断上升的态势。其余市辖区以及城市在三个考察时点服务业与城镇化之间的耦合度数据结果较小，但这并不能掩盖其整体提升的事实。

表6-10　浙江省县域单元服务业与城镇化耦合协调度评价结果

县域	2004年				2009年				2014年			
	耦合度	耦合阶段	协调度	协调程度	耦合度	耦合阶段	协调度	协调程度	耦合度	耦合阶段	协调度	协调程度
杭州市辖区	0.291	低度	0.291	轻度失调	0.478	颉颃	0.486	发展调和	0.687	磨合	0.688	中级协调
富阳市	0.073	低度	0.081	严重失调	0.103	低度	0.109	严重失调	0.171	低度	0.185	严重失调

续表

县域	2004年				2009年				2014年			
	耦合度	耦合阶段	协调度	协调程度	耦合度	耦合阶段	协调度	协调程度	耦合度	耦合阶段	协调度	协调程度
临安市	0.067	低度	0.079	严重失调	0.085	低度	0.093	严重失调	0.146	低度	0.159	严重失调
建德市	0.057	低度	0.071	严重失调	0.078	低度	0.088	严重失调	0.129	低度	0.148	严重失调
桐庐县	0.051	低度	0.059	严重失调	0.077	低度	0.086	严重失调	0.124	低度	0.139	严重失调
淳安县	0.044	低度	0.061	严重失调	0.065	低度	0.077	严重失调	0.116	低度	0.133	严重失调
宁波市辖区	0.250	低度	0.250	轻度失调	0.328	颉颃	0.329	发展调和	0.532	磨合	0.539	初级协调
余姚市	0.109	低度	0.116	严重失调	0.135	低度	0.140	严重失调	0.217	低度	0.230	轻度失调
慈溪市	0.125	低度	0.129	严重失调	0.135	低度	0.140	严重失调	0.242	低度	0.250	轻度失调
奉化市	0.070	低度	0.081	严重失调	0.102	低度	0.114	严重失调	0.146	低度	0.167	严重失调
象山县	0.069	低度	0.079	严重失调	0.089	低度	0.097	严重失调	0.161	低度	0.179	严重失调
宁海县	0.064	低度	0.074	严重失调	0.087	低度	0.098	严重失调	0.141	低度	0.157	严重失调
温州市辖区	0.335	颉颃	0.337	发展调和	0.335	颉颃	0.336	发展调和	0.398	颉颃	0.405	发展调和
瑞安市	0.147	低度	0.150	严重失调	0.168	低度	0.170	严重失调	0.186	低度	0.193	严重失调
乐清市	0.173	低度	0.175	严重失调	0.174	低度	0.175	严重失调	0.193	低度	0.201	轻度失调
洞头县	0.116	低度	0.130	严重失调	0.121	低度	0.129	严重失调	0.129	低度	0.149	严重失调

续表

县域	2004年				2009年				2014年			
	耦合度	耦合阶段	协调度	协调程度	耦合度	耦合阶段	协调度	协调程度	耦合度	耦合阶段	协调度	协调程度
永嘉县	0.131	低度	0.138	严重失调	0.100	低度	0.105	严重失调	0.152	低度	0.157	严重失调
平阳县	0.167	低度	0.170	严重失调	0.108	低度	0.115	严重失调	0.143	低度	0.149	严重失调
苍南县	0.111	低度	0.122	严重失调	0.189	低度	0.189	严重失调	0.149	低度	0.155	严重失调
文成县	0.051	低度	0.068	严重失调	0.056	低度	0.072	严重失调	0.080	低度	0.101	严重失调
泰顺县	0.058	低度	0.074	严重失调	0.057	低度	0.068	严重失调	0.075	低度	0.090	严重失调
嘉兴市辖区	0.131	低度	0.142	严重失调	0.182	低度	0.189	严重失调	0.265	低度	0.281	轻度失调
平湖市	0.096	低度	0.101	严重失调	0.128	低度	0.133	严重失调	0.179	低度	0.187	严重失调
海宁市	0.116	低度	0.119	严重失调	0.131	低度	0.135	严重失调	0.205	低度	0.216	轻度失调
桐乡市	0.099	低度	0.105	严重失调	0.133	低度	0.135	严重失调	0.191	低度	0.202	轻度失调
嘉善县	0.087	低度	0.096	严重失调	0.112	低度	0.117	严重失调	0.172	低度	0.185	严重失调
海盐县	0.085	低度	0.095	严重失调	0.104	低度	0.111	严重失调	0.178	低度	0.194	严重失调
湖州市辖区	0.123	低度	0.128	严重失调	0.148	低度	0.156	严重失调	0.223	低度	0.234	轻度失调
德清县	0.076	低度	0.087	严重失调	0.088	低度	0.096	严重失调	0.141	低度	0.152	严重失调
长兴县	0.074	低度	0.083	严重失调	0.095	低度	0.102	严重失调	0.171	低度	0.177	严重失调

续表

县域	2004年				2009年				2014年			
	耦合度	耦合阶段	协调度	协调程度	耦合度	耦合阶段	协调度	协调程度	耦合度	耦合阶段	协调度	协调程度
安吉县	0.052	低度	0.060	严重失调	0.078	低度	0.087	严重失调	0.173	低度	0.178	严重失调
绍兴市辖区	0.170	低度	0.175	严重失调	0.206	低度	0.211	轻度失调	0.398	颉颃	0.407	发展调和
诸暨市	0.080	低度	0.086	严重失调	0.117	低度	0.120	严重失调	0.175	低度	0.181	严重失调
嵊州市	0.067	低度	0.077	严重失调	0.087	低度	0.095	严重失调	0.131	低度	0.141	严重失调
新昌县	0.070	低度	0.085	严重失调	0.092	低度	0.108	严重失调	0.130	低度	0.146	严重失调
金华市辖区	0.108	低度	0.120	严重失调	0.127	低度	0.138	严重失调	0.210	低度	0.224	轻度失调
兰溪市	0.071	低度	0.075	严重失调	0.071	低度	0.077	严重失调	0.113	低度	0.120	严重失调
东阳市	0.080	低度	0.090	严重失调	0.104	低度	0.116	严重失调	0.166	低度	0.180	严重失调
义乌市	0.116	低度	0.129	严重失调	0.159	低度	0.171	严重失调	0.258	低度	0.279	轻度失调
永康市	0.085	低度	0.099	严重失调	0.099	低度	0.108	严重失调	0.160	低度	0.170	严重失调
武义县	0.052	低度	0.065	严重失调	0.066	低度	0.077	严重失调	0.106	低度	0.123	严重失调
浦江县	0.056	低度	0.065	严重失调	0.074	低度	0.085	严重失调	0.111	低度	0.122	严重失调
磐安县	0.038	低度	0.053	严重失调	0.042	低度	0.051	严重失调	0.073	低度	0.089	严重失调
衢州市辖区	0.099	低度	0.116	严重失调	0.115	低度	0.123	严重失调	0.171	低度	0.185	严重失调

续表

县域	2004 年				2009 年				2014 年			
	耦合度	耦合阶段	协调度	协调程度	耦合度	耦合阶段	协调度	协调程度	耦合度	耦合阶段	协调度	协调程度
江山市	0.062	低度	0.074	严重失调	0.070	低度	0.079	严重失调	0.100	低度	0.111	严重失调
常山县	0.050	低度	0.062	严重失调	0.055	低度	0.064	严重失调	0.080	低度	0.093	严重失调
开化县	0.037	低度	0.050	严重失调	0.051	低度	0.062	严重失调	0.081	低度	0.100	严重失调
龙游县	0.063	低度	0.074	严重失调	0.066	低度	0.075	严重失调	0.099	低度	0.112	严重失调
舟山市辖区	0.113	低度	0.129	严重失调	0.169	低度	0.182	严重失调	0.267	低度	0.290	轻度失调
岱山县	0.075	低度	0.092	严重失调	0.088	低度	0.098	严重失调	0.137	低度	0.156	严重失调
嵊泗县	0.136	低度	0.172	严重失调	0.180	低度	0.223	轻度失调	0.179	低度	0.216	轻度失调
台州市辖区	0.127	低度	0.130	严重失调	0.177	低度	0.181	严重失调	0.433	颉颃	0.433	发展调和
温岭市	0.117	低度	0.122	严重失调	0.147	低度	0.151	严重失调	0.241	低度	0.248	轻度失调
临海市	0.085	低度	0.093	严重失调	0.103	低度	0.108	严重失调	0.153	低度	0.158	严重失调
玉环县	0.090	低度	0.094	严重失调	0.121	低度	0.127	严重失调	0.176	低度	0.185	严重失调
三门县	0.042	低度	0.050	严重失调	0.067	低度	0.074	严重失调	0.104	低度	0.111	严重失调
天台县	0.062	低度	0.073	严重失调	0.083	低度	0.094	严重失调	0.125	低度	0.140	严重失调
仙居县	0.047	低度	0.061	严重失调	0.064	低度	0.077	严重失调	0.108	低度	0.122	严重失调

续表

县域	2004 年				2009 年				2014 年			
	耦合度	耦合阶段	协调度	协调程度	耦合度	耦合阶段	协调度	协调程度	耦合度	耦合阶段	协调度	协调程度
丽水市辖区	0.076	低度	0.100	严重失调	0.106	低度	0.126	严重失调	0.171	低度	0.202	轻度失调
龙泉市	0.044	低度	0.065	严重失调	0.053	低度	0.067	严重失调	0.083	低度	0.100	严重失调
青田县	0.042	低度	0.057	严重失调	0.060	低度	0.071	严重失调	0.091	低度	0.106	严重失调
云和县	0.039	低度	0.066	严重失调	0.051	低度	0.071	严重失调	0.074	低度	0.095	严重失调
庆元县	0.026	低度	0.041	严重失调	0.039	低度	0.053	严重失调	0.062	低度	0.079	严重失调
缙云县	0.047	低度	0.061	严重失调	0.063	低度	0.076	严重失调	0.104	低度	0.125	严重失调
遂昌县	0.038	低度	0.056	严重失调	0.049	低度	0.064	严重失调	0.076	低度	0.094	严重失调
松阳县	0.034	低度	0.051	严重失调	0.047	低度	0.060	严重失调	0.077	低度	0.096	严重失调
景宁县	0.026	低度	0.043	严重失调	0.044	低度	0.061	严重失调	0.066	低度	0.082	严重失调

为了进一步剖析服务业与城镇化耦合发展的空间格局特征及动态演化，本书利用 ArcGIS 软件，对 3 个时间节点的浙江省县域单元服务业与城镇化耦合度进行空间可视化处理（见图 6－13）。

从图 6－13 中也可以发现某些地区服务业与城镇化之间耦合度的时空演化。2004 年，只有处于浙江省东南部的温州市辖区服务业与城镇化的耦合水平是处于颉颃阶段，到 2009 年，处于颉颃耦合阶段的城市又新增了杭州市辖区和宁波市辖区，而到 2014 年，杭州市辖区和宁波市辖区服务业与城镇化耦合发展分别进入到磨合期，而此时处于颉颃耦合发展阶段的城市主要是温州市辖区和绍兴市辖区。其余城市虽然在直观图中无法看

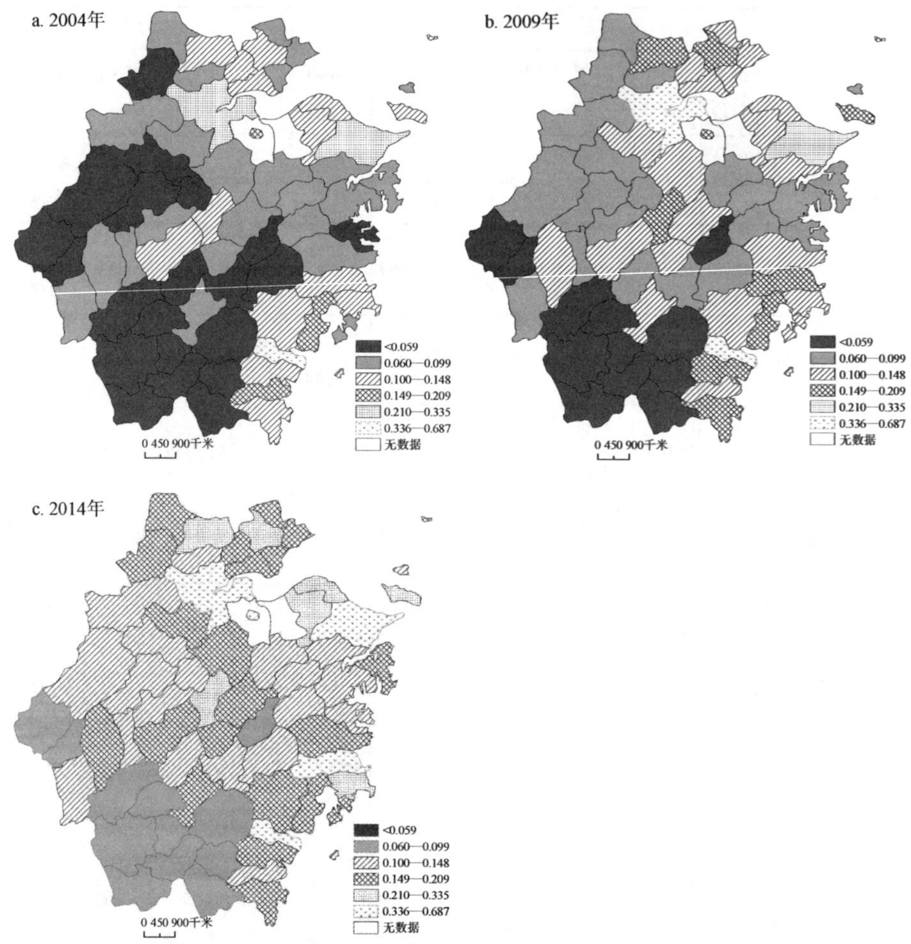

图 6－13　2004—2014 年浙江省县域单元服务业与城镇化耦合度空间分布格局

出其明显的颜色趋势变化，但事实上，数据结果显示即使是仍然处于同一耦合发展阶段，其水平是处于上升趋势的。

（三）服务业与城镇化融合协调度时空演化特征分析

从融合协调度的数据结果来看（见表 6－10），在三个考察时间节点，同样是杭州市辖区、宁波市辖区、温州市辖区的协调度最高，并且从 2004 年、2009 年到 2014 年呈现逐年上升趋势，杭州市辖区三个时间节点服务业与城镇化协调度分别为 0.291、0.486、0.688，宁波市辖区三个时间节点数据分别为 0.250、0.329、0.539，温州市辖区三个时点数据分别为 0.337、0.336、0.405，从协调程度上而言，温州市辖区一直处于发展协调水平，而杭州市辖区和宁波市辖区则逐步由 2004 年的轻度失调不断向初级协调和中级协调演进。其余考察城市虽然比较而言服务业与城镇化发展的融合协调度更低，但同时也表现出不断上升的态势。

同理，利用 ArcGIS 软件，对 3 个时间节点的浙江省县域单元服务业与城镇化融合协调度进行空间可视化处理（见图 6－14）。

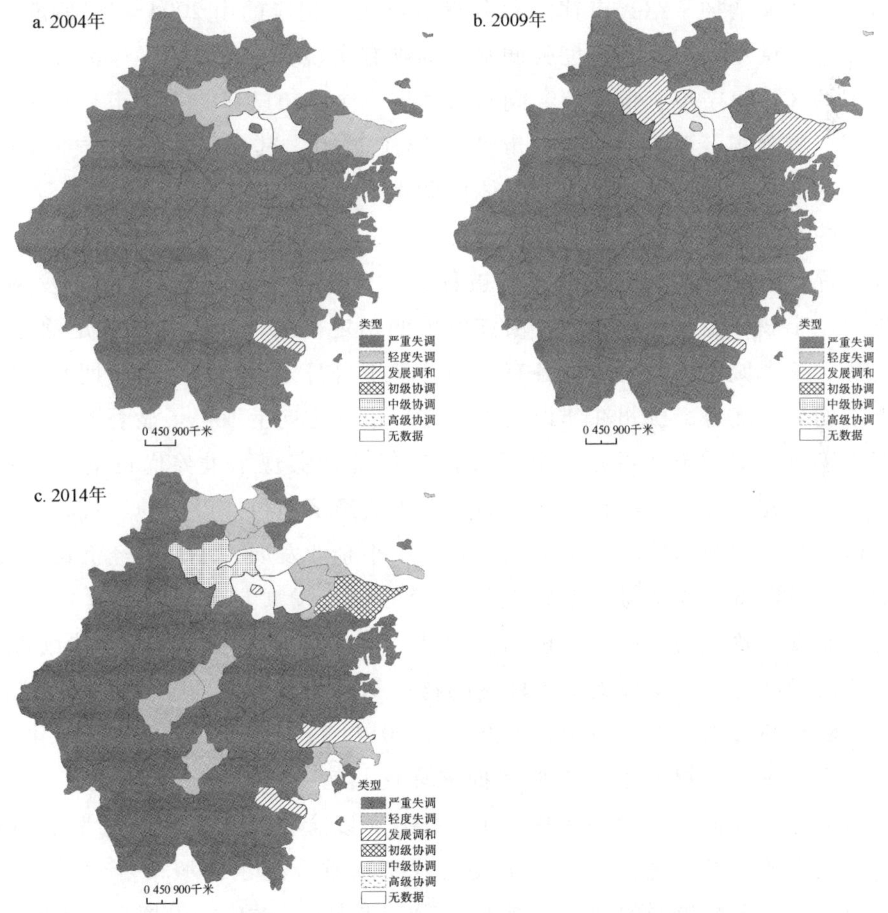

图 6－14　2004—2014 年浙江省县域单元服务业与城镇化融合协调度空间分布格局

结合 2003—2014 年浙江省县域单元服务业与城镇化融合协调度时空演变直观图发现，2004 年，除了杭州市辖区和宁波市辖区的服务业与城镇化融合协调发展处于轻度失调，以及温州市辖区处于发展调和水平之外，其余县域城市服务业与城镇化融合协调发展均处于严重失调水平。到2009年，杭州市辖区、宁波市辖区、温州市辖区服务业与城镇化融合协调发展水平均上升到发展调和水平，其余城市中除了温州市仍然维持发展调和的水平之外，其余城市仍然处于严重失调的协调发展水平。到2014年，杭州市辖区的服务业与城镇化融合协调发展上升到中级协调发展水平，宁波市辖区的服务业与城镇化融合协调发展同样上升到初级协调水平，而服务业与城镇化融合协调发展处于发展调和水平的城市除了温州市辖区之外又增加了绍兴市辖区和台州市辖区，相应的由2004年、2009年的严重失调水平上升到轻度失调水平的则有余姚市、慈溪市、乐清市、嘉兴市辖区、海宁市、桐乡市、湖州市辖区、金华市辖区、义乌市、舟山市辖区、嵊泗县、温岭市、丽水市辖区13个城市。其余仍然处于严重失调水平的城市，其在该水平内的整体协调水平也有所提高。

综上研究结果分析认为，杭州市辖区、宁波市辖区、温州市辖区一直以来都是浙江发展的三驾马车，被称为“铁三角”，经过数十年的发展，杭州、宁波、温州已经构成了浙江发展的稳定格局，形成了“三足鼎立”之势。三个城市的发展定位各有不同，基于自身先天禀赋以及长期发展所积累的后天优势，杭州在建设全国领先城市的方向上取得了显著成效。坐落于东海之滨的宁波更是充分发挥港口优势，实现了世界优良港口的打造，并据此奠定了宁波在浙江省乃至全国的经济地位。温州的经济状况一直以来都受到国内外的广泛关注，其在中小企业发展、小商品经济集聚发展方面所取得的成就被世界瞩目。准确的城市发展定位以及后续发展战略、制度、政策的跟进使得杭州、宁波、温州具有极强的发展可持续性，繁荣的经济为人口集聚提供了优越的物质基础和吸引力，这也为城镇化水平不断提高提供了物质基础。事实上，2014年，在浙江省新型城市化建设工作会议上就提出了关于加快推进环杭州湾（以杭州、宁波为中心）、温台沿海（以温州、台州为中心）、浙中（以金华、丽水、衢州为中心）三大城市群建设，这也是在城市发展现实基础上提出的城市群建设新规划。随着三大城市群的建设发展不断深化以及扩散效应的发挥，会不断实现对周边城市的带动，从而逐步促进浙江省的整体进步。

第七章

中国产城融合影响指标与影响因素研究

第一节
中国产城融合影响指标研究

一、基于省际面板数据的影响指标分析

（一）变量描述性统计数据

为进一步研究本书所构建的产城融合指标对产城融合的影响程度、重要性以及所包含的政策含义，作者以产城融合协调度为解释变量，利用省域面板数据和协调类型分类数据分析产城融合的影响指标。本书将产城融合协调度（D）作为因变量（Y值），将影响产城融合的指标作为自变量（X_1-X_{15}），本书实证分析使用数据是中国31个省份2000—2015年共计16年的面板数据，各变量的描述性统计结果见表7-1。

（二）面板数据的平稳性检验

因为面板数据能反映时间和截面的二维信息，因此，为了防止在回归

的模型中出现“伪回归”的现象，有必要对所选取的数据进行平稳性的检验（见表 7－2）。Eviews 对面板数据的单位根检验有 6 种方法。一种是具有相同单位根过程下的检验，这种检验方法有 LLC（Levin，Lin，Chu 检验）检验、Breitung 检验和 Hadri 检验。另一种是不同单位根过程下的检验，这种检验的方法有 IPS 检验（Im，Pesaran，Shin 检验）、Fisher－ADF 检验和 Fisher－PP 检验。

表 7－1　变量描述性统计结果

变量	观测值	平均值	中间值	标准差	最大值	最小值
Y	496	0.3185	0.3049	0.0934	0.6200	0.1371
X_1	496	8.3265	7.4721	4.3097	25.1549	1.7026
X_2	496	16943.1808	7908.44	24633.7637	147074.45	16.43
X_3	496	46.0498	47.7	8.29053	61.50	19.70
X_4	496	40.9988	39.3	8.17940	79.70	19.80
X_5	496	27019.4084	20651	21449.4133	107960.09	2661.56
X_6	496	6855.6427	3520.4062	7953.3968	48312.40	64.05
X_7	496	1189.6451	998.75	939.9838	5633.20	68.99
X_8	496	2182.1206	1945.5	1377.1414	6307.40	26.00
X_9	496	990.4284	521.5	1190.6515	7768.00	0.70
X_{10}	496	18.3701	17.5279	5.2218	39.2684	9.4406
X_{11}	496	59.3223	56.4013	15.6898	98.9646	26.1199
X_{12}	496	139.9213	135.3679	72.8518	357.8615	20.8969
X_{13}	496	15.9339	16.1418	2.6637	22.2169	8.5552
X_{14}	496	9644.5697	7108.0781	8280.5217	47629.5784	975.0355
X_{15}	496	15563.2369	14024.7	8749.5243	52961.90	4724.11

表 7－2　面板数据水平方向的单位根检验

变量		Levin，Lin&Chu	IPS	Fisher－ADF	Fisher－PP
Y	检验值	－1.4353	2.5518	56.1242	67.1793
	P 值	0.0756	0.9946	0.6861	0.3042
X_1	检验值	6.5042	3.9427	42.5861	43.0197
	P 值	1.0000	1.0000	0.9717	0.9683
X_2	检验值	6.8664	9.7074	10.7739	21.0971
	P 值	1.0000	1.0000	1.0000	1.0000

续表

变量		Levin，Lin&Chu	IPS	Fisher - ADF	Fisher - PP
X_3	检验值	-10.6440 **	-6.06362 **	163.194 **	238.222 **
	P 值	0.0000	0.0000	0.0000	0.0000
X_4	检验值	-4.5353 **	-2.8589 **	122.434 **	249.061 **
	P 值	0.0000	0.0000	0.0000	0.0000
X_5	检验值	8.2423	7.9879	15.3775	18.2257
	P 值	1.0000	1.0000	1.0000	1.0000
X_6	检验值	-0.6245	2.9259	50.2169	23.1934
	P 值	0.2661	0.9983	0.8583	1.0000
X_7	检验值	-6.5150 **	-2.1994 **	97.5079 **	128.275 **
	P 值	0.0000	0.0139	0.0027	0.0000
X_8	检验值	-42.3922 **	-9.42521 **	101.729 **	81.9039 **
	P 值	0.0000	0.0000	0.0011	0.0461
X_9	检验值	0.8734	5.9863	17.1168	28.6730
	P 值	0.8088	1.0000	1.0000	0.9999
X_{10}	检验值	-6.0284 **	0.2568	58.1101	149.963 **
	P 值	0.0000	0.6013	0.6166	0.0000
X_{11}	检验值	-8.2734 **	-3.6247 **	119.874 **	89.6244 **
	P 值	0.0000	0.0001	0.0000	0.0124
X_{12}	检验值	-18.5699 **	-9.1271 **	177.568 **	259.815 **
	0.0000	P 值	0.0000	0.0000	0.0000
X_{13}	检验值	-8.7925 **	-6.0326 **	135.992 **	112.664 **
	0.0001	P 值	0.0000	0.0000	0.0000
X_{14}	检验值	2.1093	1.6439	45.2148	35.7718
	0.9970	P 值	0.9825	0.9499	0.9461
X_{15}	检验值	1.2792	1.6987	49.6475	46.6955
	0.9259	P 值	0.8996	0.9553	0.8712

注：**表示变量在5%的水平下是显著的。

从表7-2可以看出，在5%的显著性水平下，只有X_3、X_4、X_7、X_8、X_{11}、X_{12}、X_{13}全部通过水平方向的单位根检验，这七个变量对应的水平方程是零阶单整平稳序列$I(0)$。因此只需对剩下的变量Y、X_1、X_2、X_5、X_6、X_9、X_{10}、X_{14}、X_{15}这九个变量进行一阶差分检验。结果表明这九个变量都是一阶平稳序列，也就是这九个变量是一阶单整I（1），详见表7-3。

表 7-3 面板数据的一阶差分单位根检验

变量		Levin，Lin&Chu	IPS	Fisher-ADF	Fisher-PP
$D(Y)$	检验值	-14.4981**	-10.8688**	220.816**	310.837**
	P值	0.0000	0.0000	0.0000	0.0000
$D(X_1)$	检验值	-6.6027**	-2.8828**	110.814**	178.004**
	P值	0.0000	0.0020	0.0001	0.0000
$D(X_2)$	检验值	-14.5316**	-10.5975**	197.617**	293.650**
	P值	0.0000	0.0000	0.0000	0.0000
$D(X_5)$	检验值	-11.7928**	-6.1835**	150.561**	222.936**
	P值	0.0000	0.0000	0.0000	0.0000
$D(X_6)$	检验值	-5.4930**	-1.6943**	94.8416**	132.163**
	P值	0.0000	0.0451	0.0046	0.0000
$D(X_9)$	检验值	-20.1774**	-15.0292**	266.912**	324.875**
	P值	0.0000	0.0000	0.0000	0.0000
$D(X_{10})$	检验值	-16.2482**	-12.1428**	241.177**	311.765**
	P值	0.0000	0.0000	0.0000	0.0000
$D(X_{14})$	检验值	-7.6114**	-1.9475**	88.3583**	84.9579**
	P值	0.0000	0.0257	0.0156	0.0282
$D(X_{15})$	检验值	-11.3984**	-5.3884**	131.751**	149.629**
	P值	0.0000	0.0000	0.0000	0.0000

注：**表示变量在5%的水平下是显著的。

（三）面板数据的协整检验

因此为了确定各个变量之间的长期关系和方程的具体形式，还必须对因变量和相关自变量之间进行协整检验。但是协整检验必须要满足同阶单整，由上面所做的单位根检验可以知道变量 X_3、X_4、X_7、X_8、X_{11}、X_{12}、X_{13}是零阶单整序列 $I(0)$，因此剔除这几个变量。而面板数据 Y、X_1、X_2、X_5、X_6、X_9、X_{10}、X_{14}、X_{15}是一阶单整序列 $I(1)$，因此对这九个变量的一阶差分进行混合回归的分析，此外还将会对模型的残差序列进行单位根检验。所得结果如表 7-4 所示。

表 7-4 残差序列的平稳性检验

变量		Levin，Lin&Chu	IPS	Fisher-ADF	Fisher-PP
Resid	检验值	-13.0170**	-14.4952**	277.348**	431.046**
	P值	0.0000	0.0000	0.0000	0.0000

注：**表示变量在5%的水平下是显著的。

由表7－4的检验结果可以看出，Y、X_1、X_2、X_5、X_6、X_9、X_{10}、X_{14}、X_{15}这九个变量之间存在着协整的关系，也就是说从长期来看这九个变量之间长期有着稳定的均衡的关系。

（四）面板数据模型估计

在确定面板数据，Y、X_1、X_2、X_5、X_6、X_9、X_{10}、X_{14}、X_{15}这九个变量之间存在着协整的关系，本书进一步对数据进行回归分析。在面板数据线性回归的模型中，主要有个体固定效应模型和个体随机效应模型。因此要对面板数据进行豪斯曼（Hausman）检验（见表7－5），从而确定是选择固定效应模型还是选择随机效应模型。

表7－5　　面板数据的Hausman检验

Test Summary	Chi－Sq. Statistic	Chi－Sq. d. f.	P
Cross－section random	24.713498	8	0.0017

上述结果表明，由于豪斯曼的检验结果P值（$0.0017<0.05$）因此应该建立个体固定效应模型，使用Eviews 8.0软件进行回归分析得如下结果（见表7－6）：

表7－6　　使用固定效应模型的面板数据回归分析系数表

变量	系数	t值	P值
C	－4.8194	－10.7906	0.0000
X_1	－0.0808	－4.6075	0.0000
X_2	0.0961	7.5252	0.0000
X_5	－0.0629	－0.2206	0.8254
X_6	－0.0014	－0.0994	0.9208
X_9	0.0562	8.1723	0.0000
X_{10}	0.1421	6.2694	0.0000
X_{14}	0.7479	2.9945	0.0029
X_{15}	0.0768	3.1331	0.0018

从回归结果可以得出，基于协调度和各影响指标之间的固定效应模型表达式如下：

$$Y = -4.8194 - 0.0809X_1 + 0.0961X_2 - 0.0630X_5 - 0.0014X_6 + 0.0563X_9 + 0.1421X_{10} + 0.7480X_{14} + 0.0769X_{15}$$

$t(-10.7906)(-4.6076)(7.5253)(-0.2207)(-0.0994)(8.1724)(6.2694)(2.9945)(3.1331)$

$R^2 = 0.9827 \quad F = 681.2948 \quad D.W. = 0.6680$

由上可知，回归模型的拟合优度达到0.9827，充分说明模型较好的回归效果，并且F值为681.2948，模型整体拟合比较显著。根据模型，产城融合协调度Y，每单位建成区土地面积产值X_1、规模以上工业总产值X_2、人均GDP X_5、人均全社会固定资产投资额X_6、国际互联网用户数X_9、每万人拥有医生数X_{10}、人均社会消费品零售额X_{14}、城镇居民人均可支配收入X_{15}，这八个自变量之间存在长期稳定的均衡关系。

在发展规模中，每单位建成区土地面积产值X_1与产城融合协调度Y成反向关系，规模以上工业总产值X_2与产城融合协调度成正向关系，即规模以上工业总产值对于促进产城融合协调度的提升起着积极的推动作用。在经济城市化中，人均GDP X_5和人均全社会固定资产投资额X_6都与产城融合协调度成反向关系。在2003—2015年，中国的GDP增长速度整体上表现出缓慢下降的趋势，而相反的产城融合协调发展水平却表现出不断提升的反向变化趋势。这说明，在经济可持续化发展的今天，唯GDP论英雄的时代已经渐行渐远，人类文明的不断进步对经济、社会各方面的可持续健康发展提出了更高的要求。实现社会发展的经济、人口、城市、生态等诸多要素的总体协调，不断成为中国发展的方向。在社会城市化中，国际互联网用户数X_9、每万人拥有医生数X_{10}与产城融合度都表现出正相关关系，二者的影响系数分别达到0.0563和0.1421，互联网技术的飞速发展以及中国庞大的人口基数对互联网服务产生的巨大需求，使得互联网用户数在进入21世纪后表现出跳跃式飞速发展的显著特征，基于互联网技术相关产业的发展成为中国经济发展的新引擎。此外，中国医疗体制的不断改革完善以及人们享受医疗服务水平的不断提升也凸显了民生工程在国家产城长期融合发展战略中的重要地位。而从收入水平来看，人均社会消费品零售额X_{14}、城镇居民人均可支配收入X_{15}对产城融合协调度也都有促进作用，且人均社会消费品零售额的影响系数已经高达0.7480，远远大于其他指标的影响系数。作为经济发展的“三驾马车”

之一，消费者的消费支出是拉动经济增长的最基本动力，消费是企业再生产的核心和起点，为扩大投资提供必不可缺的动力。从其对产城融合的较高影响系数也可以看出，其在推动社会经济巨轮不断向前滚动中具有至关重要的原动力地位。

二、基于协调类型的影响指标分析

为了更直观地展现2000—2015年中国31个省份产城融合水平的时间和空间演变特征，本书选取2000年、2005年、2010年和2015年为时间节点，结合前文对融合协调度类型的划分，把31个省份按照不同融合协调类型进行划分，见表7-7。

表7-7 2000年、2005年、2010年和2015年中国产城融合协调类型

融合协调类型	高级融合协调	初级融合协调	发展调和	轻度失调	严重失调
2000年			北京、上海	天津、河北、山西、辽宁、吉林、黑龙江、江苏、浙江、福建、山东、湖北、湖南、广东、陕西	内蒙古、安徽、江西、河南、广西、海南、重庆、四川、贵州、云南、西藏、甘肃、青海、宁夏、新疆
2005年			北京、天津、河北、辽宁、上海、江苏、浙江、山东、河南、广东	山西、内蒙古、吉林、黑龙江、安徽、福建、江西、湖北、湖南、广西、海南、重庆、四川、贵州、云南、陕西、甘肃、青海、宁夏、新疆	西藏

续表

融合协调类型	高级融合协调	初级融合协调	发展调和	轻度失调	严重失调
2010 年		江苏、广东	北京、天津、河北、山西、内蒙古、辽宁、吉林、黑龙江、上海、浙江、安徽、福建、江西、山东、河南、湖北、湖南、广西、重庆、四川、陕西、新疆	海南、贵州、云南、西藏、甘肃、青海、宁夏	
2015 年		江苏、山东、广东、浙江、河南	北京、天津、河北、山西、内蒙古、辽宁、吉林、黑龙江、上海、安徽、福建、江西、湖北、湖南、广西、重庆、四川、贵州、云南、陕西、甘肃、青海、宁夏、新疆	海南、西藏	

1. 初级融合协调的省份个数逐年增加

2010 年只有广东和江苏两个省份处于初级融合协调类型。到 2015 年，除广东和江苏仍处于初级融合协调类型外，而浙江、河南和山东经过发展，由 2010 年的发展调和型跃迁为 2015 年的初级融合协调状态，而 2015 年，高级融合协调的省市个数仍为 0 个。

2. 发展调和的省份个数逐年增加

2000 年只有北京和上海 2 个城市，2005 年增加到 10 个，2010 年和 2015 年分别增加到 22 个和 24 个。目前，中国绝大部分的省市处于发展调和阶段，这也与现实情况相符，随着城镇化进程的加快，城镇化水平不断提高，从滞后工业化状态逐渐发展到赶上工业化发展步伐，由此，中国大多数省市目前处于产城融合的发展调和阶段。

3. 轻度失调的省份个数逐年减少

2005 年时处于轻度失调的省份个数达到了 20 个，经过多年产业结构调整、优化升级和城镇化水平的不断提高，到 2015 年时，处于轻度失调的省市个数锐减到 2 个，大多数城市进入发展调和类别。

4. 严重失调的省份个数从 2010 年消失

其中，2000 年，内蒙古、安徽、江西、河南、广西、海南、重庆、四川、贵州、云南、西藏、甘肃、青海、宁夏、新疆等省份一度处于严重失调状态，但到 2005 年除西藏外，其他省份全部进入轻度失调类别，而西藏也在 2010 年摆脱严重失调状态进入轻度失调阶段，自此，再无省份处于严重失调状态。

在 2000—2015 年各年协调类型划分的基础上，以产城融合协调度为因变量，各个评价指标作为自变量，构建混合回归模型，分析不同融合协调类型下影响产城融合协调发展的因素。

（一）ADF 检验与协整检验

1. 变量的单位根（ADF）检验

与前面的面板数据一样，为了防止建立的回归模型中出现“伪回归”的现象，因此在建立回归模型之前需要对相关数据进行单位根（ADF）的检验与协整检验。由于对相关数据取了对数之后并不会改变数据的性质和相关关系，且为了取得良好的特性，进一步消除存在的异方差，本书在此部分建立不同协调类型下的产城融合协调度与影响产城融合的模型时对所有变量都做了取对数的处理。

对不同协调类型下产城融合协调度（因变量 LNY）和影响产城融合协调发展的因素（自变量 LNX_1-LNX_{15}）进行单位根检验，检验结果见表 7-8 所示。

表 7-8　　不同协调类型下所有变量的单位根检验

变量		严重失调型	轻度失调型	发展调和型	初级融合协调型	检验结果
LNY	ADF	0.6607**	13.7946**	20.1268**	24.0071**	(S, S, S, S)
	P	0.0358	0.0320	0.0000	0.0001	
LNX_1	ADF	17.1832	23.1374**	93.4643**	14.9958**	(IS, S, S, S)
	P	0.1428	0.0000	0.0007	0.0203	
LNX_2	ADF	0.2809	21.8438**	102.768**	21.8824**	(IS, S, S, S)
	P	1.0000	0.0393	0.0001	0.0013	

续表

变量		严重失调型	轻度失调型	发展调和型	初级融合协调型	检验结果
LNX_3	ADF	25.3455**	85.6683**	48.1407**	2.62404	(S, S, S, IS)
	P	0.0014	0.0000	0.0052	0.8543	
LNX_4	ADF	37.7601**	80.2708**	18.0437	2.6273	(S, S, IS, IS)
	P	0.0000	0.0000	0.9998	0.8539	
LNX_5	ADF	0.0922	11.9237	143.926**	9.1114	(IS, IS, S, IS)
	P	0.9549	1.0000	0.0000	0.1674	
LNX_6	ADF	2.8017	9.6604	106.873**	5.8782	(IS, IS, S, IS)
	P	0.2464	1.0000	0.0000	0.4370	
LNX_7	ADF	0.00599	26.1789	90.6401**	2.80846	(IS, IS, S, IS)
	P	0.9970	0.9978	0.0013	0.8325	
LNX_8	ADF	62.6684**	87.3958**	78.2866**	5.23767	(S, S, S, IS)
	P	0.0000	0.0008	0.0170	0.5137	
LNX_9	ADF	1.3847	69.0859**	90.2905**	15.6403**	(IS, S, S, S)
	P	0.5004	0.0007	0.0014	0.0158	
LNX_{10}	ADF	5.6344	93.3862**	215.537**	5.1119	(IS, S, S, IS)
	P	0.0598	0.0000	0.0000	0.5295	
LNX_{11}	ADF	2.2177	23.2869	80.2416**	30.6405**	(IS, IS, S, S)
	P	0.9990	0.9995	0.0000	0.0000	
LNX_{12}	ADF	0.1704	188.609**	128.379**	6.5736	(IS, S, S, IS)
	P	0.9183	0.0000	0.0000	0.3621	
LNX_{13}	ADF	55.6004**	14.3735**	212.557**	4.5183	(S, S, S, IS)
	P	0.0000	0.0257	0.0000	0.6069	
LNX_{14}	ADF	8.5321	9.3909**	93.8135**	26.4068**	(IS, S, S, S)
	P	0.7423	0.0091	0.0006	0.0002	
LNX_{15}	ADF	56.0010**	6.0505**	155.604**	11.6188	(S, S, S, IS)
	P	0.0000	0.0485	0.0000	0.0710	

注：**表示变量在5%的水平下显著，检验结果一栏中S表示相应变量的单位根检验平稳，IS表示相应变量的单位根检验为非平稳。

从表7-8中的检验结果可以看出，在严重失调型下因变量LNY和自变量LNX_3、LNX_4、LNX_8、LNX_{13}、LNX_{15}通过5%显著性水平检验，是平稳的；轻度失调型下因变量 LNY 和自变量 LNX_1、LNX_2、LNX_3、LNX_4、LNX_8、LNX_9、LNX_{10}、LNX_{12}、LNX_{13}、LNX_{14}、LNX_{15}通过 5% 的显著性检验，是平稳的；在发展调和型下因变量 LNY 和自变量 LNX_1、LNX_2、LNX_3、LNX_5、LNX_6、LNX_7、LNX_8、LNX_9、LNX_{10}、LNX_{11}、LNX_{12}、LNX_{13}、LNX_{14}、LNX_{15}，通过 5% 的显著性检验，是平稳的；在初级协调型下因变量 LNY 和自变量 LNX_1、LNX_2、LNX_9、LNX_{11}、LNX_{14}，通过 5% 的显著性检验，是平稳的。

2. 变量的协整检验

为了避免"伪回归"现象，在上述对变量的单位根（ADF）检验的基础上，为确定因变量与自变量之间是否存在长期均衡关系，因此需要对混合回归模型之后的残差进行单位根检验，所得结果如表 7－9 所示。

表 7－9　不同协调类型下回归模型残差的单位根（ADF）检验

协调类型	变量名	ADF	p	检验结果
严重失调	RESID1	7.59084 **	0.0225	平稳
轻度失调	RESID2	37.7775 **	0.0194	平稳
发展调和	RESID3	86.7208 **	0.0031	平稳
初级协调	RESID4	16.1612 **	0.0129	平稳

注：**表示变量在 5% 的水平下显著。

根据表 7－9 的检验结果可知，在 4 种不同的协调类型下，回归模型的残差都能通过 5% 的单位根检验，表明时间序列之间存在长期的均衡关系，确定不存在"伪回归"现象。因此，可以对不同协调类型构建回归模型。

（二）构建模型与回归分析

需要进一步说明的是，由于在这 4 种不同协调类型下进行的是非平衡面板数据的分析，对于严重失调型、轻度失调型、发展调和型。我们可以使用 Hausman 检验来确定模型最终适合使用固定效应模型还是随机效应模型。表 7－10 是严重失调型、轻度失调型、发展调和型的 Hausman 检验结果。

表 7-10 严重失调型、轻度失调型、发展调和型的 Hausman 检验结果

协调类型	Chi - Sq. Statistic	Chi - Sq. d. f.	P
严重失调型	41.1183**	5	0.0000
轻度失调型	68.0717**	10	0.0000
发展调和型	115.1703**	11	0.0000

注：**表示变量在5%的水平下显著。

根据表 7-10 的检验结果可知，三种协调类型下的结果都是显著的，说明严重失调型、轻度失调型、发展调和型的非平衡面板数据都适合使用固定效应模型进行回归分析。初级协调类型的数据结构由于无法进行随机效应的估计，经过多次运算之后，其更适合采用普通最小二乘法的混合回归模型，为了进一步消除自相关的存在，本书使用 Eviews 分别对其进行向前和向后的逐步回归模型，且得到的回归结果是一样的，说明不管是采用向前逐步回归或者向后逐步回归都是可行的。4 种协调类型的回归结果如表 7-11 所示，分别构建不同协调类型下产城融合协调度与影响因素指标之间的混合回归模型，其变量见表 7-12 所示。

表 7-11 不同协调类型下回归系数结果

变量	严重失调型（固定效应）	轻度失调型（固定效应）	发展调和型（固定效应）	初级协调型	
				向前逐步回归	向后逐步回归
C	-9.7527** (-13.6824)	-3.6342** (-13.9163)	-4.9149** (-29.4892)	-4.6959** (-23.2397)	-4.6959** (-23.2397)
LNX_1		-0.0202 (-1.0234)	-0.0349 (-1.6782)	0.1313 (2.4350)	0.1313** (2.4350)
LNX_2		-0.0049 (-0.3688)	0.0521** (3.2574)	0.1678** (13.2120)	0.1678** (13.2120)
LNX_3	0.3539** (2.9510)	0.0159 (0.3910)	0.0478** (2.5010)		
LNX_4	0.3936 (3.8723)	-0.0540 (-1.5102)			
LNX_5					

续表

变量	严重失调型（固定效应）	轻度失调型（固定效应）	发展调和型（固定效应）	初级协调型	
				向前逐步回归	向后逐步回归
LNX_6					
LNX_7			-0. 0235 (0. 9098)		
LNX_8	0. 0558 ** (2. 5271)	0. 0307 ** (10. 5091)	0. 0171 ** (3. 1084)		
LNX_9		-0. 0008 (-0. 1090)		0. 1063 ** (4. 8731)	0. 1063 ** (4. 8731)
LNX_{10}		0. 0680 ** (2. 1551)	0. 0300 ** (3. 9231)		
LNX_{11}			0. 1397 ** (7. 1263)		
LNX_{12}		0. 1257 ** (8. 8554)	0. 1430 ** (3. 0254)		
LNX_{13}	0. 2519 (1. 9571)	0. 0496 ** (2. 4190)	0. 0691 ** (4. 2548)		
LNX_{14}		0. 1645 ** (7. 3407)	0. 0969 ** (6. 4292)	0. 0914 ** (3. 3125)	0. 0914 ** (3. 3125)
LNX_{15}	0. 4912 ** (6. 1016)		0. 1583 ** (8. 8379)		
R^2	0. 9163	0. 9705	0. 9881	0. 9643	0. 9643
F	12. 0928	134. 9135	364. 5157	108. 1957	108. 1957
DW	1. 6142	1. 5432	1. 3475	1. 9937	1. 9937

注：**表示变量在5%的水平下显著。

表7-12　不同协调类型下产城融合的协调发展度影响指标

影响指标	严重失调型	轻度失调型	发展调和型	初级协调型
发展规模	——	每单位建成区土地面积产值（LNX_1）、规模以上工业总产值（LNX_2）（——）	每单位建成区土地面积产值（LNX_1）、规模以上工业总产值（LNX_2）（-+）	每单位建成区土地面积产值（LNX_1）、规模以上工业总产值（LNX_2）（++）

续表

影响指标	严重失调型	轻度失调型	发展调和型	初级协调型
产业结构	第二产业产值占GDP比重（LNX_3）、第三产业产值占GDP比重（LNX_4）（＋＋）	第二产业产值占GDP比重（LNX_3）、第三产业产值占GDP比重（LNX_4）（＋－）	第二产业产值占GDP比重（LNX_3）（＋）	——
经济城市化	——	——	——	——
空间城市化	城市人口密度（LNX_8）（＋）	城市人口密度（LNX_8）（＋）	建成区面积（LNX_7）、城市人口密度（LNX_8）（－＋）	——
社会城市化	——	国际互联网用户数（LNX_9）、每万人拥有医生数（LNX_{10}）（－＋）	每万人拥有医生数的对数（LNX_{10}）（＋）	国际互联网用户数（LNX_9）（＋）
人口结构	——	——	非农业就业人口占总就业人口比重（LNX_{11}）（＋）	——
人口素质	教育支出占城市财政支出比重的对数（LNX_{13}）（＋）	每万人在校大学生数的对数（LNX_{12}）、教育支出占城市财政支出比重（LNX_{13}）（＋＋）	每万人在校大学生数的对数（LNX_{12}）、教育支出占城市财政支出比重（LNX_{13}）（＋＋）	——
收入水平	城镇居民人均可支配收入（LNX_{15}）（＋）	人均社会消费品零售额（LNX_{14}）（＋）	人均社会消费品零售额（LNX_{14}）、城镇居民人均可支配收入（LNX_{15}）（＋＋）	人均社会消费品零售额（LNX_{14}）（＋）

注：括号类的－＋分别代表不同指标对产城融合协调度是正负向影响。①

① 虽然本书对所有变量都做了取对数的处理，但是在这里的指标名称依然用原始指标名称表示，也就是在表6－27中指标名称的叫法中没有加入“对数”二字。

由表 7 - 11 可知，构建不同协调类型下的回归模型为：

严重失调型：

$LNY = -9.7527 + 0.3539LNX_3 + 0.3936LNX_4 + 0.0558LNX_8 + 0.2519LNX_{13} + 0.4912LNX_{15}$

轻度失调型：

$LNY = -3.6342 - 0.0202LNX_1 - 0.0049LNX_2 + 0.0159LNX_3 - 0.0540LNX_4 + 0.0307LNX_8 - 0.0008LNX_9 + 0.0680LNX_{10} + 0.1257LNX_{12} + 0.0496LNX_{13} + 0.1645LNX_{14}$

发展调和型：

$LNY = -4.9149 - 0.0349LNX_1 + 0.0521LNX_2 + 0.0478LNX_3 - 0.0235LNX_7 + 0.0171LNX_8 + 0.0300LNX_{10} + 0.1397LNX_{11} + 0.1430LNX_{12} + 0.0691LNX_{13} + 0.0969LNX_{14} + 0.1583LNX_{15}$

初级协调型：

$LNY = -4.6959 + 0.1313LNX_1 + 0.1678LNX_2 + 0.1063LNX_9 + 0.0914LNX_{14}$

根据以上的回归结果可以得出以下结论：

第一，在严重失调类型下，对产城融合协调度发展有影响的指标都具有正向影响，在表示收入水平的指标中城镇居民人均可支配收入（LNX_{15}）对其影响度最大，影响因素已经达到 0.4912，说明在此阶段要提高产城融合协调度，应该更加重视城镇居民的收入的提高；其次，表示产业结构的指标中第二产业产值占 GDP 的比重（LNX_3）与第三产业产值占 GDP 的比重（LNX_4）对产城融合协调度的影响力度也比较大，两者对产城融合协调度的拉动作用基本不分上下，分别为 0.3539 和 0.3936。说明在此阶段，第二、三产业的发展对产城融合协调度的发展具有举足轻重的地位，要重视二产特别是要重视发展第三产业的发展进而来拉动产城融合度的提升；表示人口素质的指标中教育支出占城市财政支出比重（LNX_{13}）对产城融合协调度的拉动系数为 0.2519，说明在此阶段政府也必须要注意到教育的重要性，要提高对教育的投入力度，在失调阶段需要大力培养人才，提高整体人口素质，进而促进产城融合。

第二，在轻度失调类型下，影响产城融合协调发展的主要指标是每万人在校大学生数（LNX_{12}）和人均社会消费品零售额（LNX_{14}），影响系数分别为 0.1257 和 0.1645。大学生的整体素质水平比较高，在校大学生的人数增加，之后进入社会的高素质人才也会相应地增多，在此阶段中教育支出占城市财政支出比重（LNX_{13}）对产城融合协调度的影响系数也有0.0494，进一步说明在此阶段对教育的投入需要持续增加。在轻度失调阶段，收入水平仍然是最重要的影响因素，所以处在此阶段的城市要想提高产城融合度，必须要重视人民收入的增加。从表示社会城市化的指标中来看，每万人拥有医生数（LNX_{10}）对产城融合的拉动作用（影响系数0.0680）远远大于国际互联网用户数（LNX_9）对产城融合的挤出效应（影响系数0.0008），因此在此阶段也需要重视医疗水平的提高。在表示产业结构的指标中第二产业产值占GDP的比重（LNX_3）对产城融合协调度的促进作用（影响系数为0.0159）小于第三产业产值占GDP的比重（LNX_4）对产城融合协调度的挤出效应（影响系数 -0.0540）。城市人口密度（LNX_8）对产城融合协调度也具有正向影响作用，影响系数为0.0307。在表示发展规模的指标中，每单位建成区土地面积产值（LNX_1）、规模以上工业总产值（LNX_2）都具有挤出效应，影响系数分别为 -0.0202 和 -0.0049。

第三，在发展调和型下，影响产城融合协调度的主要指标为表示收入水平中的城镇居民人均可支配收入（LNX_{15}）、人均社会消费品零售额的对数（LNX_{14}）和表示人口素质中的每万人在校大学生数的对数（LNX_{12}）以及表示人口结构中的非农业就业人口占总就业人口比重的对数（LNX_{11}），影响系数分别为0.1583、0.0969、0.1430、0.1397，此外教育支出占城市财政支出比重（LNX_{13}）的影响系数为0.0691，结合严重失调型、轻度失调型来看，这也再一次说明收入水平和人口素质对于产城融合协调度的提高都是非常重要的，需要格外的对其加以重视。从发展规模来看，每单位建成区土地面积产值（LNX_1）仍然对产城融合协调度具有负向影响、而规模以上工业总产值的对数（LNX_2）已经由轻度失调型的负向影响变为正向影响。第二产业产值占GDP比重（LNX3）和每万人拥有医生数（LNX_{10}）仍然对产城融合协调度的提高具有促进作用，说明处在此类型的城市仍然需要对第二产业的发展加以重视，并且需要提高社会的服务功能，提高医疗水平。从空间城市化来看，建成区面积（LNX_7）和城市人口密度（LNX_8）对产城融合协调度的影响力度不大，但前者的挤出效应（影响系数为 -0.0235）大于后者对其的促进效应（影响系数为0.0171），说明在城市的发展中要适当控制建成区的扩张，而不能仅仅以建成区面积的多少作为衡量城市发展的标准。

第四，随着产城融合协调度的提高，在初级协调型下，影响其发展的主要因素是发展规模中的每单位建成区土地面积产值（LNX_1）和规模以上工业总产值（LNX_2），影响系数分别为0.1678和0.1313，其中每单位建成区土地面积的产值也由发展调和型的负向影响转变为正向影响。从社会城市化来看国际互联网用户数（LNX_9）对产城融合协调度的影响系数为0.1063，且在收入水平中的人均社会消费品零售额（LNX_{14}）仍然具有0.0914。这也说明随着产城融合协调度的提高，不仅要关注居民收入水平的提高，而且需要提高城市的服务能力使城市发展为宜居宜业的地方，更重要的是处在此类型下的城市需要高度重视城市发展规模，提高每单位土地面积的产值，进而来促进产城融合协调度的提升。

第二节 中国产城融合影响因素研究

一、模型方法与数据来源

（一）全局空间自相关检验

受空间集聚及扩散作用的影响，基础设施、产业集聚度、投资规模、产业结构等观测值具有一定的空间溢出效应。中国产城融合水平的空间相关性，选取已得到普遍认可的 *Moran's I* 进行检验。计算公式如下：

$$I = \frac{n\sum_{i=1}^{n}\sum_{j=1}^{n}W_{ij}\left|x_i - \bar{x}\right|\left|x_j - \bar{x}\right|}{\sum_{i=1}^{n}\sum_{j=1}^{n}W_{ij}\sum_{i=1}^{n}\left|x_j - \bar{x}\right|^2} \tag{7-1}$$

式中，x_i、x_j分别表示所研究城市 i、j 的观测值，$\bar{x}$ 表示均值，W_{ij}表示空间权重矩阵，n 表示城市总数。$-1 \leq I \leq 1$，且 I 值越接近1，则说明各城市之间彼此空间正向自相关程度越高；I 值越接近 -1，则说明各城市之间彼此负向相关较强。

（二）局部空间自相关检验

考虑到不同城市之间规模、经济水平等的差异，引入 *Local Moran's I* 指数与全局空间自相关分析相补充，实现对中国产城融合空间分布的有效考察。

计算方法如下：

$$I_i = \frac{n(x_i - \bar{x})\sum_i W_{ij}(x_j - \bar{x})}{\sum_j (x_i - \bar{x})^2} = Z_i \sum_j W_{ij} Z_j \qquad (7-2)$$

式中，Z_i、Z_j分别表示各城市观测值的标准值，其余变量含义与式（7－1）相同。I_i为正值表示所考察城市局部空间正相关；I_i表示负值时表示所考察城市局部空间负相关。

（三）地理加权回归模型

空间异质性使得产城融合的关键影响因素、影响因素的作用力大小可能因地而异。地理加权回归（GWR）是分析空间异质性过程的一种方法，它通过引入数据的空间位置并在各空间位置上采用局部估计方法来实现对回归关系空间异质性的探索分析，可有效解决由于空间位置引起的因变量和自变量之间的局部变异问题，从而修正经典回归模型，降低传统模型残差的空间自相关性。因此本书采用 GWR 模型来揭示影响产城融合各因素的作用强度及空间分布。具体模型如下：

$$y_i = \beta_0(u_i, v_i) + \sum_{i=1}^{\kappa} \beta_k(u_i, v_i)\chi_{i\kappa} + \varepsilon_i \qquad (7-3)$$

式中，(u_i, v_i)是第 i 个样本点的空间坐标 $\beta_\kappa(u_i, v_i)$，为第 i 个采样点上的第 k 个自变量的回归参数，它是采样点空间位置的函数。ε_i 表示随机误差项。在校正 GWR 时，权重矩阵 $W(u_i, v_i)$的标准至关重要，本书采用固定高斯函数为权重函数，Akaike 信息准则法确定带宽，研究各个影响因素对产城融合协调度的作用强度。

（四）数据来源

本书选择中国 285 个地级市为研究样本，不包括自治州、省辖市及港澳台地区。文中涉及指标的原始数据均来自 2004—2015 年《中国城市统计年鉴》，并均为市辖区数据，对个别城市个别年份个别指标没有统计的情况，作者选择前后两年数值均值进行填补，整体数据全面、科学、有效。

二、影响因素理论分析

进入21世纪以来，中国的产城融合水平存在明显的空间集聚现象，Moran散点图显示该现象具有逐渐强化的趋势。产生这种空间上集聚主要是由于产城融合已不再是产与城互促的单纯过程，而是一个融经济发展、社会进步、生态环境与科技创新等多方面相互影响、相互促进的动态发展过程，既受传统产城融合因素的影响，同时随着社会进步，产城融合影响因素也在不断变化。根据对已有研究成果（文献）的梳理，本书认为下列变量可能是产城融合区域差异的影响因素：

1. 城市规模

根据Duranton和Puga（2014）、于斌斌（2015）的认识，城市规模是城市经济产出、产业结构与劳动生产率的重要决定因素。随着城市规模的扩大和城镇化水平的不断提高，城市与区域必然在发展要素、产业结构、基础设施、生态环境等方面形成互补和整合，并向一体化方向发展（李铁立，李诚固，2003）。我们用Alonso（1964）的人口指标来表示城市规模，城市规模用城市常住人口来衡量。由于城市规模的扩大能为城市化建设和产业结构调整提供更加广阔的发展空间，因此，两者关系的预期符号为正，这与已有的研究（柯善咨和赵曜，2014）结论相吻合。

2. 城镇化水平

城市经济学的集聚效应理论认为，城镇化是产业集聚的空间载体，城镇化水平的提高能够加速产业集聚，在更大程度上加大创新要素的集聚水平，驱动传统产业转型升级，促进产业与城市良性发展（Edwin S. Mills，1996）。目前衡量城镇化水平主要有户籍人口和常住人口两种，但事实上这两种衡量方法计算出的城镇化水平与实际都存在较大差距。Wen（2004）使用了城市数指标来度量城市的发展，但是这较难衡量各个城市本身的发展状况，考虑到城镇化是一个包括人口、经济、空间、生态、土地、文化、基础设施、社会等子系统在内的复杂系统的复杂变化过程。因此，本书采用了薛俊菲、陈雯和张蕾（2010）的方法，选择人口城镇化率、经济城镇化率、空间城镇化率、社会城镇化率分别代表人口、经济、空间和社会的城镇化水平，各指标内涵为：人口城镇化率（PU）为第二、三产业从业人员占比，经济城镇化率（EU）为第二、三产业产值占GDP的比重，空间城镇化率（KU）为城市建设用地面积占土地面积的比重，社会城镇化率（SU）为城市建成区绿化覆盖率。因此，本书城镇化水平（UR）由人口城镇化率、经济城镇化率、空间城镇化率和社会城镇化率四个城镇化分量指标复合而成。即为：

$$UR = \sum(PU, EU, KU, SU) \tag{7-4}$$

具体测算中，采用加权法直接计算，即：

$$UR = PU \times W_{pu} + EU \times W_{eu} + KU \times W_{ku} + SU \times W_{su} \tag{7-5}$$

式中，W_{pu}为人口城镇化的权重，W_{eu}为经济城镇化权重，W_{ku}为空间城镇化权重，W_{su}为社会城镇化权重。$W_{pu} + W_{eu} + W_{ku} + W_{su} = 1$。根据相关专家咨询建议，四个城镇化指标权重都为0.25。

3. 信息化水平

信息化水平的提升既能有效降低地理上的互动成本从而扩大了区域的边界（Charlie Karlsson，2004），又能促进市场潜能的扩大与产业的空间集聚（Hong，Junjie和fu，Shihe，2008）。汪斌、余冬筠（2004）曾利用信息化综合指数测算了中国信息化发展水平，但由于该指数涉及众多指标，受数据可得性的限制，本书借鉴陈建军、陈国亮和黄洁（2009）的做法，采用人均移动电话数来代替。

4. 投资规模

投资是影响城市化建设和城市经济产出的重要因素，目前，中国仍然处于投资驱动为主的阶段，投资对城市经济产出和产城融合的影响更加重要（中国经济增长前沿课题组，2005）。我们用城市全社会固定资产投资总额与全国城市全社会国定资产投资总额的平均值的比值来衡量城市投资规模对产城融合的作用。

5. 产业结构升级水平

根据Michaels G等（2012）、温涛和王汉杰（2015）等的认识，产业结构与城镇化之间是一种相互作用、彼此促进、协同发展的耦合联动关系。产业结构优化升级一般通过产业结构高级化来测度，因此，本书借鉴于斌斌（2015）的做法，采用第三产业与第二产业的产值之比来衡量产业结构优化升级水平。

6. 经济政策

根据 Kanbur 和 Zhang（2005）、Démurger 等（2002）、陈斌开和林毅夫（2013）等的认识，经济政策的差异在很长的一段时间内成为决定城市化进程、产业转型升级和产城融合的重要因素。对外开放是经济改革以来最为重要的经济政策，我们用对外开放度来衡量经济政策。一个城市的外商直接投资不仅可以反映该城市的贸易开放程度，还可以通过产业关联、知识外溢等途径促进这一地区的经济增长。考虑到各城市本身大小的差异，因此，本书用外商直接投资额占 GDP 比重来度量经济开放度，并且依据历年人民币汇率的平均价格予以折算。

三、中国产城融合影响因素实证分析

（一）产城融合空间相关性分析

运用 Geoda 软件对 2003—2014 年中国 285 个城市产城融合水平进行检验，得到结果如图 7－1 所示。观察图 7－1 发现，考察期内中国 285 个城市的产城融合水平的 Moran's I 值均在 0. 50 以上，并且均通过 1% 显著性检验，这一结果表明所考察的中国 285 个城市的产城融合水平在空间上表现出明显的相关性。

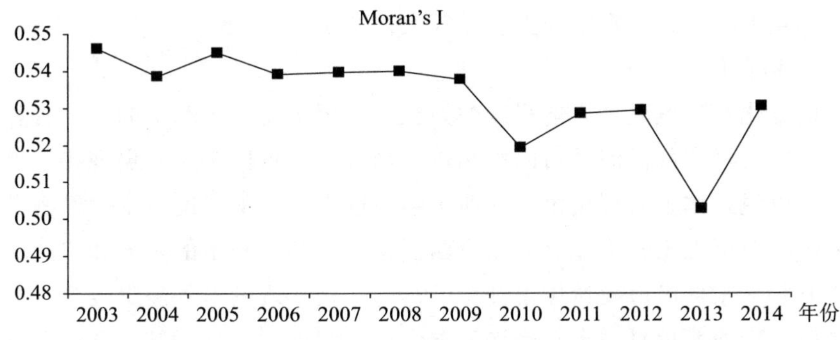

图 7－1　2003—2014 年中国产城融合水平的 Moran's I

（二）中国产城融合影响因素 GWR 分析

上文空间相关性检验证明了中国各城市的产城融合水平在空间上有明显的相关性。考虑到数据指标的可获得性和科学性，同时为避免数据异常波动所引起的结论误差，特将 2003—2014 年时间序列数据取平均值，利用极差方法对各项指标数据进行标准化处理，并采取逐步回归法对其进行共性检验，剔除共线指标，选取容忍度值 >0.7 的基础设施、城市规模、城市化水平、信息化、投资规模、经济政策等 6 个指标作为 2003—2014 年产城融合协调度变化的 GWR 回归模型中的解释变量，融合协调度的变化为因变量，建立 GWR 模型，采用 ArcGIS"adaptive"核函数使 AICc 最小的带宽法做局域的估计。首先对所选 6 个变量利用最小二乘法（OLS）模型进行估计，其决定系数 R^2 为 0.79，残差平方和为 8.15，而利用 GWR 模型的 R^2 值为 0.94，残差平方和的数值是 3.52。这说明 GWR 模型所拟合结果优于 OLS。

为了检验所建 GWR 模型的合理性，进一步运用单变量 GWR 模型分别检验中国产城融合水平与 6 个影响因素之间的关系，结果显示城市规模、城市化水平、信息化、投资规模、产业结构升级水平、经济政策的 R^2 分别为 0.57、0.51、0.74、0.82、0.40 和 0.53。进而将 6 个解释变量全部加入 GWR 模型进行验证，结果显示其 R^2 为 0.94，大于每一个单变量拟合的决定系数，基于以上分析，本书回归分析采用多变量 GWR 模型进行。影响中国 285 个地级市产城融合水平的诸多因素其影响力大为不同，其中，信息化、城市化水平、城市规模成为影响中国产城融合最关键的三个因素，投资规模、经济政策、产业结构升级水平作为第二梯队的因素，影响力减弱，且在空间上存在较大差异。

1. 信息化水平

信息化对产城融合影响程度的高值区主要出现在东北部的辽宁省和吉林省，同时对东部沿海城市的影响也较高，而低值区则主要出现在华南大部，可以说总体上表现出由东向西影响力逐渐减弱的状况。中国经济发展的总体状况呈现出较为显著的东高西低特征，信息技术的发展和广泛应用也主要是从东部沿海发达城市开始的，并逐渐实现其对外溢出效应，向内地扩散，而随着信息技术在经济发展中深入程度的变化，其对产城融合的影响自然也同样表现出东高西低的特征。

2. 城镇化水平

城镇化水平对中国产城融合影响程度体现出以东部沿海城市为分界线不断向两边减弱的状况，且最低值出现在黑龙江省和内蒙古的东北部。中国城市的分布从数量上来说主要集中在中部及南部，西部及东北部虽然地大物博，城市占地较大，但其城市数量较少，经济结构中农业经济占比较大，农村人口比例较大，生产要素分布分散，整体城市化水平偏低，而城镇化水平的高低往往影响着城市产业集聚发展，影响城市经济发展水平及经济总量，而城镇化水平不高往往无法实现产业的有效集聚，从而约束着产城融合。

3. 城市规模

城市规模对产城融合影响的高值区出现在长三角城市、东北的辽宁省部分城市以及北京市，但其整体变化趋势则呈由北向南逐渐减弱趋势。也就是说城市规模对中国产城融合的影响程度呈现北高南低的现象。

4. 投资规模

投资规模对中国产城融合的影响高值区主要集中在广东、广西以及海南省的各城市和西宁、乌鲁木齐，同时对于东部长三角城市以及向内陆辐射的湖北、湖南、江西、福建等省份城市、黑龙江省的城市影响也较为显著。

5. 经济政策

经济政策对中国产城融合的影响程度最高值出现在黑龙江部分城市以及甘肃省、青海省、四川省、贵州省、云南省的大部分城市，从这些城市所在省份来看，基本都属于经济发展相对落后的地区，此类省份的经济发展主要依靠宏观经济政策的支持，由此成为经济政策影响最为强烈的地区也十分符合这些城市省份发展的实际状况。

6. 产业结构升级水平

产业结构升级水平对中国产城融合的影响最高值出现在长三角地区，该地区一直以来都是中国经济发展以及产业结构升级的领头羊，而从上文产城融合综合发展指数的分布来看，长三角地区同样领先。而从产业结构升级对其他城市产城融合的影响力分布来看，其呈现出由东向西逐步减弱的特征，一方面内陆城市产业结构相对单一，升级缓慢，另一方面也是中国经济东部沿海先行发展，并不断带动内陆及西部渗透的长期政策决定的。

第八章 研究结论与对策建议

第一节 研究结论

一、产城融合发展是产业与城市关系的理想状态及其动态实现过程

产城融合是针对中国快速城镇化进程中出现的产业功能与城市功能分离现象提出的一种新的发展理念，是推动新型城镇化高效运行的关键措施，也是城市产业空间与社会空间协调发展的内在要求。产城融合是一个涉及面广且复杂的过程，二者的融合既包含了产业业态的融合，又包含了城市空间的拓展和形态的优化。二者在融合的过程中相互影响，相互促进，两个系统通过实体要素和非实体要素之间的交叉渗透形成了多个子系统，通过子系统之间的相互作用、产业组织结构和制度安排，在发展过程中形成其变体以及更高层次的复合系统。因此，需要对产业、城镇、人口、土地、就业、居住、环境、基础设施与公共服务等多方面通盘考虑，构建产城融合发展机制，实现产、城、人的协调共进。实现产城融合发

展，需要统筹区域要素配置，实现要素自由流动；正确定位主导产业，培育现代产业体系，提高产城融合的产业支撑能力；科学制订城市空间发展规划，促进产城融合空间协调布局；以环境承载能力为制订各项发展规划的前提条件，建立科学有效的资源环境承载力长期动态监测，提高环境承载能力，促进产城融合长期可持续发展；促进人口合理集聚，为产城融合可持续发展提供“活劳动”保障。

同时，由于城市与产业的发展均是一个动态的过程，产城融合所考察的产业与城市二者之间的发展状态也是一个动态的过程，宏观背景的不断变化使得产城不协调的主要表现存在差异，这也使得产城融合的核心任务以及走向存在差异，最终实现产城融合的路径也会与时俱进。

二、近年来，我国政府积极推进工业化、信息化、城镇化和农业现代化四化同步发展的战略部署，着力解决“产城分离”问题，探索产城融合发展，致使全国产城融合总体水平虽然有所提高，但产业发展与城市建设仍存在不协调问题，且区域时空分异显著，表现为由东向西递减的阶梯分布态势

近年来，国家层面出台了一些促进城镇化优化发展和产城融合发展的相关政策和发展规划，全国各地纷纷响应国家号召，共同努力，因此在产城融合发展方面已经取得了一定成效。无论是从产业结构的不断优化、产业规模的不断扩大以及产值的增加方面还是从城镇化建设方面，都取得了长足的进步。随着中心城区空间越来越拥挤以及产业集聚效应的凸显，城市周边开始大批量出现保税区、产业园等各类园区，但是在产业大肆扩张的同时，为产业发展提供基础设施等配套功能的城市建设却处于滞后状态，最明显的体现就是新建设的产业园区周边生活设施配套建设跟不上，交通不够方便，劳动者生活、生产空间差距较大，城市与产业的发展进程严重不匹配，城镇化的发展严重滞后于工业化的发展，出现了典型的产业与城市分离的状态。同时，在新城的建设与老城区的改造或者产业园区的建设发展方面也存在着很多问题，具体表现为：一是在新城和产业园区的建设中，不注重自身的特色，而照搬城市发展模式，“疯狂克隆”从而出现“千城一面”的城市发展现象；二是不合理的制度对产城融合发展形成壁垒，尤其是在城市建设用地中土地制度的不合理性，出于利益的追逐，有限的土地资源被粗放式的开发使用，使大片的土地被空置为荒地；

三是长期以来，苏联的城市发展模式对我国的城市规划思想影响很大。在老城区的改造、新城的建设或开发区的建设方面，发展理念太过于单一，机械死板；四是由于地理位置、资源禀赋、产业定位、经济基础等方面的影响，在产业发展、城镇化建设以及产城融合发展过程中，呈现出明显的不均衡性和区域差异。基于城镇化与工业化互动关系分析发现，城镇化和工业化互为因果关系，城镇化和工业化的波动进程中主要是由自身的内在规律决定和影响。因此，由于产业与城市的发展都是一个动态的过程，又涉及政府宏观政策、制度、产业创新等多元因素的影响，使得产城融合一直以来都不是一蹴而就的，而是长期复杂的发展过程。

三、我国产城融合理论模型的提出与模拟分析表明，产城融合发展受到严格制约，构建一个兼顾城市间经济关联与城市内部政策安排的产城融合协同框架，是实现产城融合发展所必须解决的关键性问题

自从党的十八大提出实现工业化、信息化、城镇化和农业现代化“四化”同步以来，中国信息化与工业化深度融合、工业化与城镇化良性互动、城镇化与农业现代化相互协调的步伐明显加快。一个显著的特征是，中国正从沿海地区高速工业化阶段快速切换到中西部地区高速城镇化阶段，持续的城镇化正不断推动着工业化和现代化。因此，如何通过新型城镇化来实现工业化，并能保持与城镇化和谐并行，是维持经济可持续发展的关键。然而，由于发展阶段的转换，传统的劳动力、土地无限供给条件下的粗放式经济增长方式，无法满足工业化与城镇化和谐并进发展的要求，新型城镇化中的各种问题也开始在经济的“新常态”阶段逐渐显现：一方面，禀赋条件较好的大城市持续集聚各类优质生产要素，但城市土地开发强度过大，城市生活成本剧增，公共服务无法惠及巨量的流入人口；另一方面，数量众多的中小型城市却面临产业空心化的困境，只能通过不间断地扩张城市边界来维持土地的城镇化，从而衍生出“空城”“鬼城”。可见，对于大多数城市而言，产业发展和城市建设之间并没有形成良性循环。

由于产业发展和公共基础设施建设所需要的土地要素是由各级政府调控的，因而，中国的新型城镇化具有明显的行政主导的色彩，通过调节土地增量的规模与结构可以影响不同地区的城镇化路径。比如，为了加快推进中西部地区的城镇化，2003 年后，中西部地区土地供应面积占比不断

加大。但是，由于不同城市之间差异的广泛存在，在如何利用土地要素来推进城镇化发展方面，形成了两条颇具代表性的路径：其一是通过建设各种类型的产业园区来推动“产业入园”，并围绕开发区建设来完善城市各种配套服务功能，使得早期的各类开发区、高新区和工业园区，陆续成为城市新城，即“先产后城”模式；其二是围绕新布局的高铁站点、地铁站点等城市服务功能站点，建设CBD和住宅区，再进行招商引资建设新城，即“先城后产”模式。

在城市空间扩张带来土地城镇化的同时，当前更为迫切的是实现人的城镇化。人的城镇化的关键，在于城镇居民福利提升，这离不开“产”与“城”的互动。一方面，“产”决定了城镇可消费的本地商品种类，以及居民的就业和收入状况；另一方面，“城”决定了产业发展的成本，以及居民生活的成本。“产”与“城”的发展影响了居民的福利函数。在一个统一的福利经济学的研究框架之中，研究“产”与“城”的互动，是探讨人的城镇化的必由之路。

《国家新型城镇化规划（2014—2020年）》提出了“工业化和城镇化良性互动”的发展理念，而落实这一理念最为重要的关键点，在于在新型城镇化中如何实现产城融合。将“产”与“城”的互动与融合纳入考虑，一方面，兼顾宏观方面，即城市间的经济关联，另一方面强调城市内部的政策安排。前者为城市发展的总量约束，后者为城市发展的结构约束。因此，构建兼顾城市间经济关联与城市内部政策安排的产城融合协同框架，是推动“产城”全面、协调、高效和可持续发展的前提与必要准备，不但是解决“3个1亿人”进城问题的需要，也是推进以人为本的新型城镇化的趋势使然，对于经济持续发展、乡村振兴以及区域协调发展具有重要意义。

四、基于“省域—市域—县域”三维不同空间尺度，发现虽然我国产城融合总体水平较低，但是融合协调水平是逐年稳步增加，且区域时空差异已多方位显现

基于省域尺度数据分析发现，目前中国产城融合发展的整体水平还不高，产城融合还主要处于颉颃阶段，尽管有部分城市的产城协调已经发展到初步协调阶段，但绝大多数省市的产城协调仍处于发展调和阶段。且从产城融合的空间分布变化来看，其东高西低的整体特征十分显著，有效印证了中国经济东中西部阶梯式发展的空间格局。随着产城融合处于不同发

展阶段以及经济发展社会时代背景的转变，“人”的因素在产城融合中体现得越来越突出，这也体现了新时代背景下中国主要社会矛盾的历史性转变。因此，结合当下我国社会主要矛盾已经转化为人民日益增长的美好生活需要和不平衡不充分的发展之间的矛盾，从努力满足人民对美好生活追求的实际需要出发，针对中东西部地区地理位置、气候、城市发展基础、产业定位等方面，制定切实有效的区域经济、地方经济发展战略，针对性地给予政策、制度保障支持。

基于市域尺度数据分析发现，产城融合基本处于颉颃阶段，整体处于低度协调水平，但上升趋势明显；产城融合空间分布差异显著，具有历史优势的直辖市城市产城融合的产业支撑、城镇化建设和人口集聚三要素指数以及耦合度、融合协调度普遍高于东、中、西部；产城融合三要素内部协调发展程度不一。城镇化建设指数以及人口集聚指数处于低度协调的颉颃发展阶段，而产业支撑指数内部耦合协调情况相对良好，且主要集中在北上广等相对发达城市。因此，针对不同城市区域资源禀赋以及城市发展规划，构建自身差异化竞争优势，实现产城融合各要素之间彼此促进，相互提升。

基于县域尺度数据分析发现，浙江省县域产城融合发展整体水平不高，参差不齐，表现出严重的两极分化局面，但整体呈现出较为明显的不断提升的态势。长期以来所形成的以杭州、宁波、温州为代表的三角形发展模式，使得其在资源获得、政策扶持等方面优势显著，尽管以此三个城市为中心，实现了对其周边城市的辐射效应，但范围有限，新的城市群发展模式有待形成。另外，浙江省县域产城融合发展具有相对较高水平的城市还呈现出明显的沿海分布的特点，由此，如何实现浙江省域范围内沿海经济、城镇发展向内陆扩散，也是实现全省经济、城市共同发展的着力点。因此，应进一步深化加快城市群发展战略，充分发挥杭州、宁波、温州、金华等核心城市的“领头羊”作用，促进城市群内部以及城市群之间统筹联动，形成发展合力。

五、产城融合发展模式具有多样性，但成长路径具有一致性，国外产城融合发展的经验表明，要从根本上解决产城分离问题，实现产城融合发展，必须有效结合政府、市场、企业等多方面现实条件，从制度和机制方面进行全方位的整合与创新

欧美发达国家在产城融合发展过程中，形成了一些行之有效的经验启

示：一是不论欧美发达市场经济国家还是亚洲的新兴市场经济国家在产城融合发展过程中，都将法律制度建设放到首要位置，这足以证明健全的法律法规在产城融合发展中的重要性；二是发达国家在城市治理过程中，最初目标是为了解决城市病问题，但最终目标是“以人为本”，创造良好的居住环境，实现职住平衡的模式；三是发达国家都重视对基础设施的完善，公共服务体系的建设，这已经成为保障产城融合发展的关键措施；四是发达国家既注重对产业和城市的超前合理规划，又强调二者之间的有机协调发展。总之，国外产城融合发展的相关经验表明：产业和城市的发展需要一个过程，要达到融合发展状态并不是一蹴而就、一帆风顺的。中国的产城融合发展必须以人本主义为导向，以城市为发展平台，承载产业与人口发展空间需求，以产业为主要动力，驱动城市更新与完善配套设施建设，努力实现城市空间布局与产业布局相协调、城市功能结构与产业功能结构相匹配，促进实现人的生产活动与生活活动相适应，实现产、城、人三者之间彼此促进的良性循环发展状态。中国的产城融合不是单纯解决城市扩张时空间和产业如何支撑的问题，而是要构筑一个由核心价值观引领，以人为本，产业、空间和社会相互支撑的新型城镇。推动产城融合，就是要建立产业、空间、社会三个维度相互支撑的有机联系，促进城市的可持续发展。

第二节
对策建议

在漫长的城市、产业以及产城融合的历史进程中，在不同的社会发展阶段城市及产业发展都有不同的时代特征。在今天，随着绿色发展理念的深入人心，社会对于城市、产业、产城融合也提出了新的要求。2017 年，由中共中央宣传部、中央电视台联合制作的电视纪录片《辉煌中国》，以“创新、绿色、协调、开放、共享”为主题，全面介绍了党的十八大以来中国经济社会发展所取得的伟大成就。作为世界上城镇化速度最快的国家，中国每年要新增 2000 万城镇人口，比欧洲一个中等规模国家的人口还要多，这是人类历史上规模最大的城镇化工程。城市人口的激增对政府政策、地方基础设施建设、公共社会福利全覆盖、医疗卫生教育事业一体化等各个方面提出了严峻挑战。由此，创新发展思路、全方位统筹协调、坚持开放思想、深化共享理念，与此同时，特别重视环境生态的绿色保护，坚持习近平总书记“绿水青山就是金山银山”的可持续发展观，不仅仅是中国以往社会大跨步发展的精彩总结，同时也是未来中国一段时期内持久发展的重要动力。

一、构建有竞争力的现代产业体系，提高产城融合产业支撑力

正如前文所述，产业在产城融合的协调发展过程中具有至关重要的作用。由此，如何选择确定自身发展的优势主导产业，并以此为核心，向供应链上下方向实现纵向产业体系的建立，并不断提升其有效竞争力，对实现产业拉动城市扩张，促进人口转移集聚具有非常关键的意义和作用。第一，现代产业体系的建立是城市新区建设的内动力。在产城融合核心要义的认识上，虽然，“以产兴城”和“以城促产”相辅相成，但同时在长期的产城融合理论与实践发展过程中，都将“以产兴城”作为“以城促产”的基础和前提，充分体现了产业体系构建在城市有效扩张以及促进产城融合协调发展上的核心地位。第二，产业结构的优化在促进产业体系竞争力持续提升以及促进城市功能完善，形成城市错位发展竞争力作用关键。从城市的发展历史来看，凡是具有相当知名度的城市，均体现在其所具有的经济、军事、文化等特色资源上，由此，依托城市资源优势形成具有自身特色的差异化优势主导产业，并在产业自身发展过程中，结合时代特征，保持与时俱进，不断实现产业转型升级，实现对城市发展的积极推动作用。

（一）依托整合城市现有资源优势，形成具有持久竞争力的完善产业链

一般而言，产业的链条结构是围绕着某一具有突出竞争优势的主导行业向外延展的。这表明，具有显著优势的品牌行业在产业链的建立过程中至关重要，有助于产业链的建立与竞争力的提升。一个有竞争力的产业链往往会成为城市的特色名片，使得城市因产业而闻名。在资源整合确定优势产业的过程中，需要特别注意结合地方经济发展基础、产业未来发展前景、国家宏观政策导向以及主导产业能够向外辐射实现带动作用的力度，

实现差异化竞争优势产业链建设，避免低效率资源配置与恶性竞争。

（二）强化专业分工与合作，构建科学的产业集群发展思路

如果说产业体系价值链的建立是产业的纵向发展，那么，产业集群的形成以及产业集聚效应的发挥就是产业的横向发展。产业的集群式发展有利于城市产业品牌的打造。和产业链的构造类似，产业集群的形成发展往往也是从某一个龙头企业的带动实现的，该类龙头企业具有“蜂王”的特征，从而成为“蜂群型”产业集群的核心领导者，这种领导既体现在产业的核心技术上，同时也体现在对整个产业发展方向的引领上。地方政府在确定城市产业发展战略时，应该充分分析自身产业资源优势，结合产业未来发展方向以及市场发展潜力，确定具有“蜂王”特质的龙头企业，尤其是在战略新兴产业的发展上，给予充分的政策支持、资金保障、技术开发扶持等。同时，为了促进整个产业集群竞争力的提升与可持续发展，充分发挥商业协会的作用，定期开展技术、行业前沿、管理等各层面的交流会议，保持产业集群的活力。另外，产业集群在注重自身发展的同时，还要注重与同城或者其他城市相同产业集群以及相关产业合作关系的建立，形成产业集群之间的深度专业化分工与联盟关系，通过不同城市的不同产业集群之间的分工合作，实现产业集群互动发展，城市集群发展。

（三）积极开展产业内外部创新，为产业体系发展输入持续动力

产业的可持续发展与竞争力的提升最重要的来源即为创新，在现代经济发展中，创新已经成为至关重要的新型要素。城市产业体系的内部创新体现在诸多方面，技术创新、运营模式创新、管理创新、产品创新等，对于企业而言，时刻保持自身在行业发展上的先进性必须建立在创新的基础之上。这就要求企业不能关起门来，单打独斗，实现关联产业的网络嵌入式发展尤为重要，这种嵌入可以以关系、资源、所处地位的方式得到实现。事实上，企业的网络嵌入式发展与“社会人”的概念是一致的，作为社会的构成部分，每一个个体都是“社会人”的角色，在工作、学习、生活的所有活动中，一方面对社会提供了自身能够提供的生产力，但同时也从中获得自己所需的社会供给。企业的网络嵌入式发展同样实现了自身对整个网络的社会贡献，同时实现了对网络中所包含资源的大量获取，从而有利于实现自身先进性的建立。城市产业体系的外部创新主要体现在政

府政策、制度层面，政府对地方的管理涵盖了产业、城市、人口、环境等所有层面，产业发展是城市发展的经济基础。由此，城市的繁荣发展是建立在产业的发展基础之上的，制定科学、可持续的产业发展战略，并依据时代发展特征，匹配实施制度和政策上的创新，使得企业、产业发展始终能够得到相匹配的制度、政策上的有效支持。

二、优化城市内外空间结构，促进产城融合空间协调布局

随着产业转移、城市化进程的不断加快以及区域间合作的不断深化，单一的城市内部的产业与城市自身的融合发展也逐渐突破自身的地域限制，城市内部空间发展规划也开始受到区域经济发展以及周边城市空间发展规划的影响。由此，如何从区域经济发展的宏观层面或从自身微观层面优化产业、城市空间结构，就成为区域经济一体化背景下，产城融合必须考虑的问题。

（一）科学制定城市空间发展规划，以促进实现产业与城市的空间协调

产城融合协调发展非常重要的基础在于，如何从最开始的城市空间发展规划出发，结合各产业的自身特性，以及城市各功能区的规划布局，实现产业在各城市功能区的合理分布。各产业区一旦布局施工建设，在未来的十几甚至几十年里应具有一定的持续性，一方面降低拆毁重建的巨大投入，提高产业投入产出率，另一方面，减少对城市交通、环境、居民生活等各方面的负面影响。而想要实现产业区发展的持续性，最关键的在于产业发展规划以及城市空间规划的科学性。由此，在具体制定科学城市空间规划的过程中，应该明晰城市产业发展方向，放眼城市发展长期整体规划，坚持“布局合理、集约用地、集聚产业、兼顾园城、和谐生态”的原则，形成城市、产业等各系统规划之间相互协调、统一。此外，还需要特别考虑到不同发展阶段不同执政人员之间的管理衔接，从管理层面确保城市、产业规划的持久有效性。

（二）借助城市群发展优势，统筹城市间产业发展规划

随着产业与城市发展国内外背景的转变，城市与产业自身发展要求也不断提升，城市空间结构的优化已经突破狭义上城市内部空间的限制，逐步向城市外部、城市与城市之间的外部空间结构优化，这就是城市群的概

念。在城市群的发展历史上，其先后采用了城市带、城市圈、都市群等不同的称谓，但无论其具体称谓如何，从其本质内涵上而言，均指以某一个或者某几个城市为核心，在一定范围内辐射周围所构成的城市集合体。这些城市之间具有地理位置的相互邻近，经济发展上的紧密相连，相关产业分工历史悠久，产业间合作频繁，城市自身的基础设施建设、城市发展规划受所处城市群的整体发展影响等一系列特征。我国在《中国城市发展报告（2003—2004）》中提出了关于城市群发展的概念，并具体说明了城市群建设的基本要求——结构有序、功能互补、整体优化、共建共享，充分体现了区域一体发展的城市高级形态。这一具体要求下所建设的城市群具有水平方向与垂直方向上的不同特征。在水平方向上，形成不同规模、不同类型、不同结构城市之间的相互补充；垂直方向上，不同等级、不同分工、不同功能城市之间的相互协调，水平与垂直方向的交互作用大大提升了城市群发展的规模效应、集聚效应、辐射效应、联动效应。有助于从宏观上增强区域城市、经济发展动力，通过“抱团”实现每个城市竞争力的提升。事实上，城市群的建设本质上而言是建立在产业间的分工与协作基础上的，基于城市群发展的优势和城市群的基本特征，不同产业在不同城市之间的协调布局彼此依赖，相互支撑，实现依托城市群建设的产业群空间优化，从而实现宏观范畴上产城融合的进一步实现。一方面，从行政管理层面，打破单独为政的局面，加强在城市规划、制度政策、经济法规、公共服务、道路规划等软硬环境方面的全面充分对接。另一方面，促进城市间各层次的深度合作，实现人才、资金、技术、信息等先进生产要素在各城市间的高效流动与配置，实现产业在更大空间范畴上的重组与集聚。强调城市差异定位，错位发展，构建城市间垂直分工与水平分工交互结合的产业链发展体系，切实推动区域经济一体化的快速发展。

（三）特别注重“人”的生产与生活需要，实现“职住均衡”

“职”与“住”代表了城市发展主体——“人”最核心的两大社会活动，而产城融合的终极目标也是实现“人”的社会需求。由此，“人”的“职”与“住”所形成的空间结构，便成为城市空间结构的最核心组成部分。在产城融合的发展道路上，实现“人”的“职”、“住”平衡，便成为衡量产城融合水平甚至是实现产城融合的必经之路。罗伯特·塞韦罗（Robert Cervero）曾经明确指出劳动者居住与就业之间的不平衡是造成城市交通拥堵的重要原因，并且提出政府应该采取有效措施解决居住与就业之间的不均衡。从劳动者的层面而言，任何一个“人”，都希望能够就近居住，就近工作，工作地点与居住地点之间的距离一直以来都是劳动者择业、购房的重要影响因素。在新中国的计划经济时代，由于劳动者的住房基本都属于单位供给，基本能够实现职住均衡。即便是在市场经济环境下，人们仍然会在有能力承受或者勉强承受的情况下尽量选择距离工作地点近的区域购房。事实上，职住均衡在降低劳动者出行压力、减少路上时间、降低交通拥堵压力以及减少空气污染方面作用关键。由此，为了实现职住均衡，一方面，在老城改造与新城建设进度不断加快的过程中，充分把握这一时机，充分关注新城建设产业功能与“人”的居住功能的结合。在旧城改造的过程中，也要尽量避免由于大型写字楼建设所导致的周边房价过高，从而导致部分劳动者无法实现就近就业的要求。建设不同档次、不同大小的差异化住宅，满足不同购房能力劳动者的住房需求。另外，也可配套建设公寓式住房，用于出租或出售，在一定程度上解决职住均衡的问题，促进产城融合的实现。另一方面，促进职住均衡是一个长期的系统工程，需要从制度支持、保障体系建设等方面制定合理的相关政策，并同时辅以公共服务设施、公共基础设施建设，实现产业发展、城市建设以及劳动者需求等不同方面的共同满足。

三、提高环境承载能力，促进产城融合长期可持续发展

作为影响人类生存和发展的各种天然以及人工改造的自然因素的总和，环境资源具有一定的自身特性。对于任何一个或者某个区域的生态环境系统，其均具有发展的最大潜力和极限，即在某一阶段，环境资源如土地、森林、空气、动植物、矿物资源等构成的生态系统所能够容纳的人口、经济规模的大小，同时也包括发生污染情况下，环境资源所具有的纳污能力。传统的经济、社会发展并没有特别注意到环境资源在人类发展历史长河中的重要作用，在现代社会经济发展中，作为人类赖以生存和发展的重要物质基础，环境资源的集约化开发使用以及环境的可持续发展已经成为社会、经济发展所必须考虑的重要因素。同样，在促进产城融合的今天，作为可持续发展的重要内涵以及生态学的基本规律之一，如何提高环境承载力，实现环境可持续发展背景下的产城融合可持续发展，是产城融合进程中不可忽视的重要议题。环境承载能力对产城融合可持续发展的影

响与促进应该主要体现在对目前已经存在问题的解决以及未来可能存在问题的预防上。

（一）以环境承载能力为制定各项发展规划的奠基石

环境的可持续发展是产城融合可持续发展的重要保障。2005 年，时任中共浙江省委书记的习近平同志就提出了“绿水青山就是金山银山”的重要科学论断，这一论断所包含的最核心的认识在于强调规划先行，科学的规划是金山银山（社会经济大发展）与绿水青山（生态环境可持续）之间的和谐互促。可持续发展很重要的一个问题就是环境承载力。环境承载力主要指的是具体的一段时期内，在维持相对稳定的前提下，环境资源所能容纳的人口规模和经济规模的大小。地球的面积和空间是有限的，故它的资源是有限的，显然，它的承载力也是有限的。因此，人类的活动必须保持在地球承载力的极限之内。在传统经济社会发展背景下，城市、产业、人口等各方面的发展规划并没有充分建立在对资源环境承载能力的科学评估上。没有充分考虑环境因素的社会进步与发展可能在短期内取得非常显著的进步，从长期可持续发展的层面来看，并没有体现现代社会经济进步的科学性。由于各种城镇化建设规划、城市用地规划、产业发展规划、人口发展规划等各种发展规划缺乏生态环境资源评估的科学基础，常常出现规划适用周期短、重复建设项目多、规划之间协调性差，甚至对资源环境造成不可逆的负面影响等一系列问题，致使城市、产业、人口等发展主体赖以生存的资源基础被破坏，反过来抑制着城市功能、产业经济基础功能、人口生产力功能的发挥，没能实现环境与城市、产业之间的良性互促。

（二）以人口与经济社会政策的高度契合为促进产城融合的根本出发点

从新中国成立以来，中国的人口发展与资源环境承载能力一直处于紧平衡状态，这主要体现：一方面，中国庞大的人口数量对粮食供给所产生的压力以及对人口与水资源短缺之间的矛盾持续存在；另一方面，中国庞大的人口数量与能源消耗之间的关系持续紧张。大规模的人口集聚势必增加区域资源环境的承载能力，从而加剧区域环境走向恶化的步伐以及生态的逐步退化。作为产城融合过程中非常重要的具有自主性以及能动性的发展主体，人口发展政策以及人口集聚、迁移流动方式均会对资源环境产生差异化的巨大影响。目前而言，中国不同城乡、地域之间的人口流动还受到户籍变更、社会福利无缝对接、外来人口子女求学难等一系列不同制度的制约，人口集聚与产业集聚发展不同步、人口城镇化率落后于土地城镇化率、城市公共资源与实际居住人口之间不匹配等问题仍然严重，在相当大的程度上制约着国家各项重大发展战略的实施。由此，以人口与经济社会政策的高度契合为促进产城融合的根本出发点，既是产城融合的前提保障，同时也是产城融合的基本要求和最终目标。一方面，在人口规划上，从人口总量、结构、素质、分布等方面建立健全均衡的、科学的、长期有效的人口发展政策，通过建立多层次、全方位的人才交易培养体系提高新增劳动力质量，并拓宽视野，引进国际先进人才，内外联合增加有效劳动力供给，促进人口与经济发展之间的长期有效互促；另一方面，实施推进以人为核心的城镇化建设，并实施差异化落户政策，分等级建设不同规模城市，并促进实现不同规模城市之间相互协调，互相促进，实现城市群人口集聚；完善人口流动政策，优化人口分布空间格局，注重改善人口与资源环境之间的紧平衡，促进人口与资源环境之间的共存共生。

（三）建立科学有效的资源环境承载力长期动态监测

2013 年 11 月召开的中国共产党第十八届三中全会提出了必须建立系统完善的生态文明制度体系，并实行最为严格的生态源头保护制度、损害赔偿制度等一系列制度，力图通过完善相关生态修复和环境治理制度，实现在坚实制度基础之上的生态环境有效保护。为促进生态资源环境的可持续长期发展，特别强调建立资源环境承载力监测预警机制，对水土资源、环境容量和海洋资源超载区域实行限制性措施。资源环境承载力监测预警机制的建立，有助于实时了解资源环境的变化，结合资源环境承载力落实国家、城市主体功能区开发建设战略，实现生态环境资源保护开发与经济社会建设的互促和良性循环。一方面，建立科学有效的资源环境承载力测算模型。有效的资源环境承载力测算模型是国家、城市进行各项资源规划的科学基础和前提，结合现代遥感、地理信息系统等技术，充分考虑影响资源环境承载力的各种因素，建立科学有效的资源环境承载力测算模型，并通过各种复杂系统分析方法测算分析区域资源环境承载力，为资源环境承载力优化以及科学合理有序开发提供具有高可信度的、可依据的量化数据。另一方面，建立在资源基础之上的各城市功能区规划建设必须牢固树立生态红线观念，有序开发，实现生态资源环境休养生息，提高资源容量。再者，努力建立资源环境承载力预警响应机制。针对区域资源环境，依据资源环境承载力测算结果，设立相对应的综合指数，并设定预警机制，开展持续监控。还有，结合资源环境承载力影响因素，合理考量确定产业发展规模、城市扩张速度、人口增长率、土地开发等影响资源环境的重要指标，并结合指标重要性对国家、区域、城市发展规划、战略、目标、实施方案等进行适时调整，以实现产城融合建立在科学的资源环境承载力基础之上，促进长期有效的可持续良性循环进步。

四、促进人口合理集聚，为产城融合可持续发展提供“活劳动”保障

城市的发展说到底还是人的发展。无论从城市建设为出发点，还是城市发展的最终目标，都是为了更好地实现人类对美好生活的追求。城市为人口集聚提供了不可或缺的重要载体，而人口的聚集又反过来为城市发展注入源源不断的活力，成为建设城市、改造城市、发展城市最为重要的“智能”要素。所谓，人气旺，则商业兴；商业兴，则城市兴；城市兴，则人气聚。一个城市的发展，有了人流，才会有商流，有商流，才会有物流，资金流，才会使社会发展处于循环往复之中。在中国城镇化的发展历程中，也曾经走了很多弯路，单一的追求土地城镇化，大肆征地造房，相应基础设施配套建设跟不上，商业、产业无法入驻，最后出现了“空城”“鬼城”现象，高楼大厦林立，道路宽敞，却没有人气。源于《诗经》的小康是古代思想家描绘的社会理想，是中国百姓对安定幸福生活的恒久守望。今天，百姓对小康生活已经有了新的期待。习近平总书记说：“我们的人民热爱生活，期盼有更好的教育，更稳定的工作，更满意的收入，更可靠的社会保障，更高水平的医疗卫生服务，更舒适的居住条件，更优美的环境；期盼着孩子们能成长得更好，工作得更好，生活得更好。”作为世界上城镇化速度最快的国家，中国每年要新增2000万城镇人口，比欧洲一个中等规模国家的人口还要多，这是人类历史上规模最大的城镇化工程，为了保障这一进程的顺利进行，并促进城市可持续稳定健康发展，如何满足新时代人们对生活的广泛追求，有效实现人口集聚，提供城市发展的人口基础以及城市产业发展的活劳动保障，应该一直排在新型城镇化建设以及促进产城融合的首位。

（一）就地取材发展引入特色产业，提供就业促进人口集聚

作为世界人口大国，加快中国城镇化建设以及解决在此过程中所必须面对的产城融合问题是一个系统的复杂工程。既要关注世界级大城市的打造，同时更多的应该着眼于中国城市、城镇、乡村发展的实际特色，分层级、有步骤的从不同行政单位设置的实际特点出发，走中国城镇化建设的特色之路。农村不应该是荒芜的农村，留守的农村，记忆中的故园。如何让工业反哺农业，让城市支持农村，在中国的城镇化进程以及促进产业与城市协调发展应该发挥更加积极的作用。素有“秀绝冠江南”之美誉的木渎镇是苏州城外的一座有着 2500 多年历史的千年古镇，却在中国城乡统筹发展中留下了浓墨重彩的绚烂一笔。坐落于此的苏州木渎绿的谐波公司被誉为木渎镇上的“金凤凰”，是一家以生产机器人关键零部件为核心竞争力并以此扬名海内外的企业，在世界同行业排名中名列第二位。而这一企业只是木渎古镇在新时代经济发展背景下，引进的 60 多家高新技术企业中的一个。大量的企业入驻，形成产业的规模化集聚发展，吸纳了木渎镇及周边农村 6000 多名农民就业，彻底改变了他们面朝黄土背朝天、靠天吃饭的农民生活，成为企业一线的优秀工人。木渎镇的人均收入已经超过了苏州城区的人均收入水平，城镇化率更是高达 81%。越来越多的公共服务不断向木渎延伸，不管是事关个人的居民社保、户籍，还是关于企业的办税事宜……，原先涉及十多个部门的 114 项公共服务，现在都可以实现一站式办理，大大提高的服务效率推动了原有城市功能向村镇的延伸，都极大地体现着中国传统的城乡二元经济结构正在被打破，城乡差距在不断缩小，优质的产业、优美的环境、优秀的配套服务、优厚的政策吸引着越来越多的企业、人才来到木渎，扎根木渎。可以说，像木渎这样优秀的产城融合、城乡融合发展区还有很多，中国给了他们一个非常响亮的名字——特色小镇。在中国城镇化建设发展以及充分实现产城融合的道路上，木渎只是一个缩影。河南孟津三彩小镇、广西莲花月柿小镇、江苏镇江香醋小镇、浙江秀洲光伏小镇……，将成为中国新型城镇化的实验基地，在未来中国城镇化建设以及促进产城融合道路的探索中，释放巨大的新动能。以产业集聚带动人口集聚，是一条具有中国特色并切实可行的中国城镇化快速发展并同时促进产城融合实现的重要道路。

（二）出台完善的人才引进安置政策，做到既招人又留人

随着社会发展对各层次人才需求越来越迫切，如何完善现有人才培养体制，建立新型的全方位、多层次、交叉立体的人才综合培养体系，制定合理的人才外部引进政策，并在人才使用、评价和服务保障等方面出台切实有效的具有针对性的改革措施，成为产城融合长期可持续发展至关重要的保障。第一，因地制宜，制定切实有效的人才落户政策。近年来，为了争取优秀人才进入城市，各地城市都相继出台了一系列的人才引进政策，事实上，将人才引进来，只是城市劳动力增加的开始，如何出台相应的落户政策，让相关人员可以顺利落户地方，在当地安家置业，才是促进城市长久发展的重要方面。这就是以人为核心的新型城镇化，在中国全速推进这一城镇化建设的过程中，如何平等享受教育、就业、医疗、养老、保障性住房等相关政策，通过一个个民生工程的建设推广，让就业者的所有担心变成安心和放心，才是实现城市人口长久集聚的重要议题。第二，因时制宜，利用各种现代化信息技术推广宣传城市相关人才政策。相应的人才引进政策制定之后，还要将其传播出去，让更多的人了解。随着信息技术的发展以及信息获取渠道的多样化，充分利用政府官方网站、微信公众号、政务平台等多元化的地方信息发布渠道，使更多的外地人在进行迁移之前就能够充分认识计划前往城市在人才引进、落户、子女教育、医疗、福利房保障等方面的政策，将提升劳动力对目标城市的信心，而完善的政策保障相当于给人才吃了定心丸。所谓安居乐业，只有当生活的各方面的后顾之忧都得到有效妥善的解决，人——这一城市建设发展的核心，才能够真正做到乐业、敬业、创业。也就是说，城市在出台各种政策引进各类人才的同时，还要出台一系列的保障制度，做到留人，才是促进城市人口有效集聚，为城市建设发展以及产业发展提供有效劳动及智力储备的关键。

（三）促进东中西部经济合作，加大对落后地区的产业引进

中国的城镇化建设以及产城融合水平体现出非常明显的空间差异，东部沿海城市不管从城市规模、经济水平，还是产城融合的综合水平、人口总量，都要远远高于中部和西部地区，尤其是西部地区，地域辽阔，人口密度低，经济发展缺乏动力。一方面原因主要在于地区自然条件恶劣；另

一方面，当地百姓致富的愿望也很强烈，但没有好的致富项目；再者，外来资金注入量有限。中国经济东西部发展的不平衡一直以来都是中央政策关注的重点。20 世纪 70 年代，中央就已经提出了对口支援建设的东西部帮扶口号和措施。在过去几十年的发展中，中国东西部地区的帮扶建设从来就没有停止过。2013 年 11 月，随着习近平总书记提出的因地制宜、分类指导、精准扶贫重要指示的提出，东中西部之间的对口帮扶发展成效显著。宁夏贺兰山附近的闽宁村是这一政策非常直接的受益者。通过引入福建优秀商人进入宁夏考察，注入资金对当地荒废的土地进行开发，利用当地天然的地理位置、气候条件优势，进行葡萄种植，酿造红酒。一方面，使当地沙漠变绿洲，更为重要的是葡萄产业的发展吸纳了周边农民就业，为他们提供了收入来源。这些农民都是在国家"整村推进"扶贫政策下，从周边的农村整体搬迁进入闽宁镇的，政府不仅提供了安身立命的住所，同时还提供了每年以 10% 左右比例增加收入的就业岗位。在西部，像这样东西部经济合作发展成功的例子还有很多，随着乡镇规模的不断扩大，随着国家整村推进、劳动力培训转移、产业化扶贫等扶贫政策的大规模广泛实施，技术、资金迅速注入落后地区，产业迅速升级，这也正是中国东西部帮扶发展最大的智慧。像闽宁镇这样成功的实现农村人口逐渐向城市人口转变，同时实现从农民向工人身份的转变，在城镇化建设的过程中，又实现了产业与城市的同步发展，以产业注入为人口集聚提供经济基础和中坚力量的发展方式，无疑是中国实现最大范围产城融合及城镇化的成功经验，在未来城镇化建设及促进产城融合进一步提升的道路上，应该得到进一步深化。

五、把握信息技术发展趋势，为产城融合发展提供科学支撑

信息化时代的产城融合发展是"十三五"时期甚至更长时期不断推进新型城镇化的重要内容，现代信息技术正不断改变着城市的运行方式和形态，是不断推进工业化、信息化、城市化和农业现代化"四化同步"发展的主要着力点，同时也是适应经济发展新常态，改变传统经济发展方式，实现新的城市经济发展方式的主要之举。基于大数据、物联网、云计算等技术的快速发展和不断运用，给"信息换资源""虚拟空间换真实空间"提供了基础保障。

（一）大数据技术可以提高产城融合发展的决策水平

目前，我国的大数据产业生态体系不断得到完善，在管理服务方面不断得到创新应用，一些新模式、新业态不断出现，对推动产业的转型升级、社会治理模式的创新提供了重要的基础保障。大数据为城市带来了新的发展机遇，同时也给如何规划设计好城市注入一套全新思维模式。在对新城（区）的建设和空间治理或者对老城区的改造上，可以利用大数据提供的产业、交通或者人口等精确数据信息，对城市空间、建筑布局、道路交通系统以及公共服务等方面重新布局，引导产业结构的调整和人口的分布，使之更加科学合理，从而实现人口早晚合理的潮汐流动、缓解城市交通拥堵问题，还能让有限的土地资源得到有效利用进而释放出更多的服务功能。

基于大数据技术运用有效地促进传统产业组织和运行模式得到创新，使传统的产业研发设计、生产制造、物流运输以及售后服务变得精准、智能。使用物流发展的大数据信息可以有效避免物流信息不对称问题，使物流车辆、人员等物流资源得到高效利用；生产制造大数据使生产数据车间的流动性问题得到有效地解决，从而让相应的生产线变得柔性化；远程操控、在线监测等大数据能够高效地处理某些大型机械的装备和售后管理以及维修问题，可以实现对产品的故障提前预警。大数据技术的使用可以使城市的各种数据资源得到集中，对城市数据资源进行深度挖掘，整合政务、物联网、互联网、产业数据建立专门的城（区）和产业运营和发展的基础数据库，成立大数据运营机制，开发城（区）运行体征监测、指挥协同监测、城市综合评价等，为促进产城融合发展提供更加合理的决策支持，从全方面增强产城融合发展管理决策水准。

（二）物联网技术可实现产城融合运行动态监测精准管理

有专家预测到2020年全世界的物联网传感器将会达到10万亿个，届时将会遍布我们生活的方方面面。利用物联网与互联网的完美结合可以对多源异构的数据进行整合，形成一致性的数据，随之便可让城市的各个要素、单元、系统等进行高效协调的运转，从而使城市能得到完美最佳的运行。可以从以下几方面体现：

一是物联网技术的运用能够让基础设施变得更加智能化。由于城市有很多基础设施存在效率比较低下、管理也比较困难等问题，此时利用物联网可以建设环保设施，比如废气、废水、噪声的治理等。智能垃圾箱就是一项简单的硬件应用，为垃圾箱装上电子芯片便可实现实时的采集和传送数据信息，从而有效地改善乱扔垃圾形成的污染问题。此外，还可以进行监控设施组网互联，在城市的建设中可以在铁路、桥梁、公路等基础设施中装入监控感应器，便可以将城市中物体的具体状态位置等进行实时监控和捕捉，通过互联网、移动互联网的传送进而实现人和人、人和物、物和物的相互联通。

二是促进产业的统筹发展。物联网技术能够有效地统筹各个产业的发展，进而促进产城融合。比如之前热门的“新零售”不仅使夫妻店得到有效运作，同时也进一步带动物流业的繁荣发展。车联网可以将公交车、共享单车、私家车、共享汽车云化统一进行统筹考虑，实现实时共享，进而实现智慧出行的系统化和有效地管理。

三是对环境进行有效监测和管理。在空气治理中，可以通过网格化的空气质量监测设备结合物联网以及大数据的运用平台，实现空气的监测，使用环境的大数据可以给城市的环境以及空气质量进行分析预测和治理。在水务方面可以实现对城市的地下水以及河流河道的水域情况进行实时监测，方便政府根据具体情况及时提出解决措施实行实时管理。

四是促进城市社会管理的精细化。最具代表性的是物联标识的运用，其可以将城市中数以亿计的各类终端实现在同一个频道上的互通，通过开放和共享智慧交通、物流、安防等服务信息，使居民生活的质量和生活环境得到提升同时也使治理城市变得更加高效。

（三）新一代互联网技术可打造新的产城融合发展模式和生产方式

一方面，互联网与各个领域的融合发展改变了我国居民的生活方式、同时也推动了产业社会化的分工和重组，出现了大量的新型行业以及新型的商业发展模式。比如近几年盛行的在线租房和租车、网络购物、网络游戏等，同时我们传统的制造、医疗、交通、教育、金融等利用互联网呈现出新的发展业态。在“互联网＋”的发展模式下，给人们的生活带来了便利，增加了消费者意愿的同时也很大程度上改变了消费习惯，促进了城市经济的发展。另一方面，互联网有效地打破了以往信息不对称的局面，同时交易成本得到减少，促进生产分工的专业化以及提高了劳动生产率，使生产方式从传统的以供给为导向变为以消费者为导向的个性化设计，使之在生产的各个环节都融合了互联网和消费者需求，充分体现了我国企业在生产方式上做出的巨大改变。此外，伴随着网络化的不断发展，一些传统的卖场也开始做出积极的转型，优化发展等模式进军互联网创业园区，探寻新的产城融合组织空间。

（四）云计算为产城融合大数据库建设提供基础设施保障

云计算和大数据是两项密切联系的“双生子”。云计算给大数据的运转提供平台，帮助其进行存储、计算和处理，同时大数据通过云计算的分布式处理、分布式数据库实现数据的集聚、管理、挖掘与分析，进而能够最大化地实现数据的可用性。基于云计算的基础，一方面，利用政务云中心，实现城市中信息基础的集约化建设；另一方面，建设城市的大数据中心，结合政务数据、物联网、互联网数据使城市的数据资源可以集中处理，使之转换为价值性数据，调整城市人口分布、产业布局，对城市交通、生态环境数据进行分析处理，促进城市的宜居宜业；此外，在民生服务系统方面，构建城市服务平台，形成民生服务的新体系，实现政府部门公共管理的高效和系统化，同时也能让企业获得优质的服务。在文化、养老和医疗等方面积极推进实现大数据的创新应用，形成高效便捷的民生服务新体系，提高百姓的生活质量。

（五）基于三维地理信息系统为产城融合发展提供空间信息基础设施

在城市建设（改造）过程中面临着对城市进行实时获取、信息共享、业务协同发展和做出智能策略决定、对产业和人口结构进行优化布局的问题。因此，为了促进产城融合发展，在城市的发展过程中就需要把现实中真实存在的城市以地理位置以及相关关系作为基础，建立数字化的信息框架，同时在此框架中融入人们需要得到的信息，从而能使每个人可以快速、准确获取城市的全方位信息，使突出的城市病问题得到解决。三维地理信息系统的发展为做好城市的规划、建设以及治理注入了新鲜“血液”，使之得到了很多改变。时空分析和过程模拟推演能够实现对城市生态环境的监管模式进行比较真实的评判，进而促进政府科学和高效地作出相关决策，为产城融合发展提供相应的空间信息基础设施。主要表现在以下几方面：一是三维影像数字地图根据对真实的地形、地物的数字化的三维模型和表达，可以做出虚拟的城市生活环境，其所展现的画面和我们现实生活居住环境一样。通过管理这个虚拟的城市，可以给真实的城市建设、运营和管理提供信息化服务，提升城市空间信息的共享，可直观地感受城市整体的信息化和经营管理的水平。二是位置感知能够为城市的基础设施提供更加智能化的技术手段，构建智慧服务体系，进而能够为居民提供有针对性的新服务模式。三是天地遥感由于能够比较全面地感知信息数据，对城市中的人、事件、基础设施等进行识别，因此可以为业务的应用以及城市环境的变化情况提供数据信息，从而能够解决城市中的环境污染问题，有效促进产城人融合发展。

参考文献

英文文献

1. Alonso. W. Location and Land Use [M]. Harvard University Press. 1964.

2. Boudeville, J. Problems of Regional Economic Planning [M]. Edinburgh: Edinburgh University Press, 1966.

3. Button K J. Urban Economics: Theory and policy [M]. London: The MacMillan Press, 1976.

4. De Groot, H. F. L., Poot, J. and Smit, M. J. Agglomeration Externalities, Innovation and Regional Growth: Theoretical Reflections and Meta－analysis in R. Capello and P. Nijkamp (eds) [M]. Handbook of Regional Growth and Development Theories (Chapter14), Cheltenham, UK: Edward Elgar.

5. Duranton G. and Puga, D. The Growth of Cities in Aghion and Durlauf (Eds) [M]. Handbook of Economic Growth, 2014.

6. Fujita, M., P. Krugman, A. Venables. The Spatial Economy: Cities, Regions and International Trade [M]. Cambridge: The MIT Press, 1999.

7. Henderson, J. V. Urban Development Theory, Factand Illusion [M]. Oxford: University Press, 1988.

8. Kolko J. Urbanization, agglomeration, and coagglomeration of service industries [M]. Chicago: University of Chicago Press, 2010.

9. Mills, Edwin S., J. V. Henderson, and P. Nijkamp, et al. Handbook of Regional and Urban Economics [M]. North Holland Press, 1987.

10. Mills, E. S., B. W. Hamilton. Urban Economics [M]. New York: Harper Collins College Publishers, 1994.

11. Naughton B. The Chinese economy: Transitions and growth [M]. MIT press, 2007.

12. Weber A. The Location of Industries [M]. Chicago: University of Chicago Press, 1909.

13. Charlie Karlsson. ICT. Functional Urban Regions and the New Economic Geography [C]. The Royal Institute of Technology Center of Excellence for Studies in Science and Innovation Working Paper, 2004.

14. Hofmann A. Wan G. Determinants of urbanization [C]. Asian Development Bank Economics Working Paper Series 355, 2013.

15. Hong, Junjie and Fu, Shihe. Information and Communication Technologies and Geographic Concentration of Manufacturing Industries: Evidence from China [C]. MPRA Paper. 2008: 7574.

16. Pontus Braunerhjelm and Benny Borgman. Agglomeration, Diversity and Regional Growth [C]. Electronic Working Paper. 2006.

17. Fay M, Opal C. Urbanization without growth: understanding an African phenomenon [R]. Mimeo. Washington D C: World Bank, 1999.

18. Koven Steven G., Lyons Thomas S. Economy Development: Strategies for State and Local Practice [R]. Washington, DC: The International City/County Management Association (ICMA), 2005.

19. Amiti, M. Location of Vertically Linked Industries: Agglomeration Versus Comparative Advantage [J]. European Economic Review, 2005 (49): 809-832.

20. Anas, A., and K. Xiong, Intercity Trade and the Industrial Diversification of Cities. Journal of Urban Economics, 2003, 54 (2): 258-276.

21. Avery M. G. World Urbanization: Destiny and Reconceptualization [J]. International Handbook of Rural Demography, International Handbooks of Population, 2012 (3): 49-65.

22. Baldwin J R, Brown W M. Regional manufacturing employment volatility in Canada: the effects of specialization and trade [J]. Paper in Region Science, 2004, 83 (3): 519-541.

23. Baldwin R. Agglomeration and Endogenous Capital [J]. European Economic Review, 1999 (43): 253-280.

24. Berliant, M. , H. Konishi. The endogenous formation of a city: Population agglomeration and market places in a location – specific production economy [J]. Regional Science and Urban Economics , 2000 (3): 289 –324.

25. Black. D and J. V. Hendersen. A Theory of Urban Growth [J]. Journal of Political Economy. 1999, 107 (2): 252 –284.

26. Bougheas, S. , Demetriades, P. O. and Mamuneas, T. P. , Infrastructure, Specialization, and Economic Growth [J]. Canadian Journal of Economics, 2000 (33): 506 –522.

27. Bralhart, Mathys N A. Sectoral Agglomeration Economies in a Panel of European Regions [J]. Regional Science and Urban Economics, 2008, 38 (4): 348 –362.

28. Bruckner, M. Economic growth, size of the agricultural sector, and urbanization in Africa [J]. Journal of Urban Economics, 2012 (71): 26 – 36.

29. Chen M X, Lu D D, Zha L S. The Comprehensive Evaluation of China's Urbanization and Effects on Resources and Environment [J]. Journal of Geographical Sciences, 2010, 20 (1): 17 –30.

30. Charlot, Sylvie, C. Gaigné, F. Robert – Nicoud, and Jacques – François Thisse. Agglomeration and Welfare: the Core – Periphery Model in the Light of Bentham, Kaldor, and Rawls [J]. Journal of Public Economics, 2006, 90 (1): 325 –347.

31. Ciccone, A. and Hall, R. Productivity and the Density of Economic Activity [J]. American Economic Review, 1996, 86 (1): 54 –70.

32. Davis J. C. , Henderson J. V. Evidence on the Political Economy of the Urbanization Process [J]. Journal of Urban Economics, 2003, 53 (1): 98 – 125.

33. Démurger, S. Infrastructure Development and Economic Growth: An Explanation for Regional Disparities in China? [J]. Journal of Comparative E-conomics, 2001 (29): 95 –117.

34. Drucker, Joshua and Feser, Edward. Regional Industrial Structure and Agglomeration Economies: An Analysis of Productivity in Three Manufacturing Industries [J]. Regional Science and Urban Economics, 2012 (42): 1 –

14.

35. Duranton, G., D. Puga. Nursery cities: Urban diversity, process innovation and the life cycle of products [J]. The American Economic Review, 2001 (5): 1 -28.

36. Duranton, G., D. Puga. From sectoral to functional urban specialization [J]. Journal of Urban Economics, 2005 (2): 343 -370.

37. Edwin S. Mills. Urban Sprawl Causes, Consequences and Policy Responses [J]. Regional Science and Urban Economics, 1996, 33 (2): 251 -252.

38. Eswaran, M., A. Kotwal. The role of the service sector in the process of industrialization [J]. Journal of Development Economics, 2002 (2): 401 -420.

39. Fox S. Urbanization as a Global Historical Process: Theory and Evidence from sub - Saharan Africa [J]. Population and Development Review, 2012, 38 (2): 285 -310.

40. Fujita M. and Thisse J. F. Economics of Agglomeration: Cities, Industrial Location and Regional Growth [J]. Cambridge University Press, 2002.

41. Gottmann J. Megalopolis or the Urbanization of the Northeastern Seaboard. Economic Geography [J]. 1957, 33 (3): 189 -200.

42. Greenaway D. and Kneller R. Exporting, Productivity and Agglomeration [J]. European Economic Review, 2008 (52): 919 -939.

43. Harris C D. The Market as a Factor in the Localization of Industry in the United States [J]. Annals of the association of American geographers, 1954, 44 (4): 315 -348.

44. He Canfei, Yue Xinyue and Wang Junsong. Industrial Agglomeration and Exporting in China: What is the Link? [J]. Regional Science Policy & Practice, 2012 (4): 317 -333.

45. Hepinstall - Cymerman J, Coe S, Hutyra L R. Urban growth patterns and growth management boundaries in the Central Puget Sound, Washington, 1986 -2007 [J]. Urban Ecosystems, 2013, 16 (1): 109 -129.

46. J. Vernon Henderson. Marshall's scale economies [J]. Journal of Ur-

ban Economics, 2003, 53 (53) : 1 –28.

47. Jos Van Ommeren, PietRietveld, Peter Nijkam p. Job Moving Residential Moving, and Commuting: A Search Perspective [J]. Journal of Urban Economics, 1999 (2): 230 –253.

48. Kanbur, Ravi and Xiaobo, Zhang. Fifty Years of Regional Inequality in China: a Journey through Central Planning, Reform and Openness [J]. Review of Development Economics, 2005 (9): 87 –106.

49. Keeble, D. , Wilkinson, F. , Collective Learning and Knowledge Development in the Evolution of Regional Cluster and of High – technology SMEs in Europe [J]. Regional Studies, 1999, 30 (4): 295 –303.

50. Krey V. , O′neill B. C. , Van R. B. Urban and Rural Energy Use and Carbon Dioxide Emissions in Asia [J]. Energy Economics, 2012, 34 (3): 272 –283.

51. Krugman P. R. Increasing Returns and Economic Geography [J]. Journal of Political Economy, 1999a, 99 (3): 483 –499.

52. Krugman P. R. History Versus Expectations [J]. Quarterly Journal of Economics, 1999b, 106 (2): 651 –667.

53. Krugman P. R. First Nature, Second Nature and Metropolitan Location [J]. Journal of Regional Science, 1993, 33 (2): 124 –44.

54. Lewis, B. D. Urbanization and economic growth in Indonesia: Good news, bad news and (possible) local government mitigation [J]. Regional Studies, 2013 (25): 37 –48.

55. Lucio J, Herce J and Goieolea A. The Effects of Externalities on Productivity Growth in Spanish Industry [J]. Regional Science and Urban Economies. 2002 (32): 241 –258.

56. Ludema R. D. and Wooton I. Economic Geography and the Fiscal Effects of Regional Integration [J]. Journal of International Economics, 2002 (52): 331 –357.

57. Marian Rizov, Arie Oskam, Paul Walsh. Is there a Limit to Agglomeration? Evidence from Productivity of Dutch Firms [J]. Regional Science and Urban Economics, 2012, 42 (4): 595 –606.

58. Martin P, Rogers C A. Industrial location and public infrastructure

[J]. Journal of International Economics, 1995, 39 (3): 335 -351.

59. Michaels G, Rauch F, Redding S J. Urbanization and structural transformation [J]. The Quarterly Journal of Economics, 2012, 127 (2) : 535 -586.

60. Mills, E. S. An Aggregative Model of Resource Allocation in A Metropolitan Area [J]. American Economic Review, 1967, 61 (2): 197 -210.

61. Muth, R. Moving Costs and Housing Expenditures [J]. Journal of Urban Economics, 1974, 1 (1): 108 -125.

62. Ottaviano, G. and Pinelli D. , Market Potential and Productivity: Evidence from Finishi Regions [J]. Regional Science and Urban Economics, 2006 (36): 636 -657.

63. Patacchini E, Zenou Y. Search activities, cost of living and local labor markets [J]. Regional Science and Urban Economics, 2006, 36 (2): 227 -248.

64. Perroux, F. A note on the notion of growth pole [J]. Applied Economy, 1955, 1 (2): 307 -320.

65. Pflüger M, Tabuchi T. The size of regions with land use for production [J]. Regional Science and Urban Economics, 2010, 40 (6): 481 -489.

66. Poelhekke S. Urban Growth and Uninsured Rural Risk: Booming Towns in Bust Times [J]. Journal of Development Economics, 2011, 96 (2): 461 -475.

67. Puga, D. The Magnitude and Causes of Agglomeration Economies [J]. Journal of Regional Science, 2010 (50): 203 -219.

68. Remy Sietchiping, Jackson Kago and Xing Quan Zhang, et al. Role of Urban - Rural Linkages in Promoting Sustainable Urbanization [J]. Environment and Urbanization Asia, 2014, 5 (9): 219 -234.

69. Scott, A. J. , Industrialization and Urbanization : A Geographical Agenda, Annals of the Association of American Geographers [J]. 1986, 21 (1): 25 -37.

70. Smith T E, Zenou Y. Spatial mismatch, search effort, and urban spatial structure [J]. Journal of Urban Economics, 2003, 54 (1): 129 -156.

71. Stephen B. Billings , Erik B. Johnson. A Non - Parametric Test for

Industrial Specialization. Journal of Urban Economics [J]. 2012, 71 (3): 312 –331.

72. Van Ommeren J, Rietveld P, Nijkamp P. Job moving, residential moving, and commuting: a search perspective [J]. Journal of Urban Economics, 1999, 46 (2): 230 –253.

中文文献

1. 阿尔弗雷德·韦伯. 工业区位论 [M]. 李刚剑, 等, 译. 北京: 商务印书馆, 2009.

2. 阿姆斯特朗·泰勒. 区域经济学与区域政策 [M]. 刘乃全, 等, 译. 上海: 上海人民出版社, 2007.

3. 埃德加·M. 胡佛. 区域经济学导论 [M]. 王翼龙译. 北京: 商务印书馆, 1990.

4. 埃德温·S. 米尔斯等. 区域和城市经济学手册 (第二卷) [M]. 郝寿义, 等, 译. 北京: 经济科学出版社, 2003.

5. 奥利沙文. 城市经济学 [M]. 北京: 北京大学出版社, 2015.

6. 安虎森. 空间经济学原理 [M]. 北京: 经济科学出版社, 2005.

7. 保罗·切希尔、埃德温·S. 米尔斯等. 区域和城市经济学手册 (第三卷) [M]. 安虎森, 等, 译. 北京: 经济科学出版社, 2003.

8. 彼得·尼茨坎普. 区域和城市经济学手册 (第一卷) [M]. 安虎森等译. 北京: 经济科学出版社, 2001.

9. 陈晟. 产城融合理论与实践 [M]. 北京: 中国建筑工业出版社, 2017.

10. 陈飞, 颜银根, 何文. 新型城镇化与经济发展——开放经济下的战略抉择 [M]. 广州: 广东经济出版社, 2014.

11. 陈萍. 产业发展与城镇空间结构演化关系的理论研究与实证分析 [M]. 北京: 水利水电出版社, 2016.

12. 范柏乃, 蓝志勇. 公共管理研究与定量分析方法 [M]. 北京: 科学出版社, 2008.

13. 傅才武, 许启彤. 文化创意、产业融合和城市发展 [M]. 北京: 中国社会科学出版社, 2015.

14. 干春晖. 产业经济学 [M]. 北京: 机械工业出版社, 2015.

15. 侯汉坡，李海波，吴倩茜．产城人融合：新型城镇化建设中核心难题的系统思考［M］．北京：中国城市出版社，2014.

16. K.J. 巴顿．城市经济学［M］．北京：商务印书馆，1986.

17. 陆根尧．产业集聚与城市化互动发展的模式、机制及空间结构演化研究［M］．北京：经济科学出版社，2014.

18. 刘金伟．新型城镇化与社会发展［M］．广州：广东经济出版社，2014.

19. 毛小明．产业承接地工业园区产城融合研究［M］．北京：社会科学文献出版社，2018.

20. 倪鹏飞．中国新型城镇化：理论与政策框架［M］．广州：广东经济出版社，2014.

21. 芮国强．产城融合发展［M］．北京：社会科学文献出版社，2017.

22. 上海市经济和信息化委员会．2014 上海产业和信息化发展报告——产城融合与总部经济［M］．上海：上海科学技术文献出版社，2014.

23. 藤田昌久，雅克·弗朗斯瓦蒂斯．集聚经济学：城市、产业区位与全球化［M］．石敏俊，等，译．上海：格致出版社，2016.

24. 温涛．农村金融可持续发展的服务创新与动态竞争战略研究［M］．北京：北京师范大学出版社，2011.

25. 王发曾．新型城镇化引领三化协调科学发展［M］．北京：人民出版社，2012.

26. 熊德平．农村金融与农村经济协调发展研究［M］．北京：社会科学文献出版社，2009.

27. 于旭阳，马少辉．产城融合——新型城镇化县域经济模式与路径［M］．北京：中国城市出版社，2015.

28. 杨慧．新型城镇化与金融支持［M］．广州：广东经济出版社，2014.

29. 中国指数研究院．中国产业新城运营理论与实践［M］．北京：中国发展出版社，2018.

30. 中国指数研究院．中国新型城镇化发展理论与实践［M］．北京：经济管理出版社，2014.

31. 张鹏，刘朝刚，苏炜．广东专业镇产业城融合路径区域差异与政策联运［M］．广州：华南理工大学出版社，2017.

32. 陈欣桐．湘潭高新区产城融合发展研究［D］．湘潭大学，2017.

33. 陈明珠．发达国家城镇化中后期城市转型及其启示［D］．中共中央党校，2016.

34. 程程．新型城镇化背景下开发区产城融合研究［D］．浙江工商大学，2018.

35. 淡亚涛．城市开发区与中心城区产城融合测度及其优化模式研究——以重庆市梁平区为例［D］．重庆大学，2017.

36. 丁志伟．中原经济区“三化”协调发展的状态评价与优化组织［D］．河南大学，2014.

37. 丁羊林．新型城镇化视角下我国产城融合度研究［D］．安徽师范大学，2016.

38. 付静．沈阳经济区产业与城市融合发展研究［D］．沈阳工业大学，2015.

39. 方雪．吉林省高新区产城融合度评价研究［D］．吉林大学，2017.

40. 高纲彪．“产城融合”视角下产业集聚区空间发展研究——以商水县产业集聚区为例［D］．郑州大学，2011.

41. 胡俊．天府新区产城融合协调发展路径研究［D］．清华大学，2016.

42. 姜玉砚．四化同步进程中的产城融合研究［D］．江西财经大学，2016.

43. 刘建朝．京津冀城市群产业优化与城市进化协调发展研究［D］．河北工业大学，2013.

44. 李清波．新型城镇化下的产城融合评价研究——以天津市滨海新区为例［D］．天津大学，2016.

45. 李光辉．我国产城融合发展路径研究［D］．安徽大学，2014.

46. 陆新亚．大都市边缘区产城融合发展研究——以花桥国际商务城为例［D］．苏州科技大学，2017.

47. 沈浩平．长三角城市群产业布局与新型城镇化研究［D］．南京大学，2014.

48. 唐晓宏．上海产业园区空间布局与新城融合发展研究［D］．华东师范大学，2014.

49. 陶宇．合肥市产城融合发展研究［D］．安徽大学，2017.

50. 王伦强．四川省城市化与产业协调发展研究［D］．西南财经大学，2008.

51. 王亚丹．产城融合视角下产业集聚区空间规划研究［D］．山东建筑大学，2015.

52. 吴海光．产城融合发展中的政府作用研究——以上海国际汽车城为例［D］．上海交通大学，2016.

53. 姚立洁．长三角城市群产城融合机制与空间特征研究［D］．安徽财经大学，2016.

54. 殷悦．产城融合视角下的开发区转型研究［D］．苏州大学，2015.

55. 杨至理．"设计之都"首尔城市创意产业与城市空间发展对北京创意产业的启示研究［D］．北京交通大学，2014.

56. 张洁妍．开发区与城市互动发展问题研究［D］．吉林大学，2016.

57. 张维维．我国经济社会协调发展的动态监测、影响机理及实现路径研究［D］．浙江大学，2014.

58. 张琳．新型城镇化背景下产城融合发展研究——以浙江浦江经济开发区为例［D］．浙江师范大学，2017.

59. 安虎森，吴浩波．转移支付与区际经济发展差距［J］．经济学（季刊），2016（2）：675－692.

60. 薄文广．外部性与产业增长——来自中国省级面板数据的研究［J］．中国工业经济，2007（1）：37－44.

61. 陈斌开，林毅夫．发展战略、城市化与中国城乡收入差距［J］．中国社会科学，2013（4）：81－102.

62. 陈绍友，田洪．城市社会背景下的"产城融合"发展问题研究［J］．重庆师范大学学报（自然科学版），2014，31（5）：132－137.

63. 陈建军，陈国亮，黄洁．新经济地理学视角下的生产性服务业集聚及其影响因素研究——来自中国222个城市的经验证据［J］．管理世界，2009（4）：83－95.

64. 陈晖涛. 强化福建省新型城镇化发展的产业支撑对策研究 [J]. 福建师范大学学报（哲学社会科学版），2016（2）：22－29.

65. 丛海彬，段巍，吴福象. 新型城镇化中的产城融合及其福利效应 [J]. 中国工业经济，2017（11）：62－80.

66. 丛海彬，邹德玲，刘程军. 新型城镇化背景下产城融合的时空格局分析——来自中国285个地级市的实际考察 [J]. 经济地理，2017（7）：46－55.

67. 丛海彬，吴福象，邹德玲. 浙江省新型城镇化进程中产城协调度测度 [J]. 城市问题，2017（5）：45－51.

68. 杜宝东. 产城融合的多维解析 [J]. 规划师，2014，30（6）：5－9.

69. 范剑勇. 产业集聚与地区间劳动生产率差异 [J]. 经济研究，2006（11）：72－81.

70. 范剑勇，莫家伟. 城市化模式与经济发展方式转变——兼论城市化的方向选择 [J]. 复旦学报（社会科学版），2013（3）：65－73.

71. 范剑勇，莫家伟. 地方债务，土地市场与地区工业增长 [J]. 经济研究，2014（1）：41－55.

72. 傅勇，张晏. 中国式分权与财政支出结构偏向：为增长而竞争的代价 [J]. 管理世界，2007（3）：4－12.

73. 谷人旭. 现代都市由产城分离到融合的理性思考——以上海“产城分离”困境为例 [J]. 上海城市管理 2013（3）：13－18.

74. 辜胜阻，刘江日. 城镇化要从“要素驱动”走向“创新驱动” [J]. 人口研究，2012（6）：3－12.

75. 辜胜阻，曹冬梅，韩龙艳. “十三五”中国城镇化六大转型与健康发展 [J]. 中国人口·资源与环境，2017（4）：6－15.

76. 高鸿鹰，武康平. 集聚效应、集聚效率与城市规模分布变化[J]. 统计研究，2007，24（3）：43－48.

77. 高宏伟，王金桃. 新型城镇化发展的三维逻辑研究：政府、市场与社会 [J]. 经济问题，2018（3）：100－105.

78. 郭凤典，朱鸣. 德国鲁尔工业区整治经验与启示 [J]. 理论月刊，2004（7）：98—100.

79. 郭金喜. 传统产业集群升级：路径依赖和蝴蝶效应耦合分析[J].

经济学家，2007（3）：66－71.

80. 郭峰. 产业集群与区域创新耦合机制研究［J］. 学习论坛，2006（7）：36－37.

81. 洪银兴. 城市功能意义的城市化及其产业支持［J］. 经济学家，2003（2）：29－36.

82. 胡尊国，王耀中，尹国君. 劳动力流动、协同集聚与城市结构匹配［J］. 财经研究，2015（12）：26－39.

83. 黄金川，方创琳. 城市化与生态环境交互耦合机制与规律性分析［J］. 地理研究，2003，22（22）：211－220.

84. 黄新建，花晨，马晋文. 江西产城融合发展测评与研究［J］. 江西社会科学，2016（2）：61－67.

85. 何磊，陈春良. 苏州工业园区产城融合发展的历程、经验及启示［J］. 税务与经济，2015（2）：1－6.

86. 何立春. 产城融合发展的战略框架及优化路径选择［J］. 社会科学辑刊，2015（6）：123－127.

87. 季书涵，朱英. 产业集聚的资源错配效应研究［J］. 数量经济技术经济研究，2017（4）：57－73.

88. 江飞涛，耿强，吕大国等. 地区竞争，体制扭曲与产能过剩的形成机理［J］. 中国工业经济，2012（6）：44－56.

89. 金煜，陈钊，陆铭. 中国的地区工业集聚：经济地理、新经济地理与经济政策［J］. 经济研究，2006（4）：79－89.

90. 经济增长前沿课题组. 高投资、宏观成本与经济增长的持续性［J］. 经济研究，2005（10）：12－23.

91. 贾琨，常勇. 城市旧区的产城融合研究——以济南市历下区为例［J］. 鲁东大学学报（自然科学版）.2016，32（3）：266－271.

92. 蒋华东. 产城融合发展及其城市建设的互融性探讨［J］. 经济体制改革，2012（6）：43－47.

93. 柯善咨，赵曜. 产业结构、城市规模与中国城市生产率［J］. 经济研究，2014（4）：76－88.

94. 孔翔，杨帆. “产城融合”发展与开发区的转型升级：基于对江苏昆山的实地调研［J］. 经济问题探索，2013（5）：124－128.

95. 罗守贵. 中国产城融合的现实背景与问题分析［J］. 上海交通大

学学报（哲学社会科学版），2014（4）：17－21.

96. 陆大道，陈明星．关于“国家新型城镇化规划（2014－2020）”编制大背景的几点认识［J］．地理学报，2015（2）：181－182.

97. 陆铭，张航，梁文泉．偏向中西部的土地供应如何推升了东部的工资［J］．中国社会科学，2015（5）：59－83.

98. 陆根尧，符翔云，朱省娥．基于典型相关分析的产业集群与城镇化互动发展研究：以浙江省为例［J］．中国软科学，2011（12）：101－109.

99. 李扬，张晓晶．“新常态”：经济发展的逻辑与前景［J］．经济研究，2015，50（5）：4－19.

100. 李文彬，陈浩．产城融合内涵解析与规划建议［J］．城市规划学刊，2012（7）：99－103.

101. 李文辉．惠州市产城融合的作用机理及其影响因素分析［J］．福建农林大学学报（哲学社会科学版），2016，19（4）：57－62.

102. 李涛，廖和平，杨伟等．重庆市“土地、人口、产业”城镇化质量的时空分异及耦合协调性［J］．经济地理，2015，35（5）：65－71.

103. 李铁立，李诚固．区域产业结构演变的城市化响应及反馈机制［J］．城市问题，2003（5）：50－55.

104. 李艳．借鉴国际经验加快我国土地和住房制度改革［J］．国际金融，2018（6）：68－69.

105. 刘耀彬，李仁东，宋学锋．中国城市化与生态环境耦合度分析［J］．自然资源学报，2005，20（1）：105－112.

106. 刘瑾，耿谦，王艳．产城融合型高新区发展模式及其规划策略：以济南高新区东区为例［J］．规划师，2012，28（4）：58－64.

107. 刘畅，李新阳，杭小强．城市新区产城融合发展模式与实施路径［J］．城市规划学刊，2012（7）：104－109.

108. 刘国斌，韩世博．人口集聚与城镇化协调发展研究［J］．人口学刊，2016（2）：40－48.

109. 林华．关于上海新城“产城融合”的研究——以青浦新城为例［J］．上海城市规划，2011（5）：30－36.

110. 林高榜．衡量城市化与工业化比较水平的新指标研究［J］．数量经济技术经济研究，2007（1）：46－55.

111. 林章悦，王云龙．新常态下金融支持产城融合问题研究——以天津市为例［J］．管理世界，2015（8）：178－179.

112. 刘欣英．产城融合的影响因素及作用机制［J］．经济问题，2016（8）：26－29.

113. 刘焕蕊．互联网金融支持产城融合发展研究［J］．技术经济与管理研究，2016（5）：70－74.

114. 刘荣增，王淑华．城市新区的产城融合［J］．城市问题，2013（6）：18－22.

115. 穆江宝．韩国文化产业发展的政府运作模式及其重要启示［J］．行政与法，2012（4）：10－14.

116. 梅良勇，刘勇．产业集群与产业链耦合的产业承接及其金融支持——以武汉为例［J］．金融理论与实践，2011（5）：3－7.

117. 欧阳东，李和平，李林等．产业园区产城融合发展路径与规划策略［J］．规划师，2014，30（6）：25－31.

118. 潘锦云，姜凌，丁羊林．城镇化制约了工业化升级发展吗——基于产业和城镇融合发展视角［J］．经济学家，2014（9）：41－49.

119. 潘爱民，刘友金．湘江流域人口城镇化与土地城镇化失调程度及特征研究［J］．经济地理，2014，34（5）：63－68.

120. 沈永明．基于空间规划视角的我国产城融合研究述评［J］．池州学院学报，2013，27（6）：77－80.

121. 孙叶飞，夏青，周敏．新型城镇化发展与产业结构变迁的经济增长效应［J］．数量经济技术经济研究，2016（11）：23－40.

122. 苏林，郭兵，李雪．高新园区产城融合的模糊层次综合评价研究——以上海张江高新园区为例［J］．工业技术经济，2013（7）：12－16.

123. 唐晓宏．城市更新视角下的开发区产城融合度评价及建议［J］．经济问题探索，2014（8）：144－149.

124. 唐晓宏．基于灰色关联的开发区产城融合度评价研究［J］．上海经济研究，2014（6）：85－94.

125. 唐晓宏．上海产业园区产城融合发展路径研究［J］．宏观经济管理，2014（9）：68－70.

126. 吴福象，蔡悦．中国产业布局调整的福利经济学分析［J］．中国社会科学，2014（2）：96－115.

127. 吴福象，段巍．新型城镇化中被拆迁户的福利补偿机制研究［J］．中国工业经济，2015（9）：21－36.

128. 吴福象，沈浩平．新型城镇化、基础设施空间溢出与地区产业结构升级——基于长三角城市群16个核心城市的实证分析［J］．财经科学，2013（7）：89－98.

129. 温涛，王汉杰．产业结构、收入分配与中国的城镇化［J］．吉林大学社会科学学报，2015，55（7）：134－143.

130. 魏后凯．坚持以人为核心推进新型城镇化［J］．中国农村经济，2016（10）：11－14.

131. 魏守华，陈扬科，陆思桦．城市蔓延，多中心集聚与生产率［J］．中国工业经济，2016（8）：58－75.

132. 王国刚．城镇化：中国经济发展方式转变的重心所在［J］．经济研究，2010（12）：70－81.

133. 王霞，王岩红，苏林等．国家高新区产城融合度指标体系的构建及评价——基于因子分析及熵值法［J］．科学学与科学技术管理，2014（7）：79－88.

134. 王霞，苏林，郭兵等．基于因子聚类分析的高新区产城融合测度研究［J］．科技进步与对策，2013，30（16）：26－29.

135. 王菲．基于组合赋权和四个象限法的产业集聚区产城融合发展评价研究［J］．生态经济，2013（3）：36－46.

136. 王春萌，谷人旭．康巴什新区实现“产城融合”的路径研究［J］．中国人口·资源与环境，2014，24（11）：287－290.

137. 王燕，谢蕊蕊．能源环境约束下中国区域工业效率分析［J］．中国人口·资源与环境，2012，22（5）：114－119.

138. 汪斌，余冬筠．中国信息化的经济结构效应分析——基于计量模型的实证研究［J］．中国工业经济，2004（7）：21－28.

139. 卫金兰，邵俊岗．基于AHP的产城融合评价研究［J］．河南科学，2014（10）：2173－2177.

140. 文爱平．新城：单一造成VS职住平衡［J］．北京规划建设，2008（3）：190－193.

141. 许健，刘璇．推动产城融合，促进城市转型发展——以浦东新区总体规划修编为例［J］．上海城市规划，2012（1）：13－17.

142. 谢呈阳，胡汉辉，周海波. 新型城镇化背景下“产城融合”的内在机理与作用路径［J］. 财经研究，2016，42（1）：72－81.

143. 谢福泉，胡銹腾，黄佳裕. 中等收入阶段城镇化和工业化的协调及其影响指标研究——基于长三角城市群面板数据［J］. 中国经济问题，2015（3）：15－28.

144. 向鹏成，廖宗义，罗芸. 工业化与城镇化协调发展测度研究——以重庆市为例［J］. 城市发展研究，2014（7）：16－21.

145. 徐代明. 基于产城融合理念的高新区发展思路调整与路径优化［J］. 改革与战略，2013，29（9）：31－33.

146. 徐和平，蔡绍洪. 当代美国城市化演变、趋势及其新特点［J］. 城市发展研究，2006（5）：13－15.

147. 薛俊菲，陈雯，张蕾. 中国市域综合城市化水平测度与空间格局研究［J］. 经济地理，2010，30（12）：2005－2011.

148. 余壮雄，李莹莹. 资源配置的“跷跷板”：中国的城镇化进程［J］. 中国工业经济，2014（11）：18－29.

149. 杨立勋，姜增明. 产业结构与城镇化匹配协调及其效率分析［J］. 经济问题探索，2013（10）：34－39.

150. 于斌斌，杨宏翔. 产业集群与城市化的演化机制与实践路径——以“义乌商圈”和“柯桥商圈”为例［J］. 中国地质大学学报（社会科学版），2015（2）：92－102.

151. 于斌斌，金刚. 中国城市结构调整与模式选择的空间溢出效应［J］. 中国工业经济，2014（2）：31－44.

152. 于斌斌. 产业结构调整与生产率提升的经济增长效应——基于中国城市动态空间面板模型的分析［J］. 中国工业经济，2015（12）：83－98.

153. 杨雪锋，孙震. 共享发展理念下的产城融合作用机理研究［J］. 学习与实践，2016（3）：28－35.

154. 杨雪锋，林森. 新城新区产城分离现状、原因及对策［J］. 行政科学论坛，2017（4）：51－57.

155. 杨惠，方斌，瞿颖，崔继昌. 产城融合概念定位与效应评价——以扬中市为例［J］. 南京师大学报（自然科学版），2016，39（2）：120－125.

156. 颜丙峰．产城融合发展的现实考量与路径提升——以山东省产城融合发展为例［J］．山东社会科学，2017（5）：184－188.

157. 严振书．转型期中国城乡二元体制问题及对策分析［J］．理论学习，2010，（11）：24—27.

158. 姚莲芳．新城新区产城融合体制机制改革与创新的思考［J］．改革与战略．2016，32（7）：46－50.

159. 张道刚．“产城融合”的新理念［J］．决策，2011（1）：1.

160. 张开华，方娜．湖北省新型城镇化进程中产城融合协调度评价［J］．中南财经政法大学学报，2014（3）：43－48.

161. 张建清，沈姊文．长江中游城市群产城融合度评价［J］．上海经济研究，2017（3）：109－114.

162. 张济婷，周素红．转型期广州居民职住模式的群体差异及其影响因素［J］．地理研究，2018（3）：564－576.

163. 周作江，周国华，王一波，肖佳．环长株潭城市群产城融合测度研究［J］．湖南师范大学自然科学学报，2016，39（3）：8－13.

164. 周玉龙，孙久文．产业发展从人口集聚中受益了吗？——基于2005－2011年城市面板数据的经验研究［J］．中国经济问题，2015（2）：74－85.

165. 周韬．产城融合发展的规模门槛效应研究——基于我国266个地级以上城市的证据［J］．技术经济与管理研究．2016（4）：124－128.

166. 赵勇，魏后凯．政府干预、城市群空间功能分工与地区差距——兼论中国区域政策的有效性［J］．管理世界，2015（8）：14－30.

167. 赵超．新加坡产业发展及其对我国的启示［J］．开发研究，2010（4）：23－26.

168. 邹伟勇，黄炀，马向明等．国家级开发区产城融合的动态规划路径［J］．规划师，2014，30（6）：32－39.

169. 郑思齐，徐杨菲，张晓楠，于都．“职住平衡指数”的构建与空间差异性研究：以北京市为例［J］．清华大学学报（自然科学版）2015（4）：475－483.

170. 郑思齐，孙伟增，吴臻等．“以地生财，以财养地”——中国特色城市建设投融资模式研究［J］．经济研究，2014（8）：14－27.

后　　记

《中国产城融合发展研究》是2015年由我申请、获批，并于2018年底主持完成的国家社会科学基金项目（15BJL098）“基于空间尺度差异的我国产城融合机制、评价体系及政策设计研究”的最终成果。

在课题申请、成果写作大纲的制订以及写作过程中，多次得到南京大学吴福象教授和云南财经大学熊德平教授的精心指导，以及南京大学段巍博士、宁波财经学院邹德玲副教授的中肯建议。

在研究和写作过程中，作者参考和吸收了诸多专家学者的研究成果，并尽可能地在注释或参考文献中列出，在此，对相关专家学者们表示由衷的谢意。

感谢宁波市社会科学院的出版资助，特别感谢宁波市社会科学院严雪松老师对出版本书的支持和帮助。本书的出版得到了中国财政经济出版社的大力支持和帮助，特别是中国财政经济出版社的周桂元老师在书稿编辑方面上给予了很大帮助，提出了许多宝贵建议，为此书出版付出了辛勤劳动，在此表示诚挚的感谢！

由于作者水平所限，本书的观点和论述有些可能还不成熟，学术观点的偏颇与内容逻辑关联性的阙如在所难免，恳请学术同行批评指正！

作者

2020年3月于宁波大学